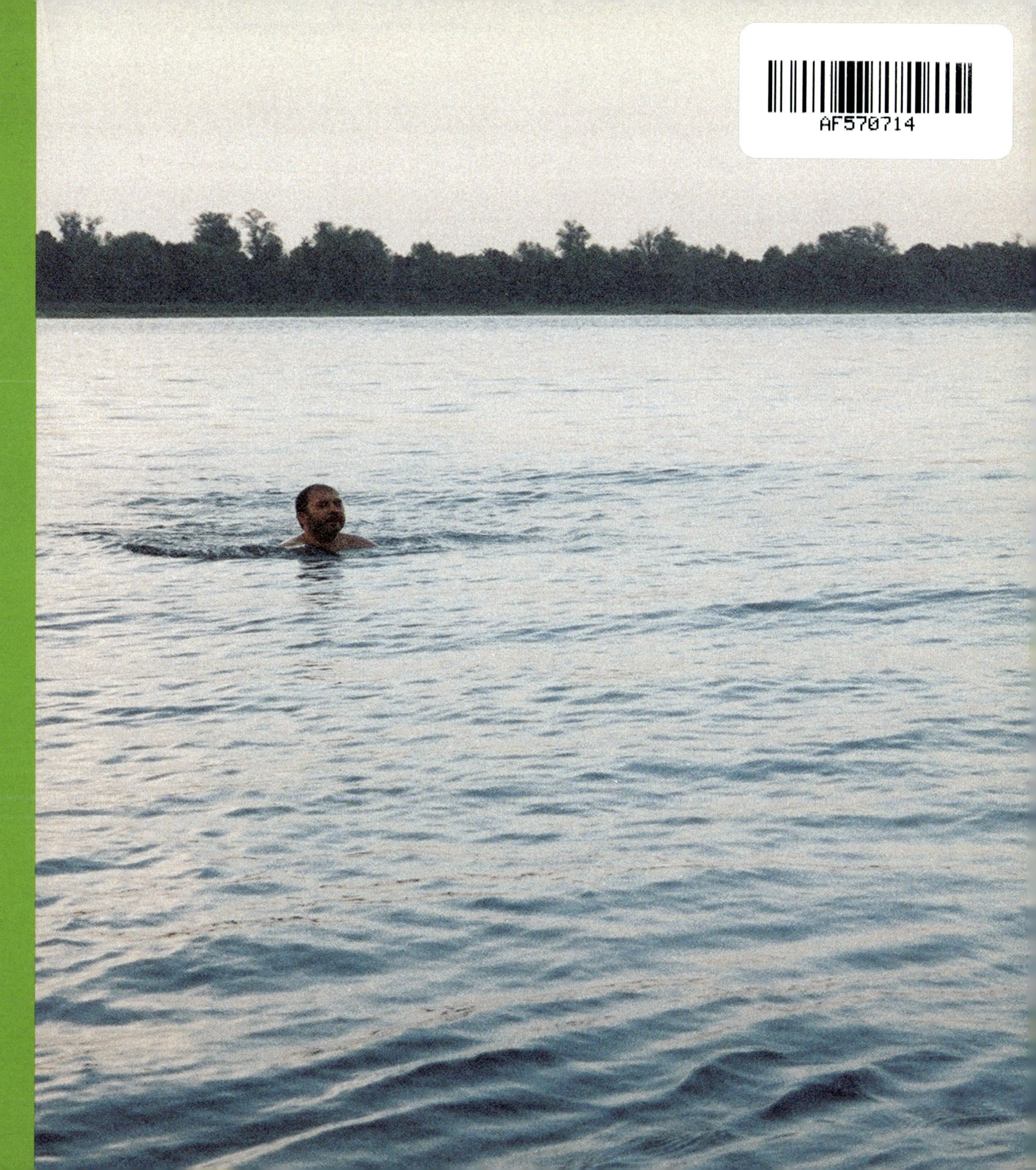

Давай!

Russian Art Now
Aus dem Laboratorium der freien Künste in Russland

Postfuhramt
Berlin, Oranienburger Straße 35–36
10.1.– 27.2.2002

MAK
Wien, Stubenring 5
19.6.–22.9.2002

Ausstellung / Exhibition / Выставка
Peter Noever, MAK, Wien / Vienna
Joachim Sartorius, Berliner Festspiele / Berlin Festival

Künstlerische und kuratorische Leitung / Artistic and curatorial direction / художественный руководитель и главный куратор
Peter Noever

Konzeption und Projektleitung / Idea and project management / концепция и общее руководство
Christiane Bauermeister

Ausstellungskuratorin Berlin, Wien / Curator Berlin, Vienna / куратор Берлин / Вена
Bettina M. Busse

Kuratoren Russland / Curators Russia / российские кураторы
Nailja Allachwerdijewa Jekaterinburg, Ischewsk, Wladiwostok
Konstantin Bochorow Moskau
Ljudmila Iwaschina Nowosibirsk
Wjatscheslaw Kurizyn Nowosibirsk
Anna Matwejewa St. Petersburg
Ljubow Saprykina Nischni Nowgorod
Jelena Zwetajewa Kaliningrad

Begleitende Veranstaltungen / Supporting events / литературная и музыкальная программа
Christiane Bauermeister, Irena Akopjan

Koordination Berlin / Coordination / координатор проекта
Irena Akopjan

Assistenz Berlin / Assistance / секретариат
Sandra Frimmel, Dania Kwizda

Ausstellungsarchitektur Berlin / Exhibition architecture / архитектор выставки
Christian Bernrieder

Technische Koordination Berlin / Technical coordination / технический координатор
Bernd-Michael Weisheit

Assistenz Wien / Assistance / секретариат
Ursula Klaus

Berliner Festspiele

Berliner Festspiele
Schaperstraße 24, D-10719 Berlin
Tel. (+ 49-30) 254 89-0, Fax (+ 49-30) 254 89-111
E-Mail: davaj@berlinerfestspiele.de, www.davaj.de

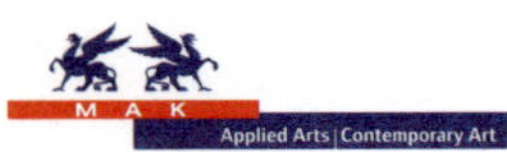

MAK
Stubenring 5, A-1010 Wien
Tel. (+43-1) 711 36-0, Fax (+43-1) 713 10 26
E-Mail: office@MAK.at, www.MAK.at

Katalog / Catalogue / каталог
Peter Noever

Redaktion / Editing / ответственный редактор
Bettina M. Busse

Grafik-Design / Graphic design / графика
Maria-Anna Friedl

Übersetzung / Translation / перевод
Alexej Khairetdinov Russisch-Deutsch / Russian-German
Richard Holmes Deutsch-Englisch / German-English

Lektorat / Copy editor / редактор
Franziska Seppeler

Herstellung / Production / печать
Holzhausen, Wien

Fotonachweis / Photo credits / фотографии
Dmitrij Kunilow Coverfoto Jochen Littkemann S. 8, 9, 42, 43, 60, 61, 68, 69, 74, 85, 87, 115, U3 Peter Noever S. 159–165 Georgij Pinchasow S. 139

Erschienen im / Published by / Издательство
Hatje Cantz Publishers
Senefelderstraße 12, 73760 Ostfildern-Ruit
Deutschland / Germany / Германия
Tel. (+49-711) 440 50, Fax (+49-711) 440 52 20
Internet: www.hatjecantz.de

ISBN 3-7757-1172-4
Printed in Germany

Vertrieb in den USA / Distributed in the US / Распостранение ь США
DAP Distributed Art Publishers
155 Avenue of the Americas, Second Floor
New York, NY 10013
Tel. (+1-212) 627 19 99, Fax (+1-212) 627 94 84

Die Ausstellung in Berlin wurde ermöglicht durch eine großzügige Zuwendung des Hauptstadtkulturfonds.

Mit besonderem Dank an / Special thanks to / мы благодарим
ESTREL / Vermögensverwaltung Streletzki
LUFTHANSA
Stiftung Preußische Seehandlung
Tageszeitung
Radio Multikulti
ROSIZO
Ministerium für Kultur der Russischen Föderation

Die Arbeit Igor Muchins „Nischnij Nowgorod. Sommer“ entstand 2001 im Auftrag des Internationalen Festivals der Fotografie „Pro Sehen II“, Kuratoren: L. Saprykina, J. Abramowa. Das Projekt wurde finanziell unterstützt von Avtobank.

Die Zitate der Künstler stammen mit Ausnahme von Oleg Kulik und Alexander Schaburow aus Interviews von Christiane Bauermeister 2001.

Давай!

Russian Art Now

AUS DEM LABORATORIUM DER FREIEN KÜNSTE IN RUSSLAND

Herausgegeben von / Edited by / Под общей редакцией
Peter Noever, MAK, Wien & Joachim Sartorius, Berliner Festspiele

Mit Beiträgen von / Contributors / Авторы статей
Nailja Allachwerdijewa, Christiane Bauermeister, Konstantin Bochorow, Wjatscheslaw Kurizyn, Anna Matwejewa, Peter Noever, Ljubow Saprykina, Joachim Sartorius, Jelena Zwetajewa

Hatje Cantz Publishers

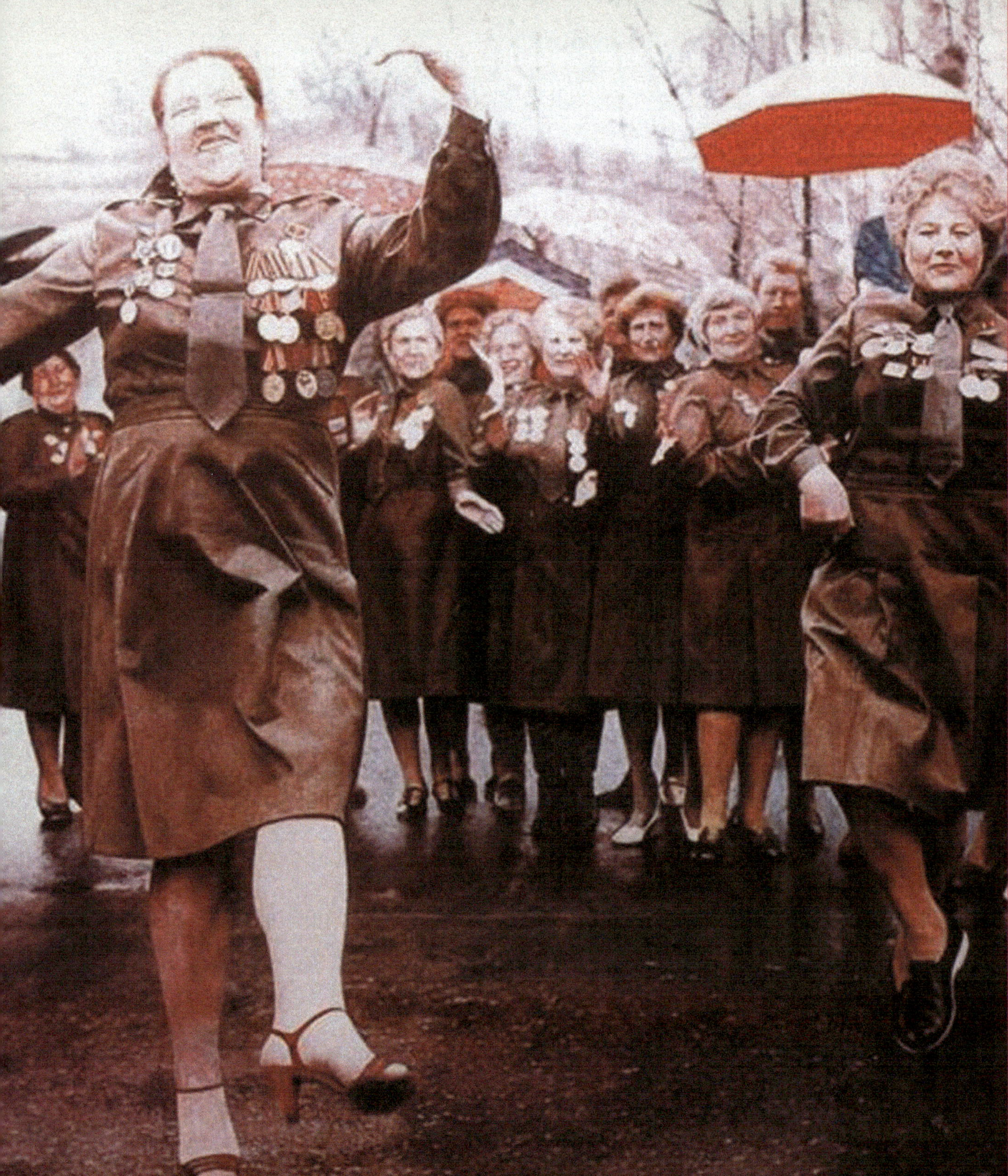

Veteranen, 2000

Kerim Ragimow **Керим Рагимов**

Inszeniertes Chaos? Chaotische Inszenierung?

Joachim Sartorius

Intendant der Berliner Festspiele GmbH

Die Vorstellung der jüngeren Kunstszene der östlichen Nachbarländer in Berlin ist eine zentrale Aufgabe der Berliner Festspiele. Gerade die jüngeren Künstler in Moskau, aber auch in den anderen größeren russischen Städten haben in den letzten Jahren in der bildenden Kunst, im Tanz, in der Fotografie, auch in der Literatur und in der Mode neue, radikale Ansätze gefunden. Es freut mich ganz besonders, dass dieses Projekt – mehr als waghalsige Momentaufnahme denn als abgesicherte Zeitgeist-Retro gedacht – in enger Kooperation mit dem Museum für angewandte Kunst in Wien entwickelt wurde.

Diese russische Kunstszene blickt nicht mehr nach Westen. Sie wehrt sich gegen die vom westlichen Kunstmarkt in den letzten Jahren vorgenommene Vereinnahmung russischer Künstler. Sie verwahrt sich auch gegen die Interpretation russischer Befindlichkeiten durch westliche Kuratoren und Kritiker. Deshalb haben russische Kuratoren auf unsere Bitte hin jeweils zwei bis drei Künstler/innen aus „ihrer" Stadt für unser Projekt ausgewählt.

Nachdem zum einen die dicke soz-realistische Mauer viele Experimente – und auch die Aufarbeitung der früheren, inoffiziellen Kunst jahrelang verhindert hat und zum anderen heute die Spaßgesellschaft westlicher Prägung nur für eine hauchdünne Schicht der „neuen" Russen Wirklichkeit ist, bringt diese neue Kunstszene ästhetisch radikale Strategien hervor. Doch die einfachen Gesten der Rebellion aus den 70-er Jahren sind verbraucht. Zentrale Fragen sind z.B.: Wie kann man aufbegehren mit den Mitteln der Pop-Kultur, ohne die Affirmation des korrupten Systems zu betreiben? Wie kann man verhindern, dass die historische Substanz in extremer Performanz und im Verletzen von Tabus völlig zerstäubt? Hinzu kommt in der russischen Gesellschaft auch das Trauma eines nationalen Bedeutungsschwunds. In der Politik führt das zu bizarren Synthesen von linkem und großrussischem Gedankengut.

Für uns, eingelullt von einem stark kommerzialisierten Kunstbetrieb, ist diese Kunstszene deshalb so unberechenbar, weil ihr Ziel letztlich die totale Revision aller gesellschaftlichen Fundamente ist. Insofern werden auch die Grenzen zwischen Politik und Religion, Ästhetik und Leben wieder aufgebrochen. Auch ein Teil der jungen Literatur, die an einem langen Abend im Haus der Festspiele vorgestellt wird, versucht, in dem er sich der Attribute der Trivialliteratur bedient und im Sinne Vladimir Sorokins den

Инсценировка хаоса ...

„Raffinessen der Gewalt" zuneigt, eine Befreiung von Ideologie oder metaphysischen Obsessionen zu bewirken.
Wenn es gelingt, im Postfuhramt und im Haus der Berliner Festspiele einen verwirrend facettenreichen und doch präzisen Einblick in die Vielfalt der Rollen und Standpunkte dieser jungen Kunst-, Literatur- und Perfomanceszene zu geben, so ist dies der Verdienst vieler. An erster Stelle möchte ich dankbar Tina Bauermeister, die erste Ideengeberin und Begleiterin des gesamten Projekts, nennen. Danken möchte ich auch Bettina M. Busse, die unter großem Zeitdruck Ausstellung und Katalog betreute, sowie Irena Akopjan, die mit großem Engagement Ausstellung und Begleitprogramm koordinierte. Der Hauptstadtkulturfond, das russische Kulturministerium und die Stiftung Preußische Seehandlung haben wertvolle Unterstützung gewährt.
Auch ihnen sei herzlich gedankt.

Intendant der Berliner Festspiele GmbH

...или хаос вместо инсценировки ?

Petersburg außer/unter Kontrollэ, 2000

Dmitrij Wilenskij Дмитрий Виленский

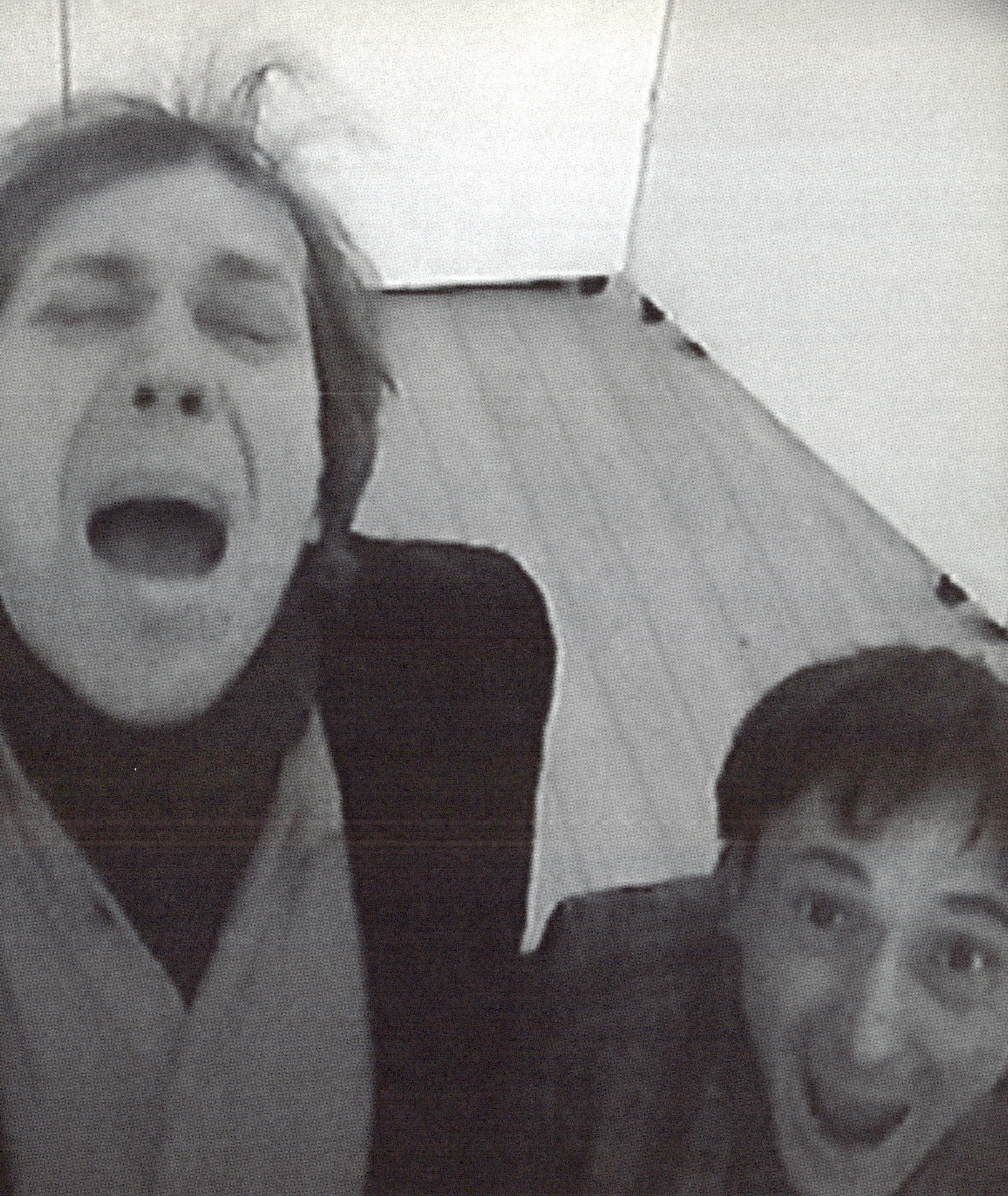

Der russische Superman Iwan Frosch. Ein Wandermuseum, 1996–2001
Installation Postfuhramt Berlin, 2002

Alexander Schaburow **Александр Шабуров**

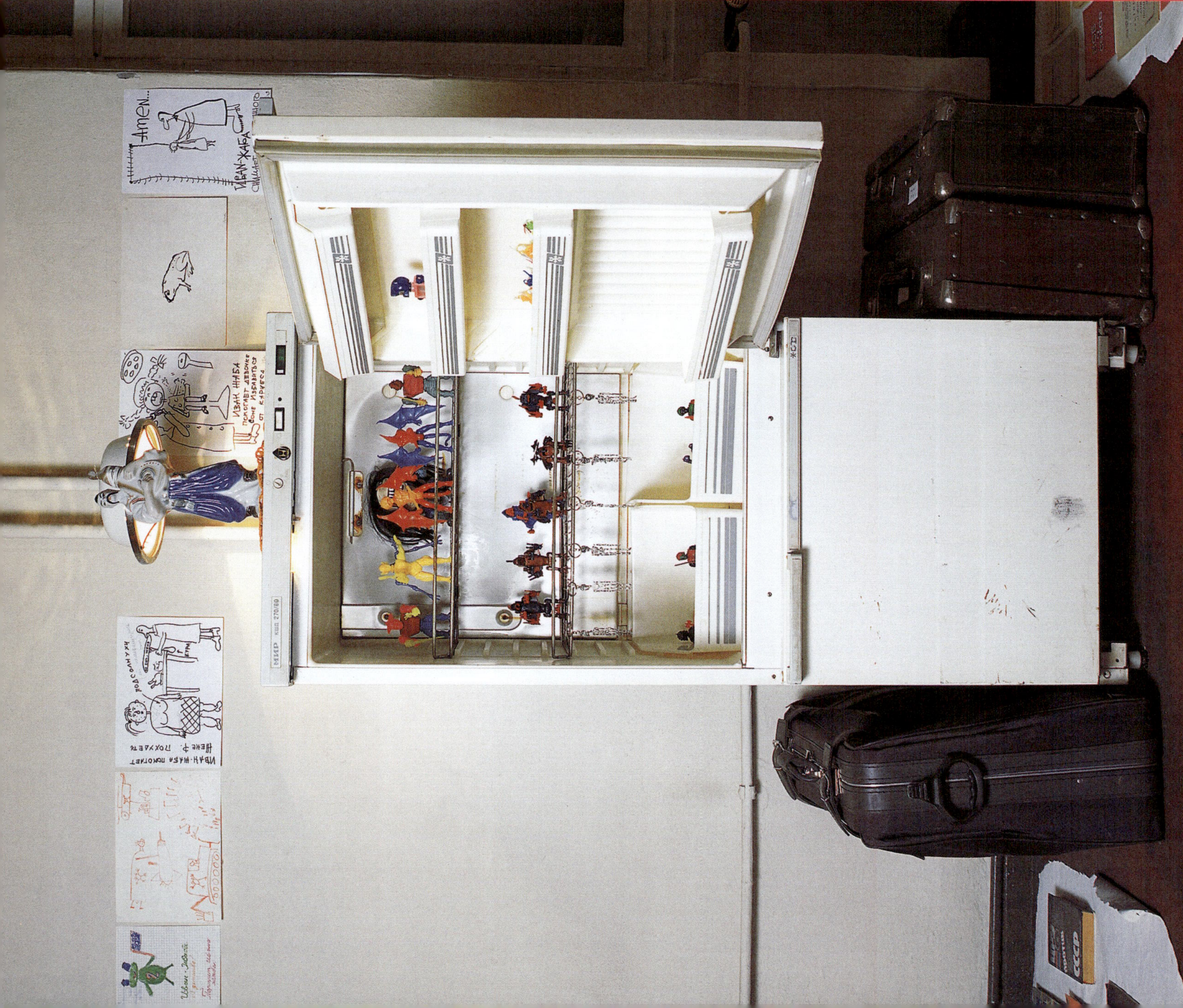

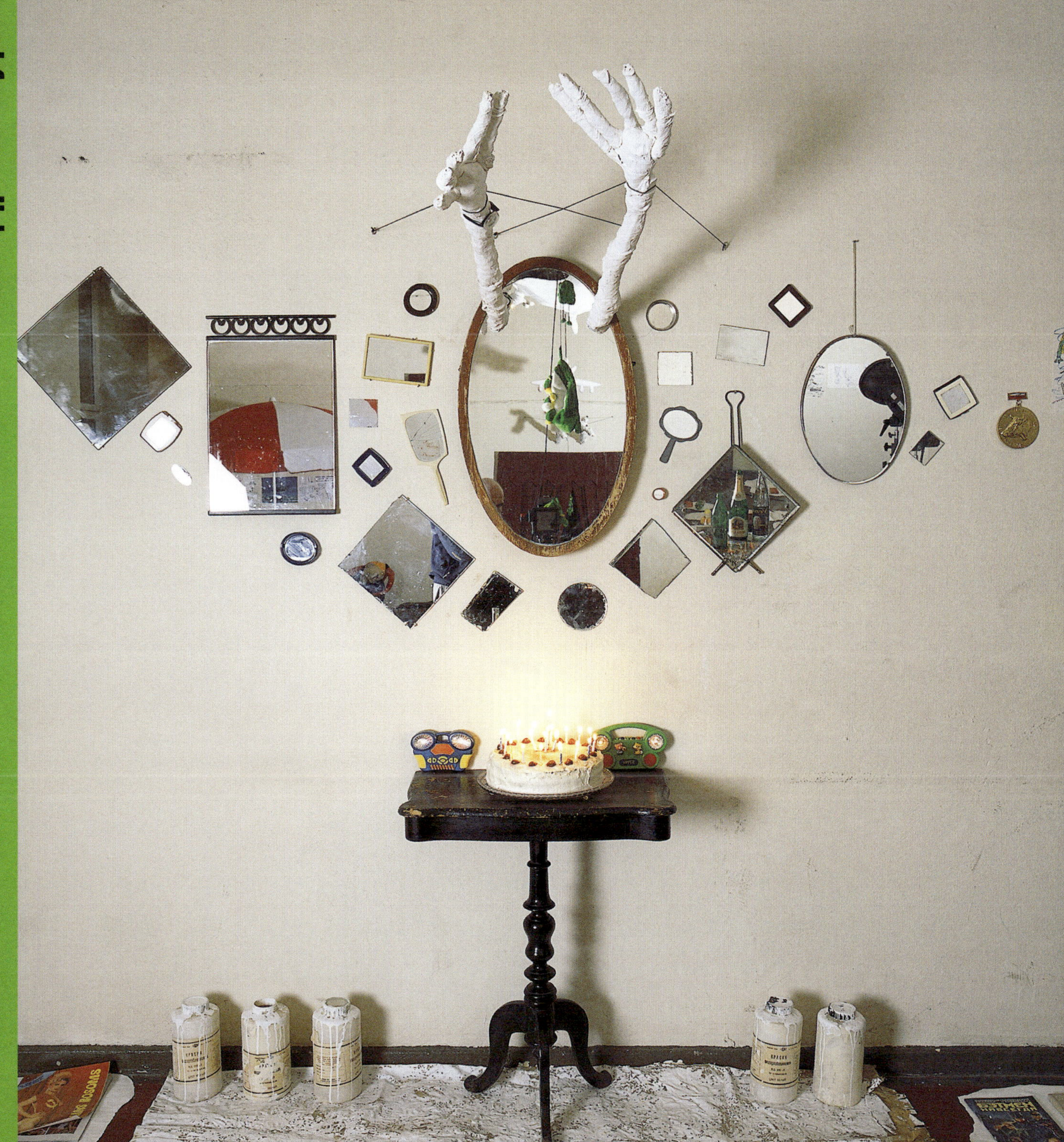

Александр Шабуров

Alexander Schaburow

Der russische Superman Iwan Frosch. Ein Wandermuseum, 1996–2001
Installation Postfuhramt Berlin, 2002

Радостное искусство разочарования

Eine einheitliche Definition der aktuellen Kunst in Rußland gibt es wohl kaum. Mitte der 90er Jahre ließ sich ihre Situation noch mehr oder weniger klar bestimmen: der Neoakademismus in St.Petersburg und der Moskauer Aktionismus zum Beispiel. Statt einer Phänomenbeschreibung lassen sich heute nur noch die Bestandteile eines großen Chaos aufzählen: alles, was noch vor kurzem als „Richtung" oder „Bewegung" galt, ist auseinandergefallen. An ihrer Stelle entsteht ein Durcheinander aus individuellen Gesten und das Warten auf etwas Neues. Außerdem rückte inzwischen die neue aussagekräftige Kunst aus dem Hinterland vor, wo man früher höchstens kitschige Landschaftsmalerei und Stilleben mit Blumen vermutete. Nach Erlangen politischer und semantischer Freiheit richtete sich die Kunst in Rußland nicht mehr nach den beiden Parametern „Linientreue" und „Underground". Vielmehr ist es nun eine Geschichte aufkeimender und scheiternder Hoffnungen, eine Geschichte der Enttäuschungen. Und es ist nichts Schlimmes daran. Die Enttäuschung ist eigentlich ein positiver Prozeß: Man trennt sich von den Illusionen und eignet sich die reale Welt an, das Herz wird erzogen und man wird erwachsen. Die Geschichte der künstlerischen Aussagen in Rußland sowie die Geschichte des sozialen, ästhetischen, politischen, intellektuellen und kommerziellen Kontextes, in welchem die jeweilige Aussage sich formierte, ist stets die Geschichte des Abschieds von den Träumen gewesen, die die Kunst nährten und ihr gleichzeitig Grenzen setzten.

Die aktuelle künstlerische Situation in Rußland läßt sich durchgehend wohl mit der Kategorie „der Auftrag" charakterisieren, die sich zwar außerhalb der künstlerischen Problematik bewegt, sie aber unmittelbar beeinflußt. Die Suche nach dem „Auftrag", die Auseinandersetzungen wegen des Anrechtes und der Kompetenz des Endabnehmers und zahlreiche Desillusionierungen prägen die Entwicklungen der russischen Kunst der letzten 15 Jahre. Natürlich spiegelten sich ihre positiven sowie negativen Aspekte auch in den Kunstwerken wider.

Wenn ich hierbei vom „Auftrag" spreche, möchte ich diesen Begriff auf keinen Fall nur auf die kommerzielle Veräußerung der Kunst reduzieren. Gerade diese Bedeutung ist nebensächlich, denn im heutigen Rußland existiert bis jetzt immer noch kein klar funktionierender Binnenmarkt für Kunstproduktion; der kommerzielle Erfolg eines zeitgenössischen Kunstwerkes wird eher als ein gelungener Coup empfunden und nicht als das Resultat einer normalen Tätigkeit eines Künstlers, eines Kunsthändlers oder eines Galeristen. Die russischen Kunstliebhaber sind noch nicht in der Lage, die zeitgenössische Kunst als ästhetisches und kulturelles Ereignis zu genießen oder als eine interessante Geldanlage mit Zukunft zu nutzen. Das heißt: man muß den kommerziellen Charakter eines Auftrages mitberücksichtigen! Selbst in dem Fall, in dem allein seine Möglichkeit in Betracht gezogen werden kann, interessiert uns in erster Linie der symbolische Aspekt dieses Begriffes. Der Wunsch nach einem Auftrag bedeutet den Wunsch, gebraucht zu werden, er bedeutet das Streben nach dem Publikum und die Lust des Künstlers, eine adäquate Wahrnehmung seiner Aussage zu erzielen, einen sozialen, symbolischen, kommerziellen Ort zu erreichen, an dem kulturelle Erwartungen freigesetzt werden würden, die ihrerseits seine aktuelle Aussage in den Gesamtkontext einbeziehen und ihr freundlich entgegentreten. Einen solchen Ort immer wieder ausfindig zu machen und davon enttäuscht zu werden, ist das nicht ein neues Szenario für die neue russische Kunst?

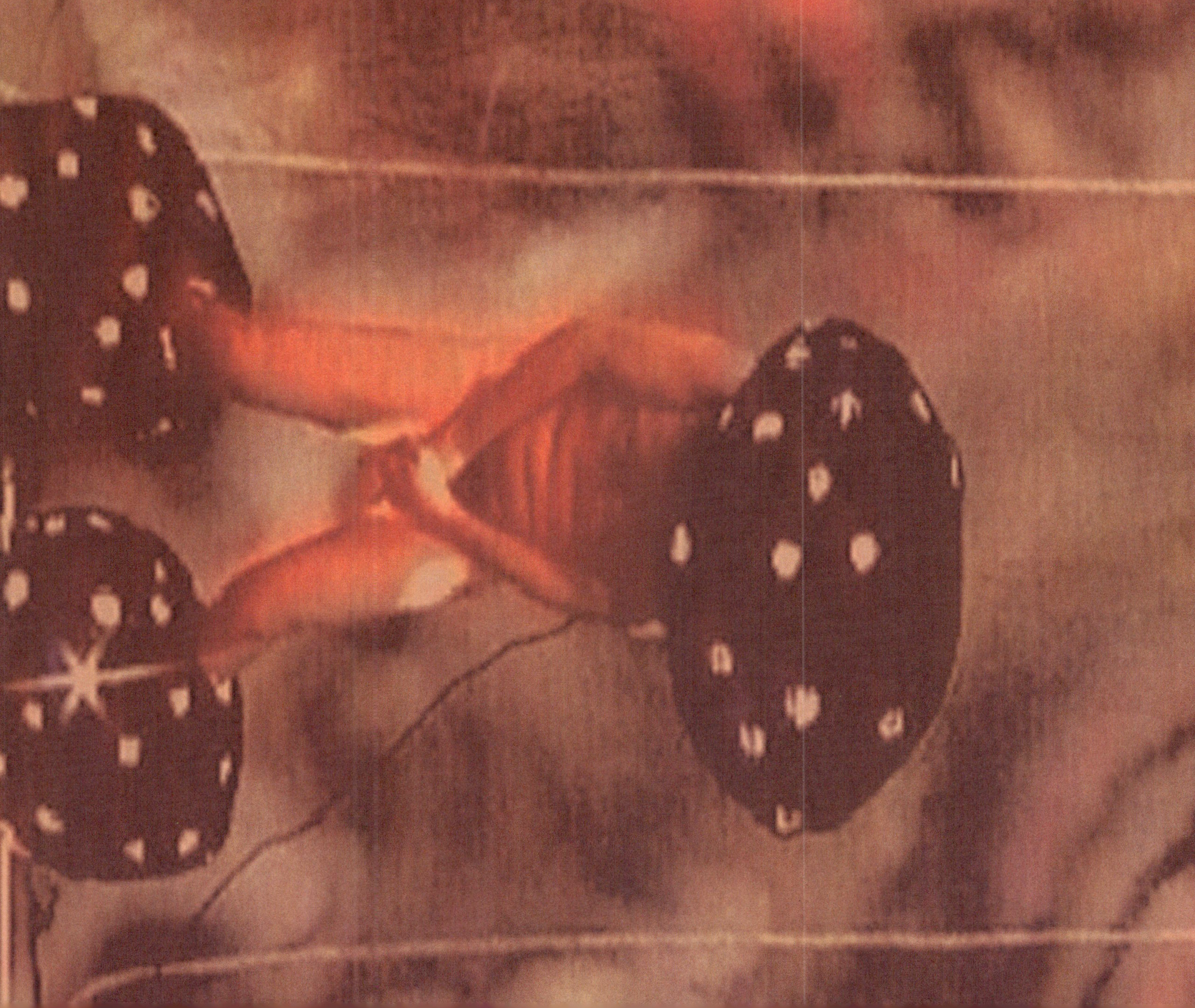

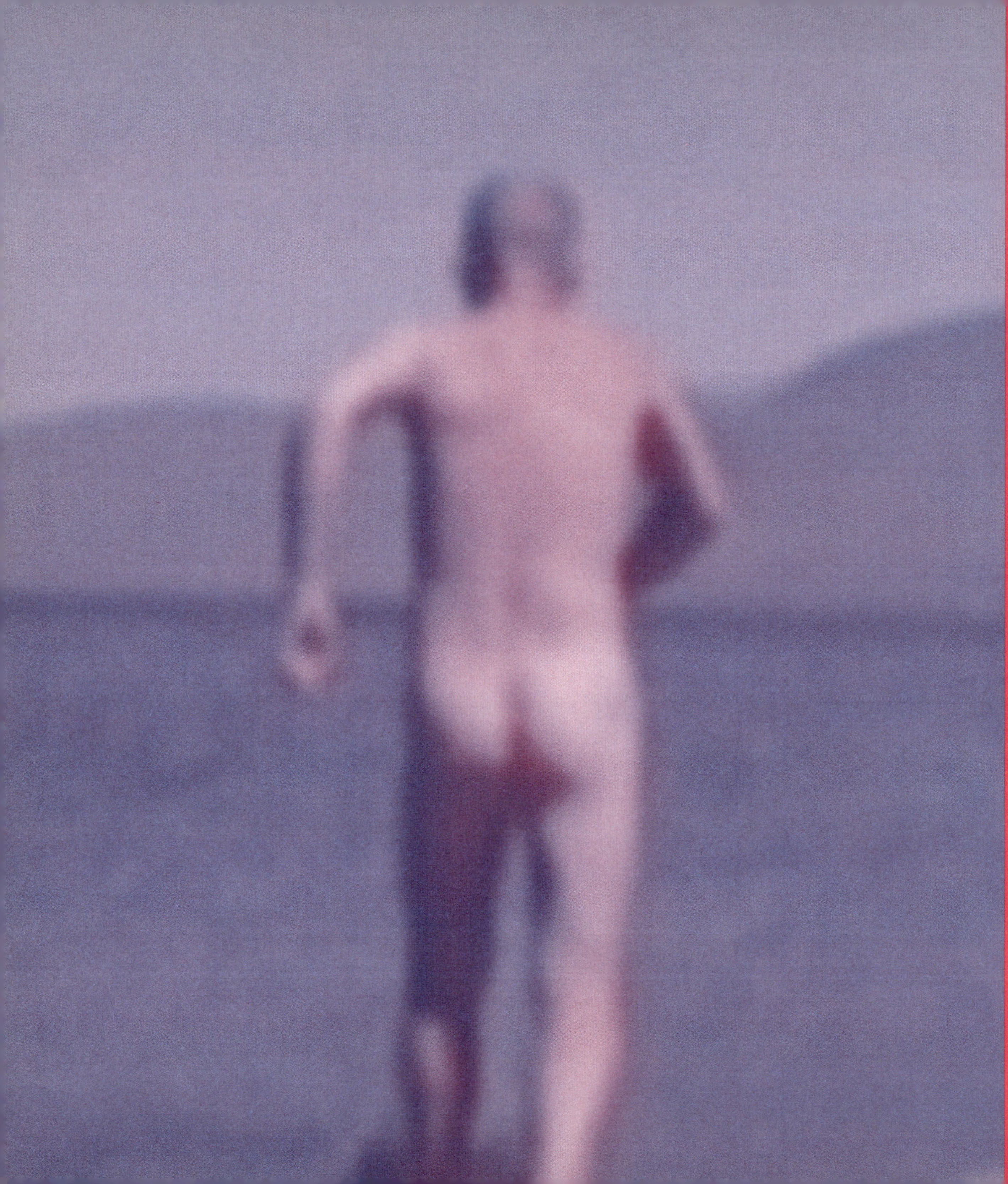

Die Blauen Nasen / Dmitrij Bulnygin

Дмитрий Булныгин

Das Erwachsenwerden der zeitgenössischen russischen Kunst begann, als sie den Untergrund und das Inoffizielle verlassen hatte. Mit der ideologischen Emanzipation und den politischen Freiheiten setzte in der zweiten Hälfte der 80er Jahre das Verschwinden allgemeiner Koordinaten ein, das Anfang und Mitte der 90er Jahre seinen Höhepunkt erreichte. Die erste Identifikation der russischen Kunst mit dem „Auftrag" ist unter den Künstlern und Kunsthistorikern als „Russischer Boom" bekannt und aufs engste mit dem „Gorbi-Boom" Ende der 80er Jahre verwandt. Zum ersten Mal nach dem kommunistischen Regime war damals die nun offene russische Kultur schwer in Mode. Sie wurde 1988 mit der Moskauer Versteigerung durch das Haus „Sotheby's" gekrönt und die erneute „Sotheby's" Versteigerung 1989 bestätigte die hochaktuelle Bedeutung nicht nur der russischen Avantgarde des XX. Jahrhunderts sondern auch der zeitgenössischen Kunst Rußlands. Sehr gefragt wurde zum Beispiel die Plakatkunst Sozart, die die offizielle sowjetische Bildersprache – Serienplakate, Losungen, Agitationsmaterial – mit grotesken Mitteln reflektierte. Die Sozart machte sich das Surreale der Ideologie im Alltag zum Thema, ähnlich wie die amerikanische Popart das Surreale des Konsums im Alltag thematisierte: So gesehen, spielten Komar und Melamid zwar nicht den Warhol, waren aber sicher die russischen Pierre et Gilles.

Das Gefühl für das Surreale, die Brüchigkeit und Unbegreiflichkeit der Welt wurde insgesamt von der Kultur der 80er Jahre deutlich artikuliert, aber nicht unbedingt in Verbindung mit der Sowjetunion. Der Wahnsinn innerhalb des alltäglichen Lebens, der Unsinn, von der hermetischen Geheimschrift verschleiert, sowie der Schwachsinn zerfallender Ideologie prägten die sowjetische Kunst. Das betrifft in erster Linie den jüngeren Moskauer Konzeptualismus, aber auch die Petersburger aktuelle Kunst – die Gruppe „Neue Künstler" und den Nekrorealismus. Die mehrdeutige Bildlichkeit und die aggressive Vortäuschung der Inhalte, die nur den Eingeweihten zugänglich sein durften, hatten natürlich das Leben in der Sowjetunion aufgezeigt: zwar war jedes Leben außerhalb der Ideologie sinnlos, aber man gehörte gleichzeitig zu den vielen „geheimen Gesellschaften", denn jede private Aktivität, sei es eine Party bei Freunden oder ein Kreis von Lyrikliebhaber, war ein Geheimnis gegenüber dem Staat. Diese Geheimgesellschaften simulierten die Inhalte aufs vortrefflichste: die geheimen Inhalte wurden begeistert produziert sowohl von den Geheimmitgliedern als eine ehrbare Leistung, aber auch von den Ideologiewächtern zwecks Existenzberechtigung. Die frühe postsowjetische Kunst repräsentierte weiterhin diese Einstellung.

Das war der Zeitpunkt, als die zeitgenössischen Künstler in Rußland sich wie Aschenputtel fühlten, das vom Prinzen verhätschelt wurde. Die führende Galeristin Moskaus Ajdan Salachowa behauptet, daß die Künstler die ersten Neureichen in Rußland waren: Sie reisten als erste ins Ausland, sie hatten plötzlich Geld und gaben sich dem Rausch des unerwarteten Ruhmes und der trügerischen Liebe hin. Aber das Interesse für die russische Kunst verging genauso rasch wie es sich entfachte, und sogar aus demselben Grund – dem Verschwinden der Sowjetunion 1991. Anstelle des früheren Reichs des Bösen, das unversehens seine geheimen Kerker lüftete, kam ein Haufen armer unbekannter und uninteressanter Länder zum Vorschein. Eine neue, auf keinen Fall letzte Enttäuschung hatte die russische Kunst zu verdauen gehabt: seine Schöpfer mußten einsehen, daß das Prädikat „russisch" für keine privilegierte Stellung mehr sorgte, die „russische Welle" abebbte und der Erfolg von nun an individuell zu erkämpfen war.

Die schwindende Nachfrage nach russischer Kunst war wohl das kleinste Übel angesichts des ideologischen Chaos in Rußland Mitte der 90er Jahre. Im ideologischen Raum Rußlands haben sich alle politischen, wirtschaftlichen, sozialen und sonstigen bis dahin gültigen Normen, Ziele und Koordinaten aufgelöst. Niemand wußte mehr, was zu tun war und wie man sich zu verhalten hatte. Gleichzeitig war es eine Zeit der blitzschnellen Karrieren: der Ganove von gestern wurde plötzlich zum Bankdirektor, der angesehene Schriftsteller von einst zu einem dubiosen Oppositionellen, die Premierminister wechselten alle drei Monate. Es war unklar, wo sich die Macht befand: sie war offensichtlich nicht an ihrem offiziellen Arbeitsplatz und die Macht konnte jeden Moment von einer neuen Stelle ausgeübt werden.

Diese Situation verursachte den endgültigen Zusammenbruch der Positionen eines Künstlers und eines Intellektuellen, denn es ist unmöglich, eine einigermaßen klare Position außerhalb eines Koordinatensystems zu beziehen. Weder Loyalität noch Opposition sind in Abwesenheit der Macht möglich. Weder Konjunktur noch ein Verzicht darauf funktionieren in Abwesenheit kommerzieller Ästhetik. Weder konform noch radikal kann man sein, wenn die Norm nicht vorgegeben ist. Die einzig adäquate künstlerische Aussage, die mehr oder weniger effizient auf eine solche Situation reagieren konnte, war die absurde Aussage. Mitte der 90er Jahre erlebte die absurde Kunst einen Aufschwung: die „Neuen Dummen" in St. Petersburg, die dem absurden Happening sehr nahe Kunst von Alexander Brener in Moskau, eine ganze Gemeinschaft von Künstlern in Nowosibirsk entwickelte damals die Rhetorik der absurden Gesten, d.h. der Gesten gegen Intellektualität, gegen Qualität, gegen Ästhetik, ja gegen jede sinnstiftende Äußerung.

Wenn der „Neue Dumme" Wadim Fljagin in seiner Performance „Stehaufmännchen" sich auf nebeneinander gestellte Stühle legt, runterfällt, aufsteht, sich wieder darauf legt und dann wieder fällt – und dieses zwei Stunden lang – handelt es sich hierbei um die unendlich wiederholten Versuche, eine stabile fixierte Position im kulturellen Raum und intellektuellen Feld einzunehmen, im ganz normalen Alltag den „Ruhepunkt" zu erreichen und letztendlich um das hoffnungslose Scheitern dieser Versuche.

Wenn Dmitrij Bulnygin in seinem Video zu Marlene Dietrichs „Lola" durch seine Nowosibirsker Wohnung mit einem undurchsichtigen rosafarbenen Ball auf dem Kopf hopst, verzichtet er auf die eigene Identität und auf das eigene Gesicht zugunsten von etwas Diffusem und Verborgenem, das die Individualität nicht umreißt, sondern sie verneinen soll. Und das ist das Manifest des gezwungenen Autismus und der Mißachtung der künstlerischen Geste. Am Ende des Films ereilt der Skandal, den die Nachbarn initiiert haben, den Künstler, als er bereits völlig erschöpft in den Sessel gefallen ist – die künstlerische Geste bleibt flüchtig und uneingelöst, und die lang ersehnte Anerkennung verfehlt ihr bereits entwertetes Ziel. Das Ausbleiben des Auftrages, ein gähnendes Loch anstelle der Anerkennung ist eines der wichtigsten Themen in der zeitgenössischen Kunst Rußlands.

Zu einem anderen Thema ist die Suche nach dem Auftrag geworden und zwar eine zwanghafte Suche nach den immer wechselnden Orten der Macht, die sich überall zeigen konnte, mit ihrem Licht die Arrivierten beglückte und wieder spurlos verschwand. Die erschütternde Möglichkeit einer blitzschnellen Karriere brachte viele Künstler dieser Generation dazu, ihre Kräfte hierbei einzusetzen. So zum Beispiel thematisiert Alexander Schaburow (Jekaterinburg) indes ständig die Dienstbereitschaft eines Künstlers angesichts jeder Konjunktur; Wjatscheslaw Misin (Nowosibirsk) behandelt in einer seiner Video-Performances den „negativen Auftrag" und verspricht darin, einige Stars der russischen Kunstszene wegen mangelnder Aufmerksamkeit gegenüber seiner Kunst umzubringen und ihren Platz einzunehmen. Natürlich handelt es sich dabei um die bewußt gewordene Frustration, um die verlorenen Hoffnungen bezüglich eines möglichen Auftrages und um die zu ergreifenden Maßnahmen für seine Simulation.

Im Weiteren möchte ich auf einige Taktiken des Umgangs mit dieser Frustration eingehen, die in der Ausstellung „DAVAJ!" präsentiert werden.

Suche nach dem Auftrag

Anfang der 90er Jahre arbeiteten in Moskau einige junge Künstler, die als ideologische Basis für ihre Arbeit die neomarxistische und psychoanalytische Gesellschaftskritik gewählt haben: von Althusser bis Adorno und Horkheimer einerseits und von Lacan zu Deleuze, Guattari, Lyotard, Baudrillard und Derrida andererseits, die von den jungen Künstlern Alexander Brener, Tatjana Hengstler usw. verehrt wurden. Zum Beispiel fertigte Dmitrij Gutow seine Arbeiten (Ausstellungen, Aktionen, Simulationsprojekte) stets mit der Berufung auf den Marxismus an, Anatolij Osmolowskij beschäftigte sich mit Schizoanalyse, Situationismus und den Allgemeinplätzen des politisch und künstlerisch radikalen Kontextes. Die Gründe für die Anerkennung ihrer künstlerischen Gesten liegen im Folgenden: erstens diente die Berufung auf politische und sozialkritische Theorien als Fluchtweg über den Rahmen der autistischen Pose l'art pour l'art hinaus, zu der sich die Moskauer Konzeptualisten der 80er Jahre bekannten. Als ihre Alternative und sogar Ablösung begriffen sich nun diese jungen Künstler: anders als die an dieser Stelle programmatisch schwachen Konzeptualisten, reagierten sie auf die akuten sozialen Belange und bezogen zu diesen sozialen Problemen eine Position, die nicht nur für ihre engsten Freunde einleuchtend war, sondern in einer international durchaus deutlichen Ästhetik formuliert wurde. Zweitens wollten sie die damals aktuellen Ideen illustrieren. Schließlich reagierten sie auf die politische Spannung in Rußland und brachten sie in den internationalen Kontext politisch engagierter Kunst ein: So baute Osmolowskij eine Barrikade auf einer zentralen

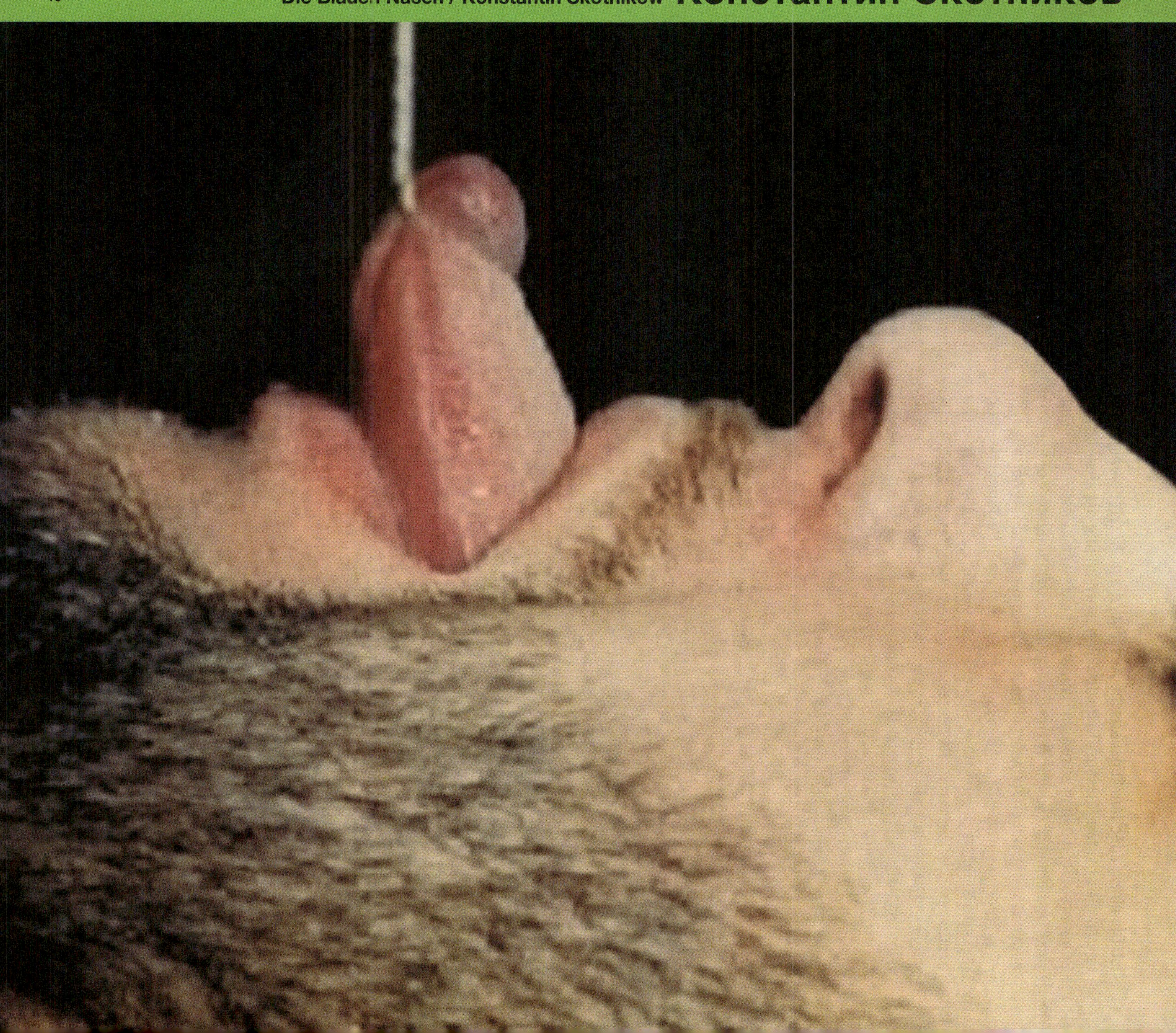

Straße Moskaus anläßlich eines Jahrestages der Studentenrevolte in Paris auf und behauptete damit, daß der Rote Mai 1968 in Rußland nicht unbemerkt geblieben war und daß Rußland in den internationalen linken Kontext integriert ist. Damals waren die Künstler der Meinung, das Wichtigste wäre, das Schneckenhaus zu verlassen und sich möglichst schnell einer kunstunabhängigen, am besten einer populären und profitablen Ideologie innerhalb der intellektuellen Gemeinde oder sogar darüber hinaus anzuschließen.

Doch bald hat diese Position ihre Anfechtbarkeit erkennen lassen. Nach einer Periode intensiven Interesses für westliche Intellektualität wechselte das Auditorium der zeitgenössischen Kunst zur Ablehnung der einstigen Mode. Ende der 90er Jahre haben nicht nur die Ideen der Postmoderne ausgedient, sondern überhaupt jede Verbundenheit mit einer Ideologie. Das Untermauern einer künstlerischen Äußerung mit einer Theorie ist heute endgültig passé. Die intellektuelle Anerkennung in Form eines Auftrages, die sich die Künstler von den modischen Theorien erhofften, wurde zur Bankrotterklärung. Auch der reale Ruf nach zeitgenössischer Kunst seitens des Staates, mit dem die Künstler gerechnet haben, blieb aus: die Staatsmacht wollte in der aktuellen Kunst keine neue Ästhetik für sich entdecken; die Machthaber und die Künstler gingen unbefriedigt getrennte Wege. Die Bindung einer künstlerischen Aussage an das eine oder andere (theoretische, politische, ästhetische) Fundament löste sich durch die kategorische Distanzierung davon ab, um die künstlerische Selbsterhaltung und Identifizierung ihres Urhebers zu gewährleisten.

Enttäuschung über den Auftrag

Die berühmten „animalischen" Aktionen von Oleg Kulik Mitte der 90er Jahre waren Reaktionen auf die nun diskreditierte intellektuelle Position: Alles Theoretische, Logische und zu Vermittelnde ist aufgehoben, man verzichte auf die Sprache und verwandle sich in einen Hund, der nicht redet, sondern nur knurrt und beißt. Als eine weitere Manifestation dieser Enttäuschung diente die Aktion von Osmolowskij, die auch einen programmatischen Titel hatte: „Nach der Postmoderne kann man nur noch schreien". Der Künstler stößt lauthals Schreie aus: „Ah-ah-ah-ah!", verzichtet damit auf eine Aussage und liefert lediglich diesen Verzicht als seine künstlerische Geste und Meinung darüber, was man mit der Kunst überhaupt noch sagen kann. Denn die theoretische Postmoderne entwertete alle noch vorhandenen Gründe für das Sprechen mittels Kunst und über die Kunst und versetzte sich damit selbst den Todesstoß. Wenn die Künstler, die ihre Aussage noch mit der einen oder anderen theoretischen Plattform zu vereinen wußten, den Verlust einer solchen Plattform als Trauma erlebten, verfügt die nächste Generation der Künstler über eine Immunität gegen die Entwertung äußerer Begründungen.

Bei der Enttäuschung in der Ideologie, in der Theorie oder überhaupt in allgemeinen Materien hilft Konkretes, Individuelles und Alltägliches. Ende der 90er Jahre kehrt das Sujet wieder in die Kunst zurück. Früher war es durch langfristig angelegte Projekte weggedrängt worden, das Sujet sah man nur auf der Metaebene. Und es kam auch der Geschmack für Privates und Intimes zurück. Selbstverständlich eignen sich diese Themen, die den zutiefst persönlichen Erfahrungen entspringen, kaum als Grundlage einer gemeinsamen künstlerischen Tätigkeit. Deswegen ist die Jahrtausendwende in Rußland ein Sammelsurium individueller Taktiken, Sujets und Projekte. Die Kunst ist nun das Los der Einzelgänger und jeder von ihnen kämpft für seine Wahrheit: sogar der Begriff der Wahrheit erschien wieder auf der Bühne, allerdings geht es jetzt um persönliche Lebenswahrheit, die von der Postmoderne seinerzeit wie Staub verstreut geworden zu sein schien. Nun wieder auf der Bühne verfügt sie über effektvolle künstlerische Rhetorik. Statt der Anerkennung und des Auftrages, die man sonst von irgendeiner Instanz erwarten würde, entstand die unmittelbare Selbstdarstellung. Sie läßt sich zum Beispiel im Videoprojekt „Petersburg out/under Control" von Dmitrij Wilenskij beobachten, wo mehrere statusbewußte Menschen in den durch und durch privaten und marginalen Situationen aufgenommen werden: Der prominente Kritiker einer Kunstzeitschrift macht Yoga bei sich zu Hause, der Präsident eines berühmten Kulturzentrums schneidet selbstvergessen Brot in der eignen Küche, der Künstler selbst kriecht durch die Wohnung auf allen Vieren mit seiner Frau, der Künstlerin Olga Jegorowa, rittlings auf sich. Von diesem Gefühl der eigenen „Unfaßbarkeit und Überflüssigkeit" (Jekaterina Djogot) geht Kerim Ragimow aus und verwendet Monate einer skrupulösen Arbeit, um lediglich ein Foto abzumalen. Oder Anna Timofejewa, die sich genauestens die Blutlache und die Eingeweide eines Huhns anschaut.

Oleg Kulik **Олег Кулик**

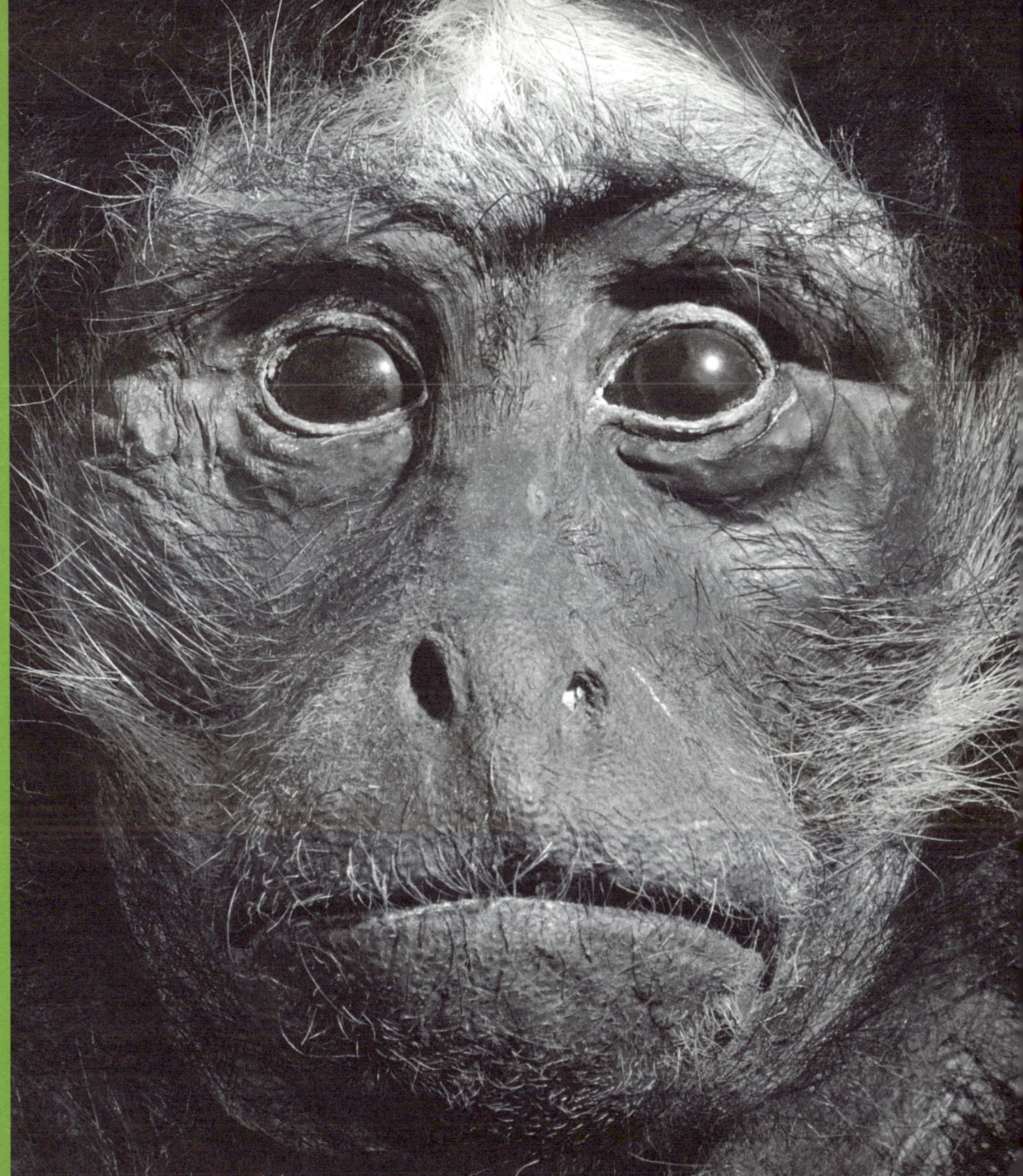

Dead Monkeys, 1998

Unfaßbar und überflüssig bieten diese subversiven Arbeiten nur private Erlebnisse, die privat hergestellt werden und genauso private Wahrnehmungsweise voraussetzen.

Simulation eines Auftrags

Es gibt auch eine andere Form des Umgangs mit der Situation, in der alle Mittel recht sind. Fehlt eine reale Instanz, die die Kunst beruft, sie in Auftrag gibt und real oder symbolisch bezahlt, liegt es am Künstler, an ihre Stelle alles zu plazieren, was er will. Es muß nur genug Charisma haben und die Rolle eines symbolischen Auftraggebers irgendwie bewältigen. Glänzend erfüllen die Künstler aus Nowosibirsk Wjatscheslaw Misin, Konstantin Skotnikow (Crispinus), Dmitrij Bulnygin diese Aufgabe. Um den besonderen, durchaus vorsätzlichen Charme ihrer Kunst nachzuvollziehen, muß man den Begriff „Sibirien" im Bewußtsein eines Russen oder eines Westeuropäers lokalisieren: man assoziiert diese Gegend mit undifferenzierter Wildnis, mit elementarer Leidenschaft und der „heiligen Schlichtheit". Sibirien ist das Gegenteil der Zivilisation, ein unendlich fernes Land, wo das ganze Jahr lang Schnee liegt und die Bären über die Straßen gehen, die von den Einheimischen in Filzstiefeln und Schapka-Mützen mit Kalaschnikows gejagt werden. Die zeitgenössischen Künstler aus Nowosibirsk beuten diesen Mythos aus, der genauso fern von der Realität ist wie von ihrer Heimatstadt. Nowosibirsk ist eine dynamische, zeitgenössische Stadt, deren Entfernung durch die allgemeine Verbindung mit dem Internet und die Neugier auf jede Information von außen wettgemacht wird. Die Künstler verzichten auf hochintellektuelle Strategien (aber nicht auf die hohen Technologien) und bestehen auf ihrem Image als „einfältige Walenoks" (Filzstiefel) aus Sibirien. Ihre Kunst beruht auf einfachen Sujets, auf primitiven Gags und auf absurder Rezeption des Pop aus dem alltäglichen visuellen Programm: aus der Fernsehwerbung, den Witzen und der Ganovenfolklore. Die Methode des Unterdrückens von jedem offiziellen, intellektuellen, ästhetischen oder kommerziellen Pathos war schon immer die „spontane Avantgarde" in Rußland, die im Volk als Protest vertreten war und sich in der ironischen Folklore äußerte. Nowosibirsker Künstler sehen sich als Nachfolger dieser Tradition, mit der sie auch den Begriff „Auftrag" füllen und die Leninsche Maxime untermauern: „Die Kunst gehört dem Volk". Zum Objekt ihrer Ironie wird die Konsumgesellschaft, genau genommen, die übereilte und willkommene Übernahme dieses Verhaltens in Osteuropa sowie die Klischeevorstellung vom russischen Iwan, den sie so penibel und gnadenlos reproduzieren. Der Gag ihrer Kunst besteht im Verzicht auf jegliche Intellektualität und Individualität sowie in der eigenen erhabenen Einzigartigkeit. Sie betonen die Idiotie des provinziellen Lebens – nicht nur in Sibirien als der größten Provinz Rußlands, sondern in Rußland als der größten Provinz schlechthin – und identifizieren sich mit den hoffnungslosen und explosivsten Regionen der Welt. Ihrer eigenen Kunst räumen sie die Rolle des ästhetischen Terrors ein, der den stagnierten provinziellen Kontext unterminieren soll. Damit erklärt sich auch die Auswahl der Mittel: das Minimum des Aufwands und das Maximum der „direkten Handlung": eine Performance, ein monumentales Foto und Video, die bewußt einfache Computerpräsentation. Aber die antiintellektuelle Haltung ist nicht die Geste der Kritiklosigkeit. Sondern umgekehrt. Der angestrebte Auftrag wird von dieser Kunst einerseits institutionalisiert. Diese Kunst dient aber gleichzeitig als Instrument der unerbittlichen Kritik der Stereotypen des „Ewig-Russischen", der Erwartungshaltung des Publikums und der Anpassungsstrategie des Künstlers.

Selbstverständlich sind all diese Geschichten der Hoffnungen und Enttäuschungen nur Variationen zum Thema Identifikation und deren Verlust. Die zeitgenössische Kunst in Rußland fand keine klar definierte Position, mit der sie sich identifizieren, die von ihr diktierten Prioritäten übernehmen und ihren Erwartungen entsprechen könnte. Heute scheint die aktuelle Kunst wohl in keinem der Aspekte ihre Identität gefunden zu haben: weder ideologisch, noch wirtschaftlich, historisch oder sozial. Das macht sie interessant: Das Material dieser Ausstellung ist eine überzeugende Dokumentation des Überlebens in der Identitätskrise. Nicht einfach des Überlebens an sich, sondern sogar des Prosperierens. Die Kunst scheint sich in dieser Rolle wohl zu fühlen: sie bleibt facettenreich, dynamisch, flüchtig und munter.

Selbstportrait, 1998–2001

Oleg Chwostow Олег Хвостов

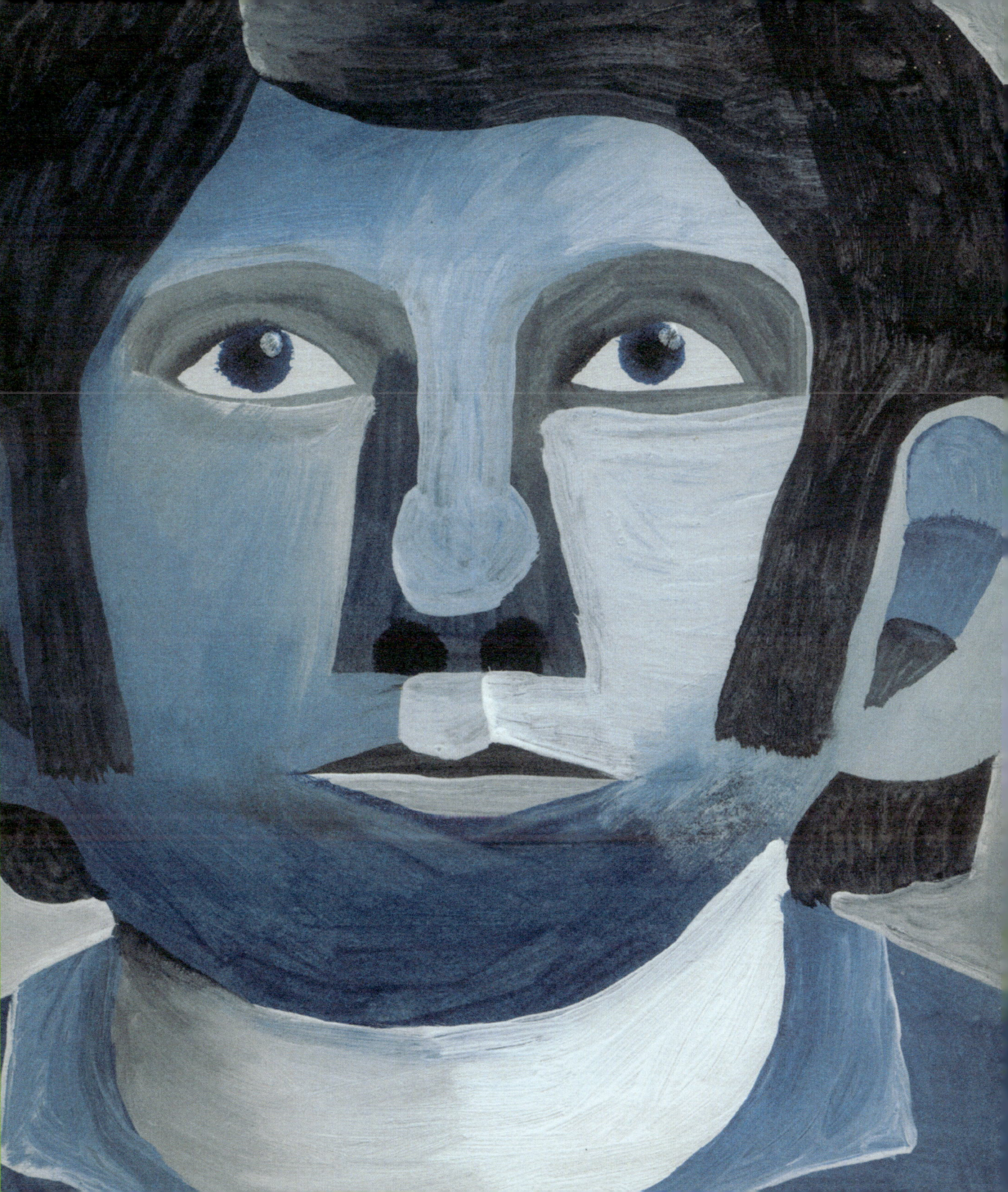

Der Wendepunkt in der russischen Kultur und in der russischen Zivilisation überhaupt war der August 1998: in diesen Tagen stieg der Dollarkurs um das Vierfache, die Banken gingen mit den gesamten Geldanlagen unter, Tausende von Menschen verloren ihre Arbeit. Ich ging tagelang in Moskau spazieren, hatte einen Stapel Banknoten, für die ich etwas Greifbares – einen Kühlschrank oder eine Waschmaschine – kaufen wollte, aber nicht konnte und wußte nicht, daß ich mich nun an einem historischen Wendepunkt befand. Wie die meisten Menschen auch, ärgerte ich mich darüber, daß ich bestohlen worden war. Ich wußte einfach nicht, daß alles umgekehrt war: Ich hatte eine Chance bekommen.

Trotz aller marktorientierten Wirtschaftsreformen war sogar in unseren Kreisen bis zu jenem Moment die Vorstellung verbreitet, das Geld käme von irgendwo her. Die Soros Foundation unterstützt eine Zeitschrift, der Staat – eine Fernsehanstalt, ein Magnat – seine Zeitung, der Bürgermeister – ein Theater. Eigentlich ist die Idee, daß ein Geldsack Kunst und Kultur fördert, gar nicht so verkehrt. Im Gegenteil: Viele interessante Projekte sind ohne Sponsorenhilfe undenkbar. Aber man möchte nicht einfach überleben, sondern dabei eine Kultur hervorbringen, die einem wichtig ist. Die Idee, die im Herbst 1998 geboren wurde, war, sich nicht mehr in die fremden Megaprojekte einzuordnen, die im Zuge des Default zusammengebrochen sind, sondern sein eigenes zu starten. In der Sprache der Politik würde das heißen, eine Zivilgesellschaft aufzubauen, denn auch sie kann nur „von unten" wachsen. Mein Thema hat unmittelbar etwas damit zu tun und behandelt einen konkreten Aspekt davon: die neue Identität der Kultur als Privatunternehmen.

Ein Club für Insider schafft immer neue Insider

Kurz nach der August-Krise 1998 wurde in einer großen umgebauten Wohnung nicht weit von den Patriarchenteichen mitten in Moskau ein kleiner Club eröffnet: ein Tresen mit Getränken und Kleinigkeiten zum Essen, eine Ecke für Konzerte und Lesungen, eine Buchhandlung. Junge Philologen vom Vereinten Humanistischen Verlag OGI beschlossen, an den eigenen Freunden zu verdienen. Denn man ging davon aus, daß nur die Insider in diesen Club kommen würden. Ein ziemlich riskantes Unterfangen, wie es zunächst schien. Erstens hatten damals einfach alle Schwierigkeiten mit dem Geld. Zweitens sah es nicht gerade nach einer großen Anzahl Insider aus. Und drittens war vor drei Jahren der Anblick eines Freundes, der dir ein Buch oder eine Tasse Kaffee verkauft, noch ziemlich peinlich. Wie kann es nur sein, dachte man, daß so ein feiner Mensch plötzlich hinter einer Theke seine eigenen Freunde ausnimmt?

Частное предприни-матльство

Aber der Geldmangel sicherte dem Laden vertretbare, eigentlich selbstverständliche Preise. Das zweite Problem löste sich auch auf die netteste Art und Weise: Der Kreis der Insider wurde breiter. Es waren einfach andere Insider da, lauter sympathische Menschen, die früher an keinem Ort in der Stadt zusammenkommen konnten. Beim dritten Problem stellte sich bald Folgendes heraus: Es ist besser, wenn der Buchhändler ein Freund ist, wie es besser ist, seinen Metzger und Gemüsehändler zu kennen.

Im Endeffekt hatte das OGI-Projekt einen berauschenden Erfolg. Im Herbst 2001 eröffnete der vierte Club OGI mit einer Buchhandlung und 2002 werden noch sechs Neueröffnungen erwartet.

In dieses Netz webt jeder seinen Faden ein

Als ich im Herbst 1998 die Arbeit verloren hatte, ging ich ins Internet, von dem ich früher nur eine vage Vorstellung hatte. Marat Guelman gründete gerade ein großes Internetportal, das sich mit allen möglichen Kunstarten beschäftigte. Er bot mir an, den literarischen Teil zu übernehmen. Gleich am Anfang war ich bereits begeistert von den Perspektiven, von den Möglichkeiten für den Aufbau meines eignen Kosmos, meiner Welt, meines Wertesystems.

Zu dieser Zeit hatte die Postmoderne die alten Rangordnungen bereits gesprengt und die sowjetischen Aufstellungen auf dem Literaturfeld abgeschafft. Nach diesen Zerstörungen war es nun soweit, daß ich eine neue Hierarchie schaffen konnte, die ich für richtig hielt. Und so zeichnete ich eine Karte der zeitgenössischen russischen Literatur www.guelman.ru/slava, die die äußerste Subjektivität mit der Absicht zu verbinden versuchte, das Phänomen möglichst umfassend darzustellen. Bei dieser Arbeit war ich der Schöpfer.

Interessant ist in diesem Zusammenhang, daß ich dafür kein Geld bekam und weiterhin keins bekomme. In Wirklichkeit war die Situation etwas komplexer und spannender: Eine Zeitlang wohnte ich in der leerstehenden Wohnung von Guelman und wir erklärten im Scherz ihre Quadratmeter zu meinem Buchstabenhonorar. In dieser ganzen Geschichte steckte, wenn nicht gleich die Idee eines Privatunternehmens, dann doch zumindest die der Naturalwirtschaft. Bald bin ich aber umgezogen und dieses Thema hörte auf, ein Hauptthema zu sein. Wichtig wurde etwas anderes: Als Guelman mir angeboten hatte, meine Arbeit als Investition im Internet anzulegen, machte er mir die Schaffung einer eigenen Welt möglich. Ich konnte sie dann einem entsprechenden Publikum präsentieren und schauen, was daraus wird.

Eigentlich ist auf diese Weise das gesamte Internet entstanden. Nicht nur kleine Sites über die Fütterung der Fische im Aquarium, sondern auch die großen und erfolgreichen Suchmaschinen sind Resultate einer Privatinitiative. Seinen Netzauftritt kann man auf verschiedenen Wegen zu Geld machen. Wenn man viele Besucher auf seiner Seite hat, bringt man die Werbung der anderen unter und wird selbst zu einem Geschäftsmann.
Im russischen Internet gibt es gute Beispiele dafür: die Moschkow-Bibliothek (www.lib.ru) sammelt alle möglichen Texte von einer Anweisung, wie man als Tourist seinen Rucksack am besten packt, bis zu „Krieg und Frieden" und stellt sie dann ins Netz. Oder die Homepage eines Schriftstellers (www.exler.ru), die ausschließlich mit den Werken seines Besitzers angefüllt ist, zieht täglich Hunderte von Besuchern an. Auch wenn dieser Schriftsteller etwas zu viel Humor hat und für meinen Geschmack zu wenig Genialität, wird das Schema des Erfolges nicht aufgehoben.

Der andere Weg ist, ein gut laufendes Projekt an eine große Firma zu verkaufen. Angenommen, ich habe eine gut besuchte Site mit Witzen, und es gibt ein neues Internetportal, das so was gut gebrauchen kann. Das Portal kauft einfach meine Arbeit und mein Produkt auf.

Auf dem dritten Weg macht man mit seinem individuellen Projekt ein symbolisches Vermögen, nämlich das Ansehen in bestimmten Kreisen, und setzt es dann in materielle Güter um. Die Voraussetzung für alle diese Wege ist die Idee des Privatunternehmens.

Die Bücher änderten den Markt

Exakt 1998, allerdings nicht im Herbst, sondern im Frühjahr, erschien der erste Roman von B. Akunin. Dieses Buch, das in schrecklicher Druckqualität erschienen war, wurde so gut wie von niemandem wahrgenommen. Erst gegen das Jahresende kamen solidere Bände heraus, und in diesem Moment setzte eine massive Kampagne für das Markenzeichen B. Akunin auf der ganzen Linie ein.

Vor B. Akunins Auftritt galt im Verlagswesen das unumstößliche Gesetz: Zu einem Bestseller kann nur ein schlechtes Buch werden. Zwar sprachen die Verleger das Wort „schlecht" nie aus und waren naturgemäß empört, wenn die Kritik an einem neuen Thriller oder einer Schnulze kein gutes Haar ließ. Aber es war schon allen klar: Eine Massenproduktion schließt künstlerischen Anspruch aus. Sie schließt den eigentlichen literarischen Anspruch aus, denn solche Bücher werden nach einer Vorlage fertiggestellt, am Fließband, oft sogar in einem Team.

B. Akunin gelang der Durchbruch: Er erzeugte eine ordentliche Belletristik auf Russisch, die sich literarisch mit „Drei Musketiere" und „Sherlock Holmes" vergleichen ließ. Wenn wir schon hier von B. Akunin sprechen, können wir unmöglich den kulturgeschichtlichen Aspekt unerwähnt lassen, denn der eigentliche Coup war, daß B. Akunin schlichtweg die russische Literatur verkaufte, genau genommen, die Erinnerungen der Leser an die klassischen Bücher aus der Schulzeit. Damit vollzog er eine selbstverständliche Geschäftshandlung: Er machte ein Stilmittel der elitären Postmoderne zur Grundlage einer Marketingstrategie.

Ich will aber auf den soziologischen Effekt hinweisen: Dank B. Akunin glaubten die Verleger wieder an die Belletristik als einen Marktartikel. Auch wenn nur wenige Texte, die auf private künstlerische Initiative für Freunde, literarische Hefte und die Ewigkeit entstanden, das Zeug zu einem Renner haben, können viele davon mit einem durchschnittlichen Thriller im Verkauf mithalten. Bis 2000 erschien die sogenannte „moderne Prosa" nur im Verlag „Vagrius", dem einzigen der großen auf dem Markt. Nach 2000 aber machten sich die größten Ungeheuer an die ernste Literatur ran. Die Marktriesen „Exmo", „Ast", „Olma" verkaufen automatisch mindestens 5 Tausend Exemplare eines Titels, so daß ein von so einem Verlag eingekaufter Schriftsteller, der vielleicht nicht direkt für den Markt, sondern für anspruchsvollere Seelen schrieb, Erschütterndes erleben kann.

Beachte die Realität

Mit den oben genannten Beispielen sind vernünftige Privatinitiativen auf dem russischen Markt der Künste nicht erschöpft. Der heute populäre Jugendbarde Psoj Korolenko trat zunächst auf Hausparties auf – privat und kostenlos. Erst später produzierte er CDs und ging in die Clubs. Der bereits erwähnte Marat Guelman gründete gemeinsam mit Julija Rodoschowezkaja ein Studio der Seidenmalerei, das die Arbeiten zeitgenössischer Künstler zwar in einer limitierten Auflage produziert, sie aber nicht über Galerien, sondern über Möbelläden und Kaufhäuser vertreibt.

Das Verständnis für Kunst als ein Privatunternehmen wird immer populärer. Die Virtualität ist zu Ende, denn das Geld bekommt man von einem realen Leser, echten Hörer und konkreten Ausstellungsbesucher.

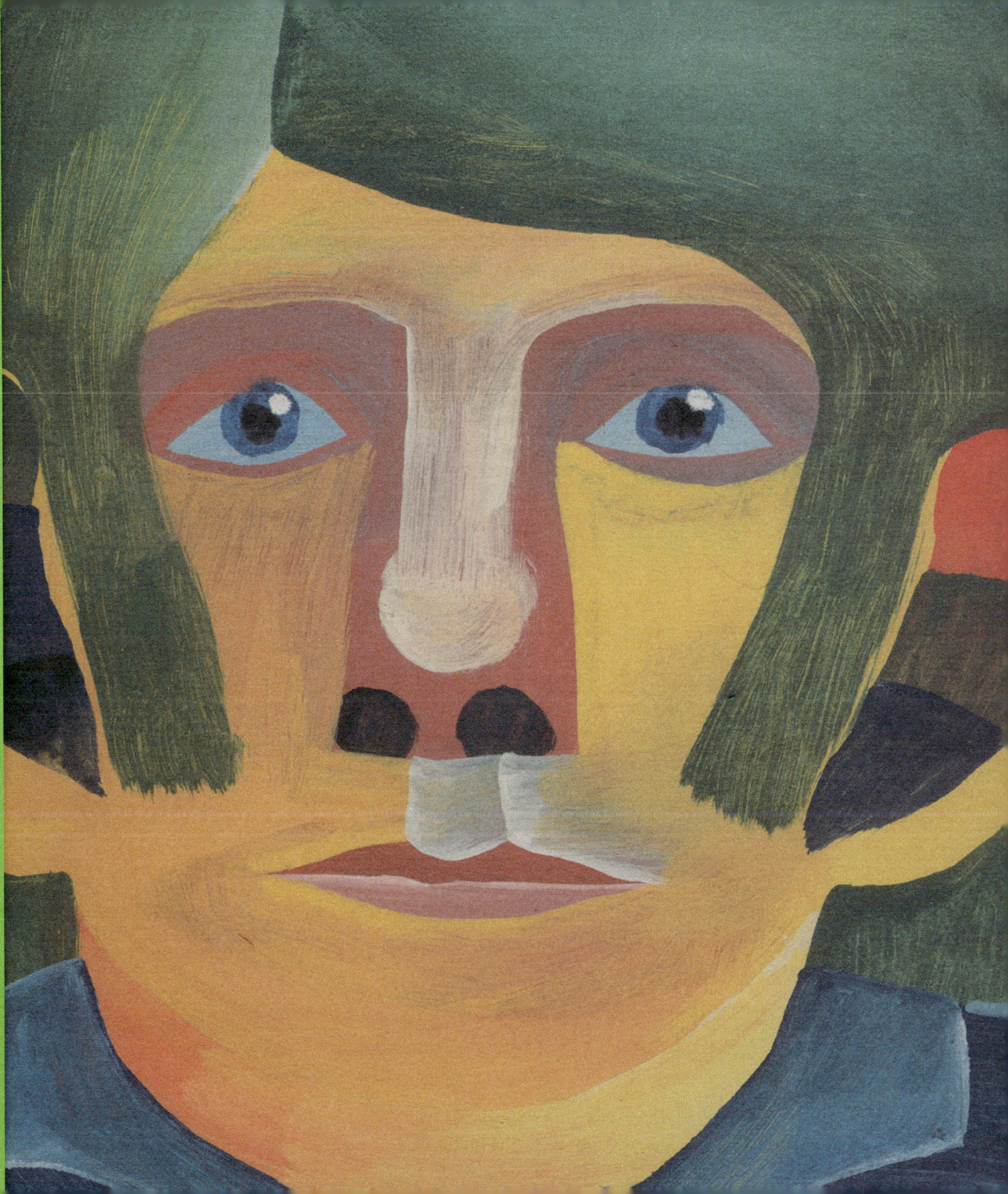

Selbstportrait, 1998–2001

Oleg Chwostow **Олег Хвостов**

Новосибирская зона художественного сепаратизма

Verloren im Ozean zeitgenössischer Kunst, gingen Sibiriens Künstler generell unter, hielten es aber versehentlich für Tiefgang. Nachdem sie neuerdings eine gewisse kritische Tiefe erreicht hatten, merkten sie plötzlich, daß eine unbekannte Kraft sie auf die Oberfläche des kulturellen Geschehens hinaufstieß. Es lag allerdings nicht daran, daß ihre Köpfe, leer wie Bälle, im Wasser sowieso nicht zu versenken waren und in einer kulturuntauglichen aggressiven Suppe immer wieder hervorschwammen, sondern vielmehr daran, daß plötzlich ein Magnet da war, der jeden auf dem Grund Liegenden hochziehen konnte. Alle Zeichen deuten darauf hin, daß die bis jetzt vernachlässigten Marginalen – all diese soziopathischen, eskapistischen Randexistenzen also – überall, auch in den entlegensten Ecken der Welt sich neuerdings einer regen Nachfrage erfreuen. Es sieht so aus, als würde jemand in dunkle Löcher leuchten und sie lichten wollen, ihre Bewohner beseligen und sich selbst außer Gefahr bringen, den Bann dort dämmernder Mysterien brechen zu wollen. Auch wenn uns jemand tatsächlich zu helfen versucht, wähnen wir uns im hinfälligen Glauben, wir könnten uns selbst, wie einst Baron Münchhausen, am Zopf aus dem Sumpf herausziehen, um uns frei nach dem russischen Sprichwort „aus der Gosse hoch zu Rosse" wiederzufinden.

Während des Kolloquiums „ARTMOSCOW 2000" äußerte Bart de Bare den strategischen Gedanken, sein Interesse gelte nun der Entdeckung von Künstlern dort, wo man sie am allerwenigsten erwartet, im Kosovo zum Beispiel. Im Grunde hat er recht. Wie viele Künstler sind im tiefsten Afrika, Asien, Lateinamerika, Polynesien und Ozeanien verborgen? Gibt es Künstler in Nordirland, im Baskenland, im Kosovo und in Kurdistan oder unter den Taliban und tschetschenischen Kriegern? Gibt es sie in Ruanda, Burundi, Sudan, Irak, Iran, Sierra Leone, Somalia, Äthiopien, Nigeria, Liberia, Sri Lanka, Nordkorea, Vietnam, Indonesien, Philippinen und Papua Neuguinea? Überhaupt an all diesen gottverdammten Orten, wo es den Menschen beschissen geht? Die Antwort ist ganz einfach: Da wo es Leben gibt, gibt es auch Kunst. Da wo es im Moment Leben gibt, gibt es zeitgenössische Kunst. Da wo es den Menschen beschissen geht, entwickelt sich aus all dem Dreck und Elend paradoxerweise auch eine zeitgenössische Kunst. Hat es denn noch Sinn, über die Ursachen für die Faktoren zu grübeln, die das Entstehen der Phänomene zeitgenössischer Kunst in den am meisten benachteiligten Regionen dieser Erde auslösen? Wir werden wohl niemals unsere Brandmale loswerden, wir werden immer aus dem postsowjetischen Sumpf heraus urteilen, immer in unserem Diskurs festkleben bleiben. Wie soll es auch anders sein: Welcher hausbackene Schwarzkünstler, der zeitlebens irgendwo im unendlichen Grau der Plattenbauten mitten in den unendlichen Weiten sibirischer Steppen sich westliche Orientierung und künstlerische Aktualität einbildet, könnte schon seine Illusionen abschütteln und als ein Dämon des Betons versuchen, das emsige Treiben innerhalb seines eigenen Kontextes aus gehöriger Distanz zu beurteilen, die Eintönigkeit der Mentalitäten in diesen unendlichen Weiten der Plattenbauten einzusehen und die Nichtigkeit jeder Subjektivität zu erkennen? Dabei ist es genau dieses Abheben vom Kontext, das in mancher Hinsicht unmöglich ist, genau diese Fähigkeit, die Schwingen eines Dämonen auszubreiten, das einen zeitgenössischen Künstler von allen anderen unterscheidet. Das betrifft sowohl die Künstler im Westen als auch die der dritten Welt, die in ihrem Verhältnis zu den ersten marginal sind. Im Westen ist das Leben modern, deswegen nutzen mehr Künstler die Chance, zeitgenössisch zu sein. In den marginalen Regionen ist das Leben – wie banal das auch klingen mag – nicht modern, sondern frühkapitalistisch, feudal oder archaisch; ein zeitgenössischer Künstler ist dort eigentlich unzeitgemäß. Während im Westen die Postmoderne läuft, gehören solche Künstler in ihren Regionen noch immer zu den Modernisten und Avantgardisten. Diese Definition ist zwar banal, aber doch auch zutreffend: Ein regionaler zeitgenössischer Künstler macht einerseits seinen Kontext zeitgemäß; durch den Einsatz internationaler Mittel der zeitgenössischen Kunst hört er andererseits auf, marginal zu sein, löst sich von seinem Kontext und läßt sich mit keiner Avantgarde mehr in Verbindung bringen. Die konzeptuelle Umsetzung dieser Ambivalenz ist erst dann möglich, wenn der Künstler nicht mehr nur in seinem Nest hockt, es aber auch noch nicht endgültig verlassen hat. Wie funktioniert diese Zwischenart von einem Künstler, der marginal und zeitgenössisch zugleich ist. Wie ein Dämon etwa? Zwischen Himmel und Erde, zwischen Heimat und Fremde, zwischen der inneren und äußeren Emigration, zwischen dem internationalen Kunstleben und den regionalen, lokal inspirierten Subkulturen?

Man kann den Eindruck nicht mehr loswerden, daß das Auftauchen eines zeitgenössischen Künstlers weit weg vom aktuellen Zeitgeist etwas mit einer rätselhaften Mutation innerhalb marginaler Gruppen zu tun hat, bei der die jungfräuliche Psyche eines Eingeborenen von unkontrollierbaren gewaltigen Informationsströmen befruchtet wird. Zur Zeit wird ein eigenartiges kulturelles Nest von solchen mutierten Dämonen in Nowosibirsk gebaut. Es vernetzt sich mit den anderen artverwandten Phänomenen zu einem Geflecht aus Brutstätten und Migrationswegen: Kaliningrad, Jekaterinburg, Nowosibirsk, Kemerowo, Krasnojarsk. Wie russische oder auch nicht-russische Einkaufspendler mit ihren überdimensionalen Tragetaschen, vollgestopft mit Waren ausländischer Produktion, durch die Welt umherirren, begeben sich die sibirischen Künstler als eine Art Kunstpendler immer häufiger auf Streifzüge durch die Burgen zeitgenössischer Kunst zwecks eines symbolischen Warenaustauschs. Dabei vollzieht sich der Warenaustausch in unserem Fall nach dem linearen Schema Ware gegen Ware und nicht nach dem kapitalistischen Prinzip Ware – Geld – Ware: Die Künstler bringen und präsentieren ihre Werke im Tausch gegen Besichtigung der mitgebrachten und ausgestellten Werke ihrer Kollegen. Das sind die Grundsätze der Naturalwirtschaft zeitgenössischer Kunst in der dritten Welt: der Austausch von symbolischen Werten kultureller Informationen und der dämonische Galgenhumor, der in Ermangelung des Marktes für zeitgenössische Kunst allein die Kreativität stimulieren soll. Obwohl die sibirischen Kunstpendler ihre Kunstware gelegentlich nach Moskau, Sankt Petersburg, Berlin, Stockholm, Zürich oder Paris ausführen, stören diese seltenen Überfälle die heile Welt der internationalen gutbürgerlichen contemporary art nicht, da der Warenaustausch immer noch nach dem grotesken Schema Ware gegen Ware stattfindet. Der Maschinerie des internationalen art-business nicht verpflichtet, bewegen sich die Kunstdämonen sibirischer Steppen und Plattenbauten um so freier und unbeschwerter in der globalen Kunstszene. Dieses freie Schweben, das sorglos schlampige Umherirren brachte eine Gruppe Nowosibirsker Künstler auf die Idee, das Konzept des künstlerischen Separatismus zu erarbeiten und zu verkünden: „No Moscow! No New York!" heißt nun die Parole. Dabei fragt es sich: Von wem und wovon sollen wir uns denn lösen, wenn zwischen uns und den Mekkas zeitgenössischer Kunst sowieso ganze Welten voller Diskurse liegen? Die Antwort darauf ist einfach: Wir sollen uns von der hypnotischen Anziehungskraft der Kunstzentren lösen. Heute sind wir soweit, ein autonomes dezentrales Netz dynamischer Kunstprofis schaffen zu können, Zonen aktueller kreativer Handlungen überall um uns herum zu gründen und die Zusammenarbeit mit den Zentren künftig auf der Grundlage inhaltlicher und geschäftlicher Gegenseitigkeit zu gestalten. Mit der Umsetzung der künstlerisch separatistischen Strategie stehen das dämonische Schweben über Kontexten und Barrieren sowie die in der Nowosibirsker Zone entwickelte Methode zur künstlerischen Idiotie im Einklang miteinander. Die künstlerische Idiotie hat natürlich Tradition in der zeitgenössischen Kultur: Sie ist nämlich ein starker Strom, der kreative Kräfte der Marginalen anzieht und ihre Existenz als zeitgenössische Künstler in veralteten Kontexten ermöglicht. Zukunftsorientiert ist der Beschluß, den Korridor des künstlerischen Separatismus breiter zu machen: von Almaty und Ulan-Bator bis Bagdad und Pristina im Westen und bis Pjöngjang und Hanoi im Osten. Und überall weiter.

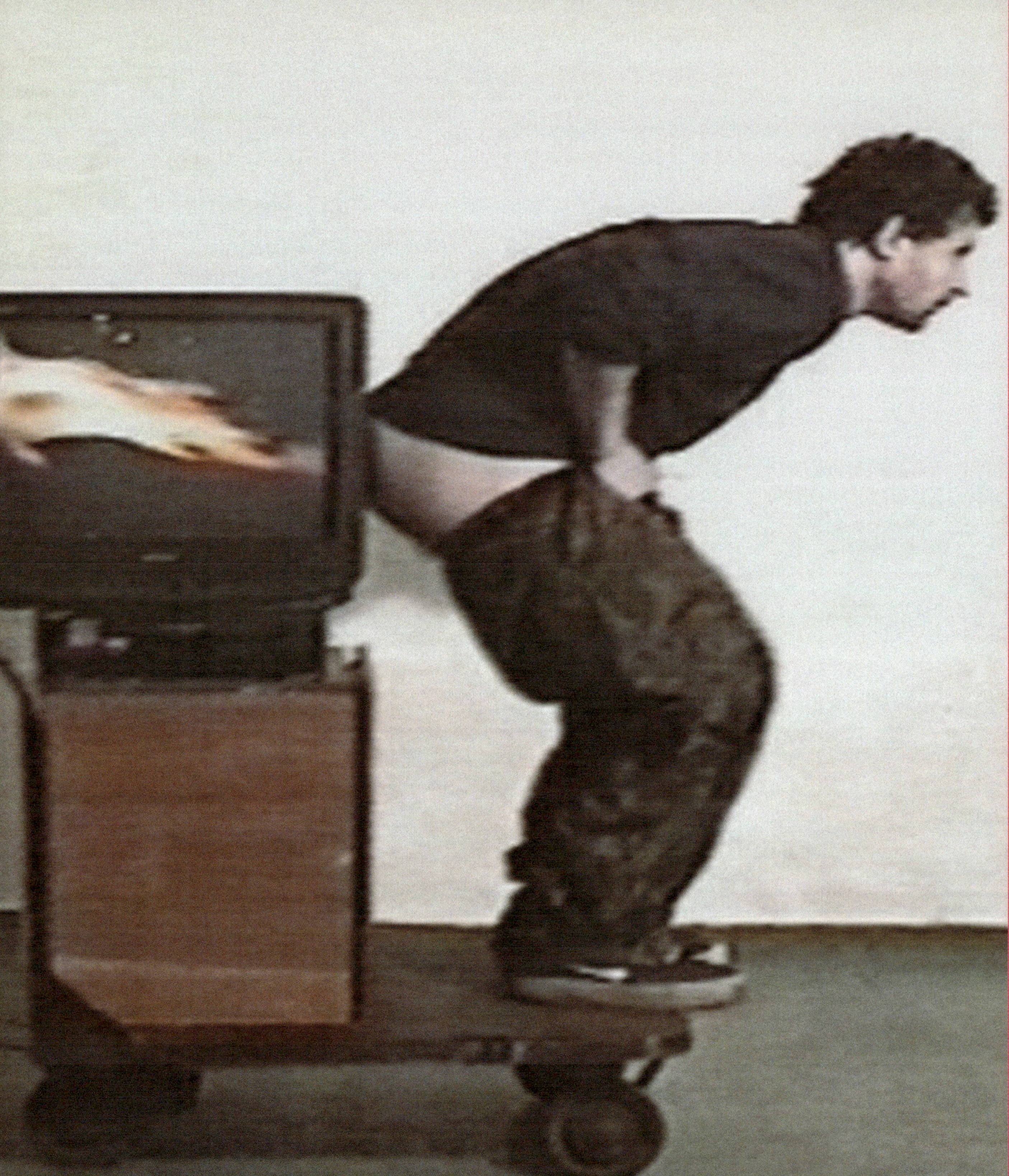

Синие носы

Синие носы - удивительный феномен художественной группы, которая никогда не была организована. „Die Blauen Nasen“ sind ein eigenartiges Phänomen einer Künstlergruppe, die sich als solche niemals situiert hatte. Wjatscheslaw Misin, Konstantin Skotnikow und Dmitrij Bulnygin kannten einander bereits seit langem (K. Skotnikov, nur so als Beispiel, unterrichtete D. Bulnygin im Zeichnen auf der Kunstschule), hatten aber eigentlich nicht vor, sich zu vereinen. Sie arbeiteten einfach in einer ähnlichen Ästhetik und stellten ihre Arbeiten in denselben Ausstellungen aus. Da es aber in Rußland nicht so viele Ausstellungen aktueller Kunst gibt und noch seltener Vorstoßtruppen aus der Provinz bei solchen Veranstaltungen auftauchen, hielt man die Nowosibirsker Drei für eine Künstlergruppe. Schließlich haben die Jungs eingesehen, daß es organisationstechnisch so praktischer ist.

Zu dem Namen „Die Blauen Nasen“ kamen sie folgendermaßen. 1999 haben sich die Künstler für einige Tage in einem Luftschutzkeller eingeschlossen, ohne Kontakt nach draußen und ohne besondere Abwechslung drinnen. Da hat sich einer von ihnen eine blaue Verschlußkappe der Mineralwasserflasche auf die Nase gesetzt, was sofort als „der Trend“ die Runde machte. Diese Aktion im Luftschutzkeller ist überhaupt typisch für die künstlerische Strategie dieser sibirischen Jungs: Das rücksichtslose, chthonische Urrussische mit Selbstverstümmelung und starker Präsenz des Unterkörpers paart sich mit hohen Technologien, wie beispielsweise dem Video, als wichtigstem Genre zeitgenössischer Kunst in Nowosibirsk. **Сочетание хтоничесокой, брутальной русскости (членовредительство, обилие телесного низа) с высокими технологиями (видео стало в Новосибирске основным жанром современного искусства).**

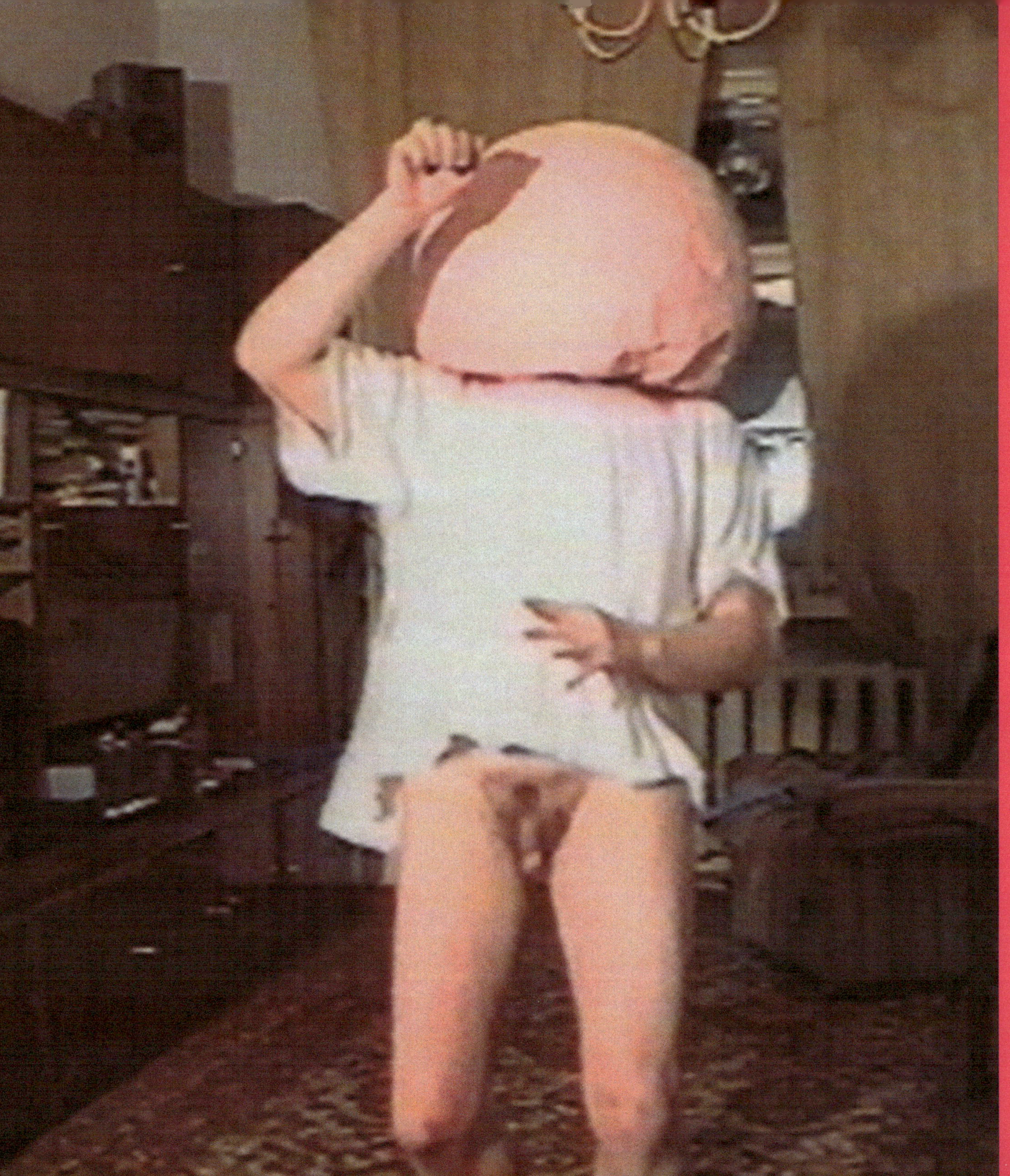

Константин Скотников

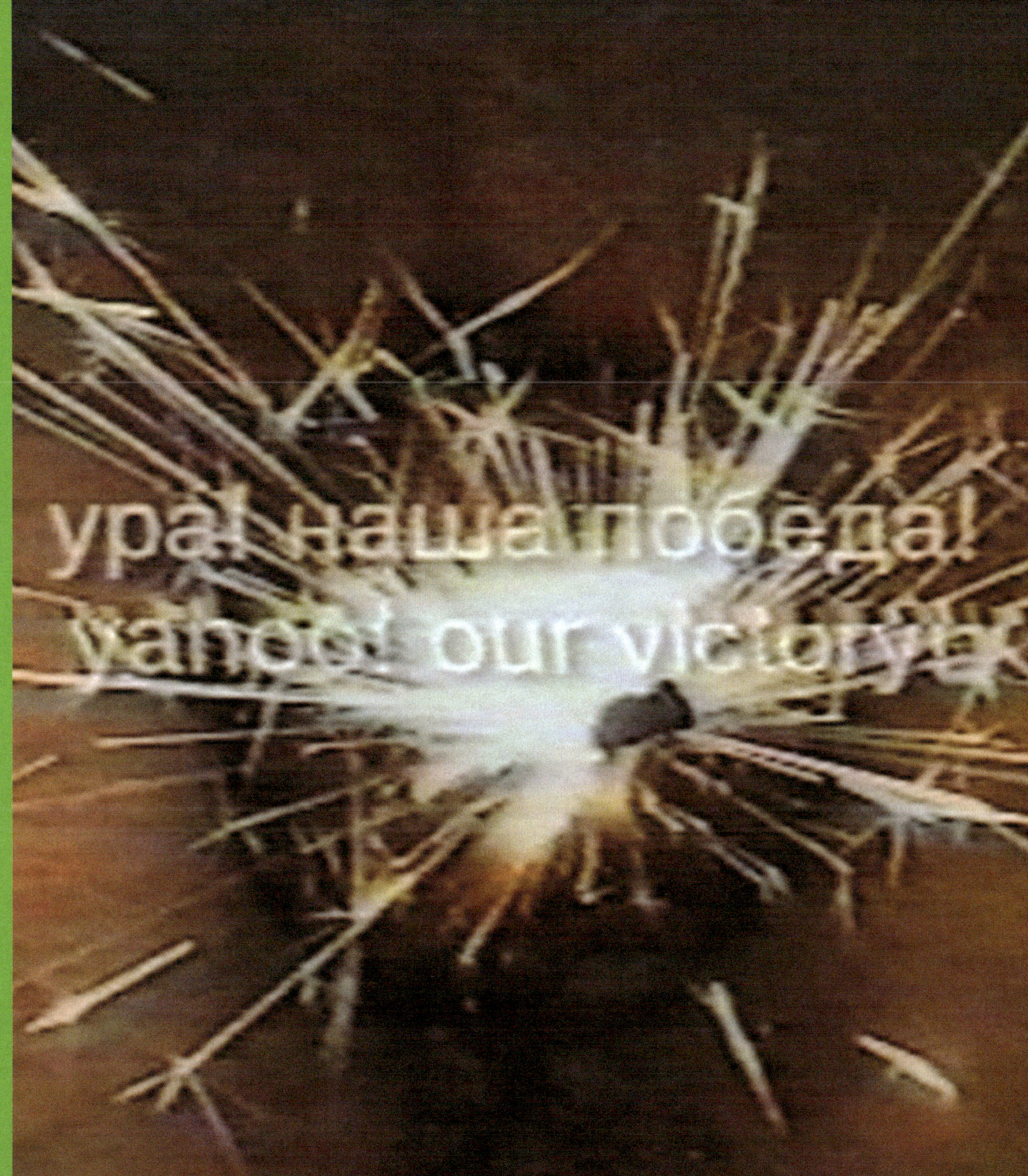

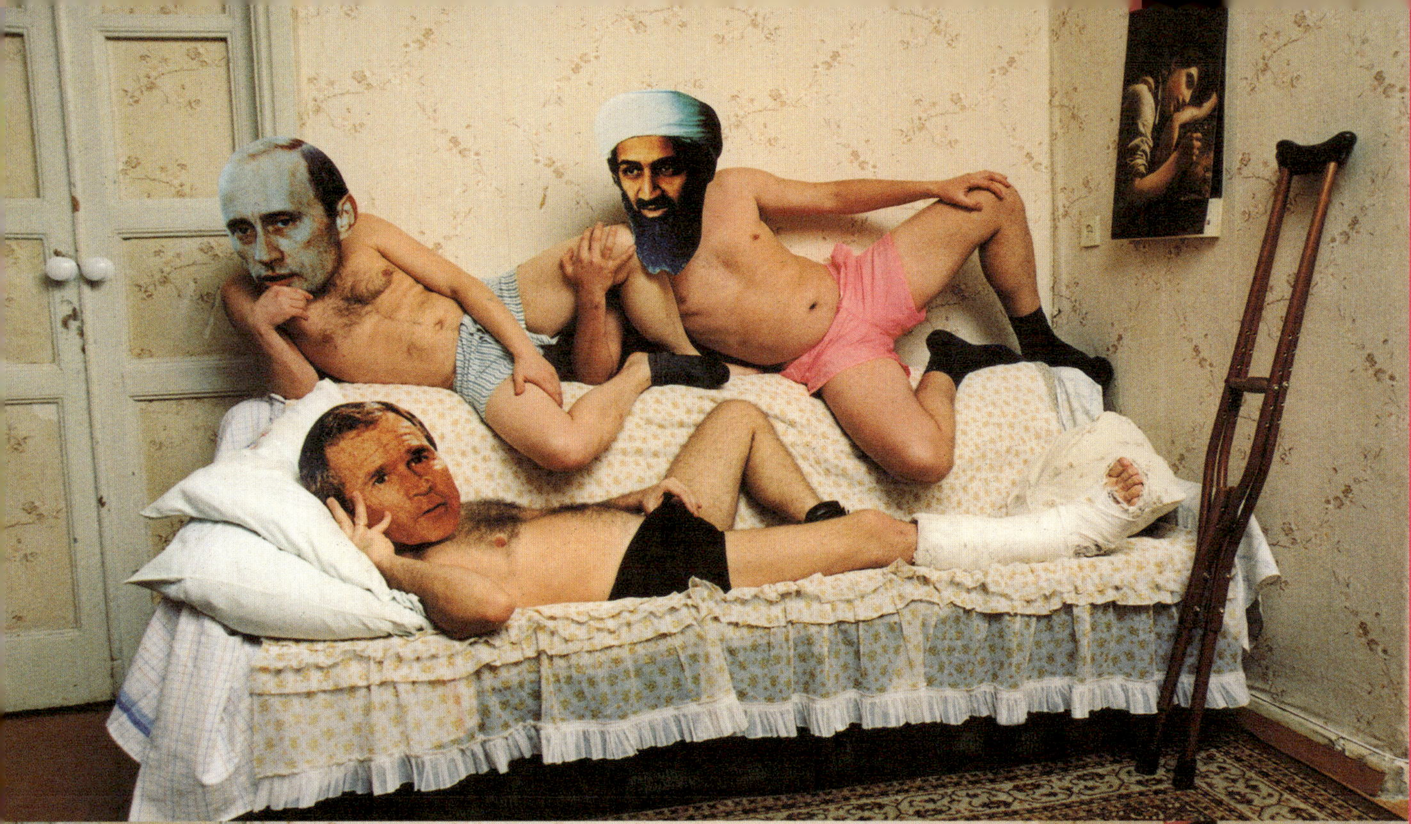

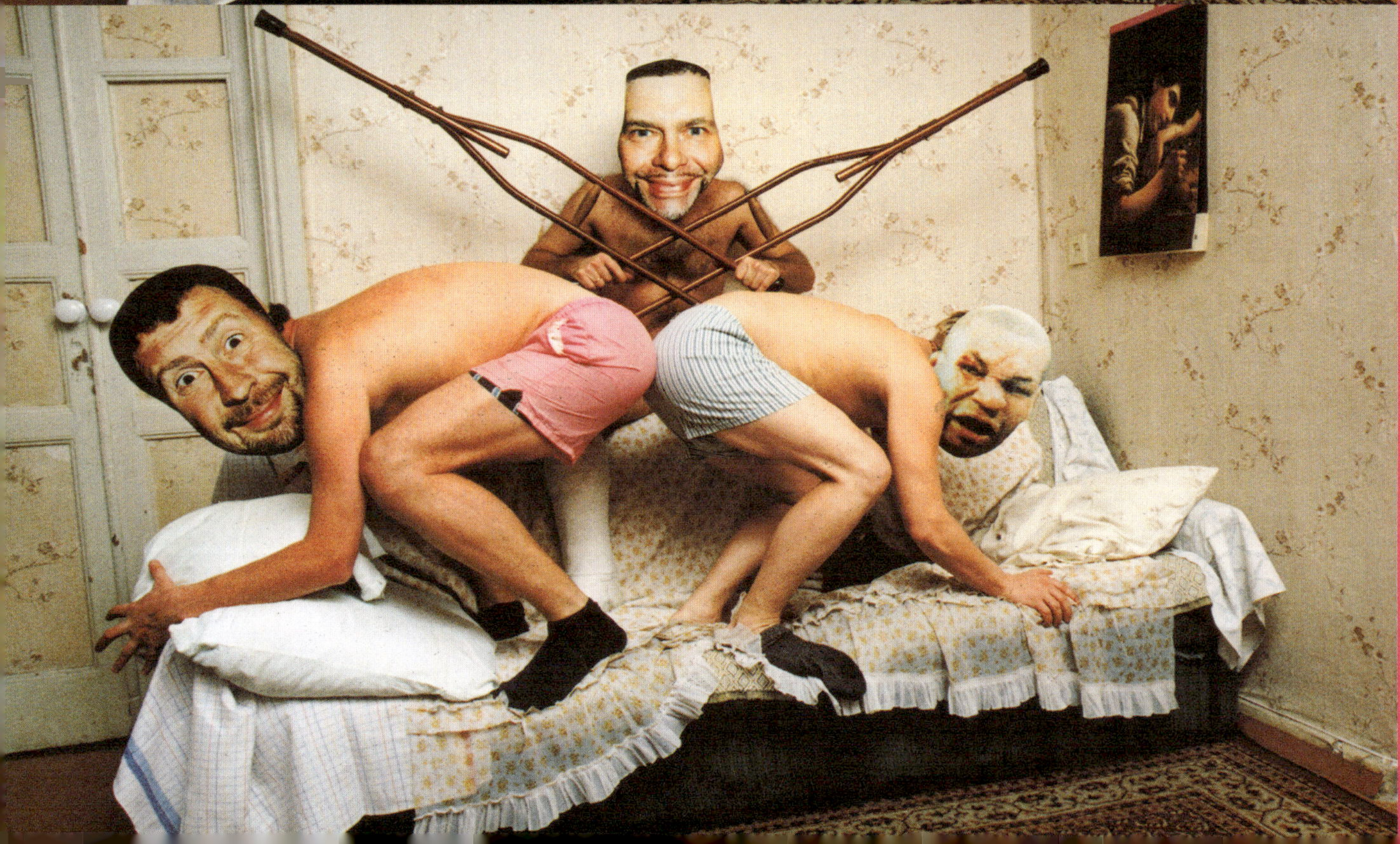

Neue sibirische Künstler, 2001

Die Blauen Nasen / Dmitrij Bulnygin

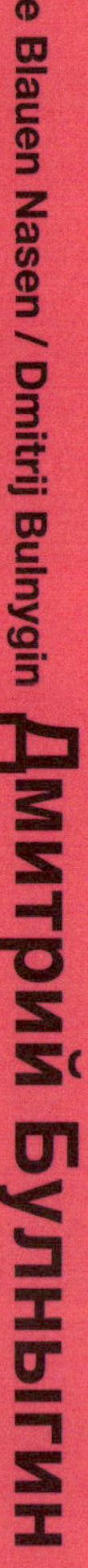

Дмитрий Булныгин

Konstantin Skotnikow, Nowosibirsk Misin sagte mir eines Tages: „Komm, wir nehmen eine Kettensäge und fahren nach Moskau. Dort sägst du dir ein Bein ab und verkaufst es." „OK", sagte ich. „Geht nicht", sagte Misin, „wir haben gar keine Kettensäge." Das ist eben das Problem: ich bin bereit, mir ein Bein abzusägen, aber es fehlt das Geld für die Säge. Für die Kunst sind wir zu allem bereit.

Константин Скотников, Новосибирск **Мизин мне как-то сказал: Бери электропилу и поехали в Москву. Ты там себе отпилишь ногу и продашь ее. Я сказал о'кей. Нет, не получится, - сказал Мизин, - у нас нету электропилы. Вот вам и проблема - я готов отпилить себе ногу, но нет денег на пилу. Ради искусства мы на все готовы.**

Konstantin Skotnikov, Novosibirsk Mizin once said to me: Let's travel to Moscow, and take a chain-saw. You can saw your leg off there and sell it. OK, I say. Right, says Mizin, but we haven't got a chain-saw. That is the problem: I am prepared to saw my leg off, but I haven't got the money for the saw. For the sake of art we are ready to do anything.

Konstantin Skotnikow, Nowosibirsk Unser Zynismus ist natürlich: eine Flasche Schnaps und scheiß auf euch alle. Unser natürlicher Zynismus bedeutet nicht, daß wir alle Menschen hassen, wir hassen die Situation. Wir glauben, daß wir für ein glückliches Leben bestimmt sind. Wie beim Kommunismus.

Константин Скотников, Новосибирск **У нас природный цинизм - бутылка водки и насрать мне на вас на всех. Но наш природный цинизм не означает, что мы всех ненавидим. Мы ненавидим ситуацию. Мы думаем, что созданы для счастливой жизни. Как при коммунизме.**

Konstantin Skotnikov, Novosibirsk Our cynicism is natural: a bottle of vodka and shit on all of you. Our natural cynicism doesn't mean that we hate everybody, we hate the situation. We believe that we are made for a happy life. Like in communism.

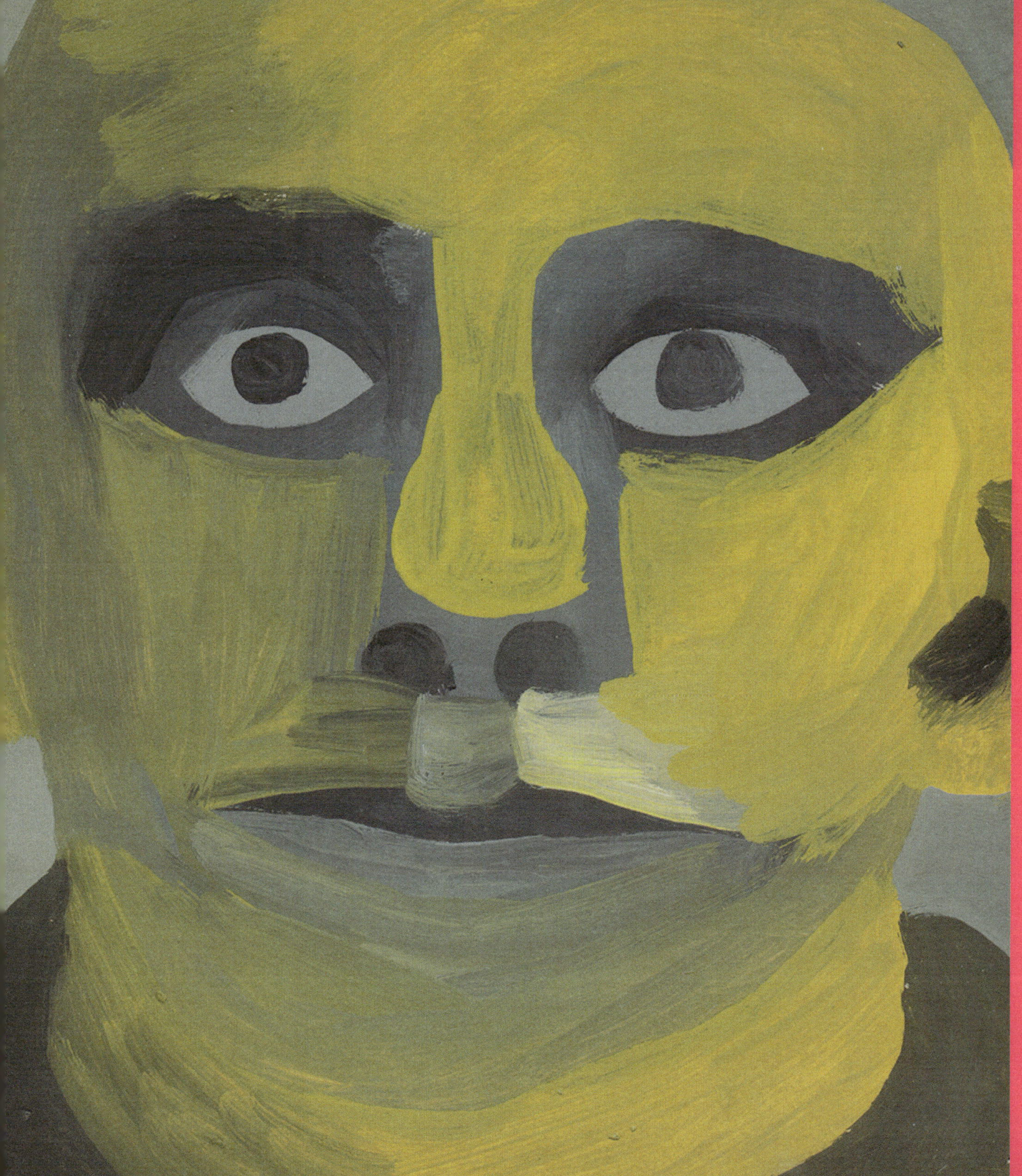

Selbstportrait, 1998–2001

Oleg Chwostow Олег Хвостов

Олег Хвостов

Oleg Chwostow

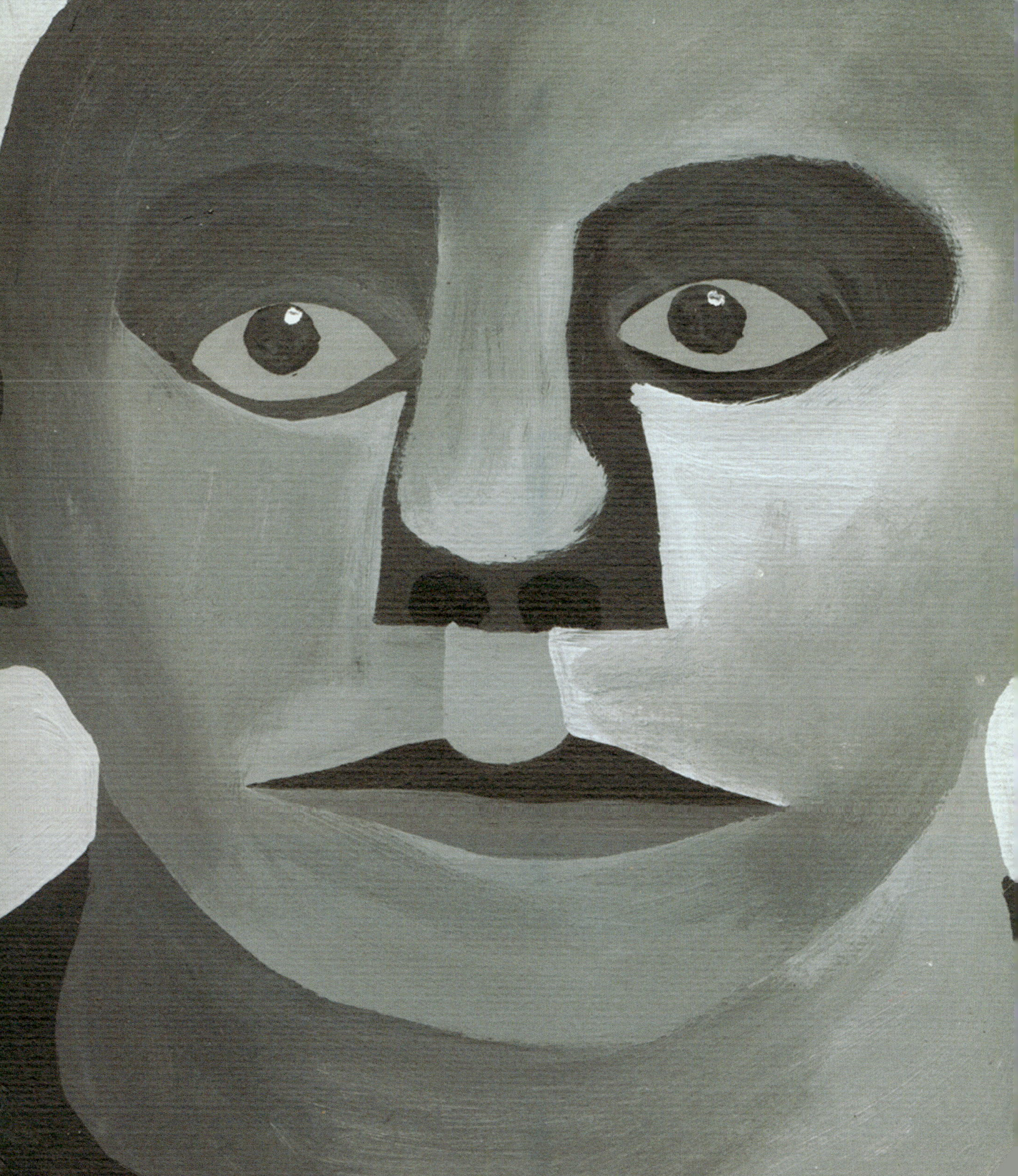

Selbstportrait, 1998–2001

Galina Mysnikowa, Nischnij Nowgorod Die einzelnen Künstler versuchen, im Kontext der Weltkunst zu arbeiten, ansonsten ist die Kunstrezeption sowjetisch geblieben. Als das Normalste, das Natürlichste gilt nach wie vor, ein Ölgemälde zu malen. Das gilt als greifbar, fühlbar und verkaufsfördernd. Die medialen Formen sind zu abstrakt und werden als nicht ernsthaft abgetan. Diese Meinung bremst die Entwicklung solcher Kunstformen.

Галина Мызникова, Нижний Новгород **Некоторые художники стараются работать в контексте мирового искусства, а в остальном восприятие искусства осталось советским. Самым нормальным и естественным до сих пор считается рисовать картины маслом. Считается, что это осязаемо, реально и хорошо продается. Медиальные формы слишком абстрактны, на них не обращают внимание как на несерьезные. Такое мнение тормозит развитие этих художественных форм.**

Galina Myznikova, Nizhny Novgorod The individual artists try to work in the context of world art, but otherwise the view of art is still Soviet-style. The most normal, the most natural thing is to paint in oils. That is something you can get to grips with, and it is good for sales. Media forms are too abstract, so they are not taken seriously. This is acting as a brake on the development of such art forms.

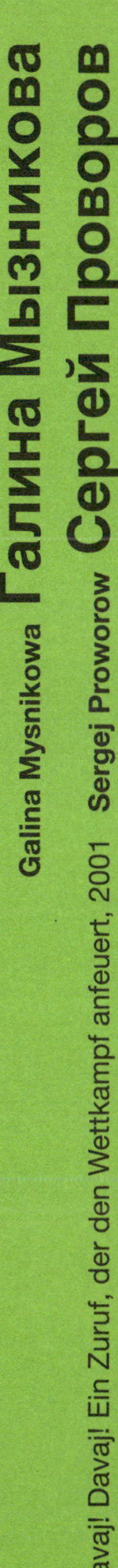

Galina Mysnikowa **Галина Мызникова**

Davaj! Davaj! Ein Zuruf, der den Wettkampf anfeuert, 2001 **Sergej Proworow** **Сергей Проворов**

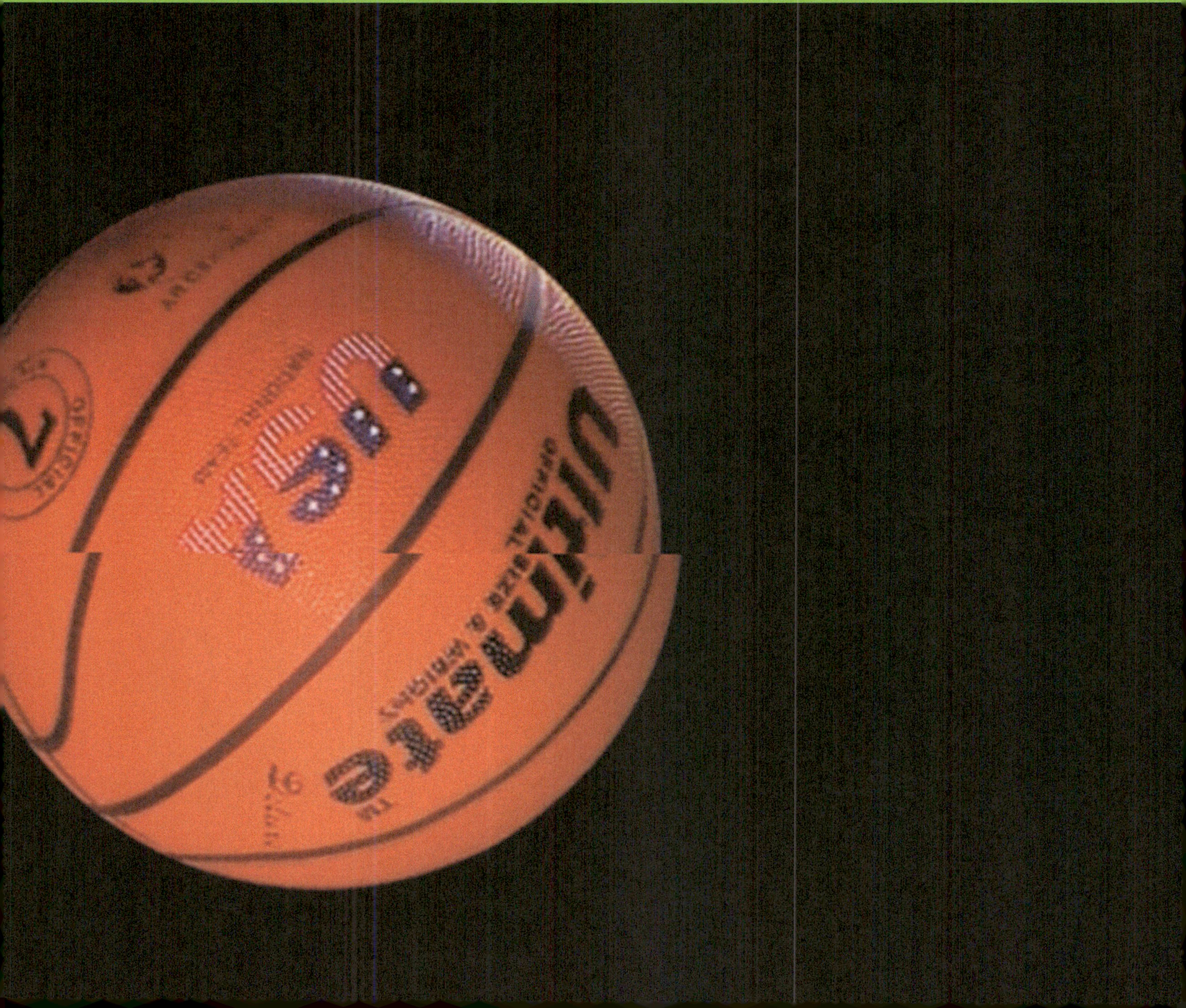

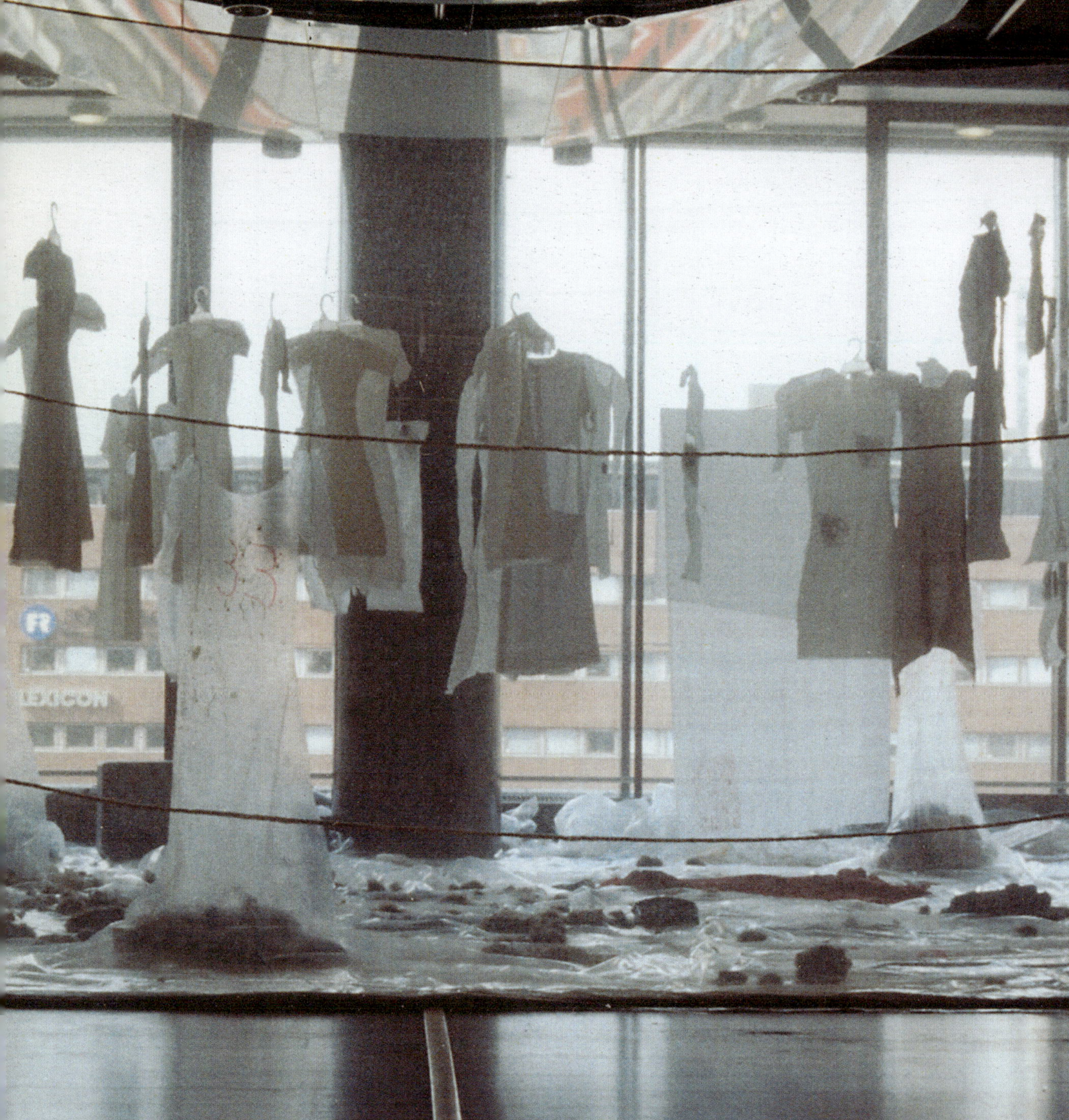

Liebe und Krieg, 1998

Olga Jegorowa (Zaplja) Ольга Егорова (Цапля)

Natalja Perschina-Jakimanskaja (Gljuklja) Наталья Першина-Якиманская (Глюкля)

Olga Jegorowa (Zaplja) Ольга Егорова (Цапля)

Natalja Perschina-Jakimanskaja (Gljukija) Наталья Першина-Якиманская (Глюкля)

Vera, 2001

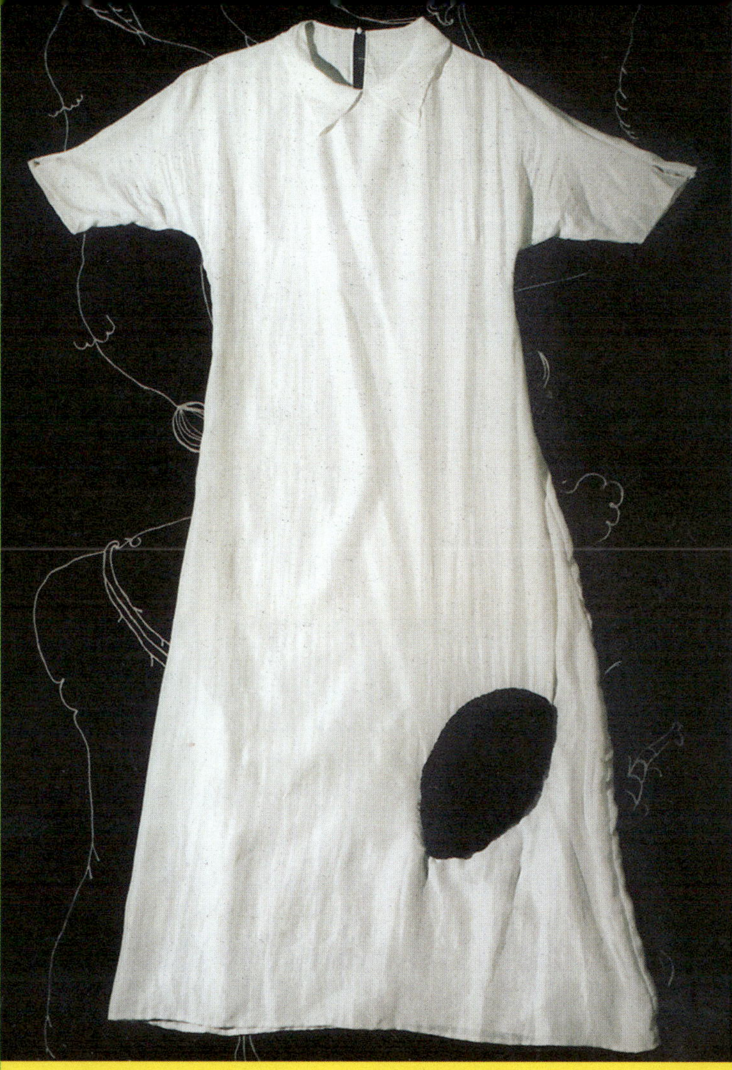

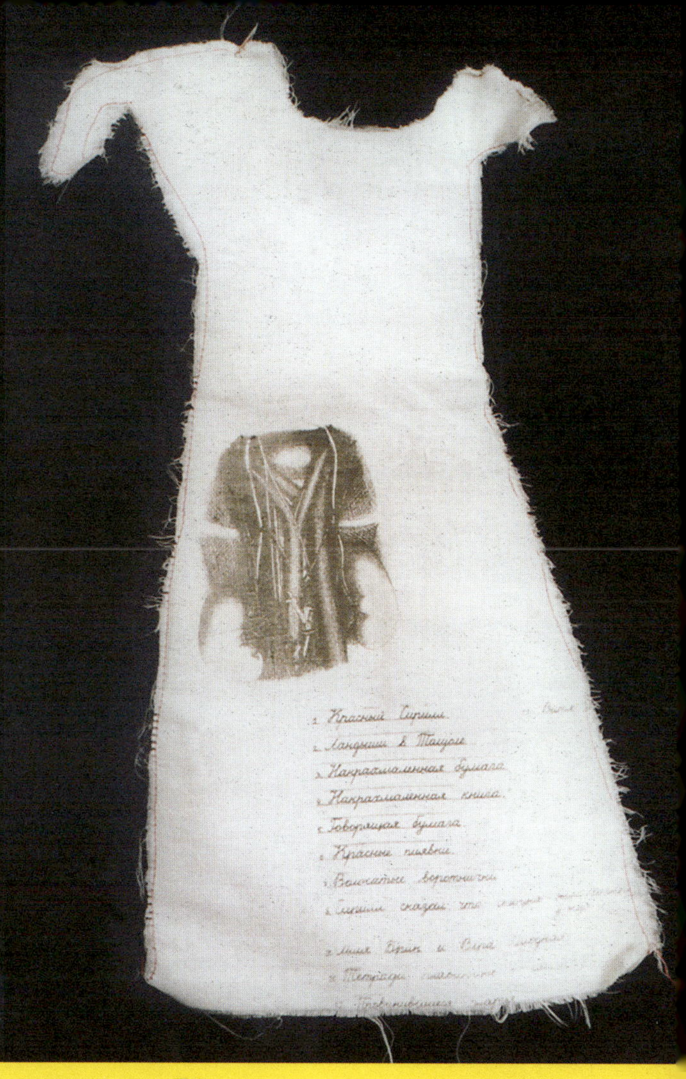

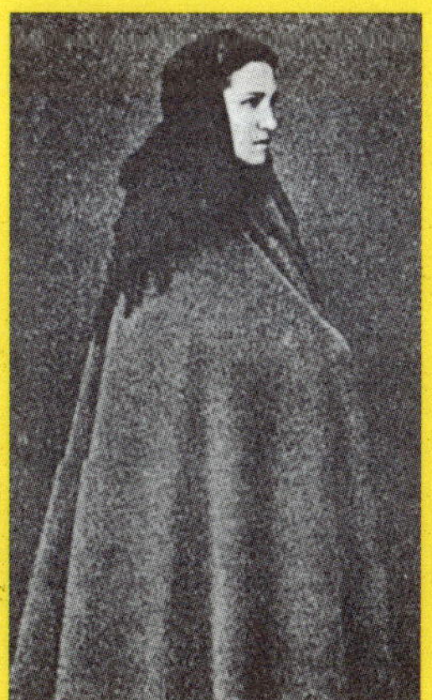

Vera Iwanowna Sassulitsch (1850–1919) Die erste Terroristin Russlands. 1850 schoß sie auf den Petersburger Stadtkommandanten General Trepov. Der Grund dafür war die von ihm befohlene demütigende und ungerechte Bestrafung des noch nicht rechtskräftig verurteilten Studenten Bogoljubov in der Untersuchungshaft. Sassulitsch wurde 1878 vom Geschworenengericht freigesprochen. In der Emigration (1878–1905) beschäftigte sie sich mit theorethischer und organisatorischer Arbeit. Sassulitsch war Mitglied der Menschewikenpartei. Sie starb an Tuberkulose in Petersburg.

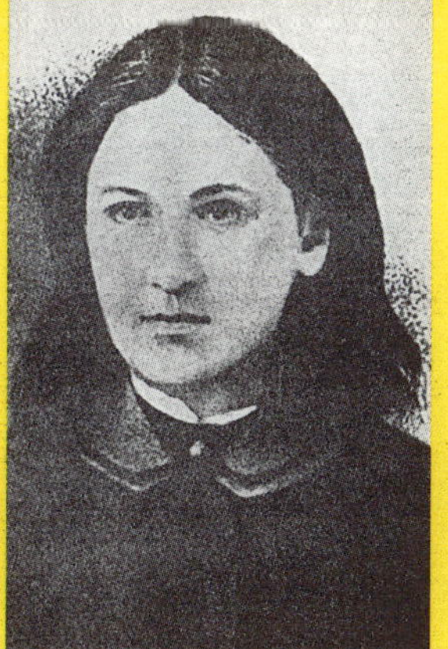

VALERIJ AJSENBERG

COME ON THIS WAY

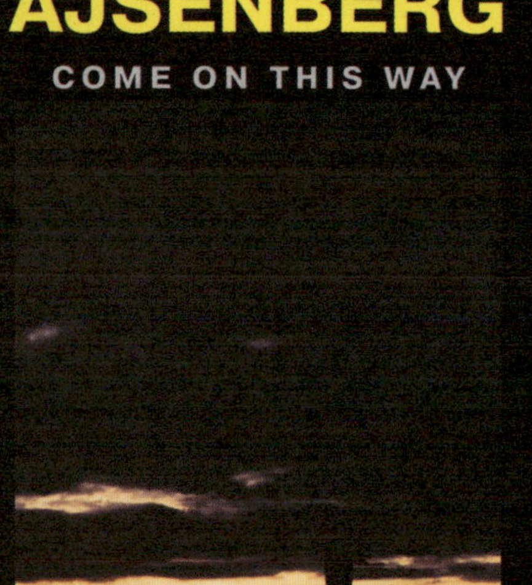

Kuenstlerische Touren fuer kuenstlerische Natur

«Zusammen mit dem Kuenstler»

NEW YORK

Touristik Agentur *Escape*

www.escapeprogram.ru

Berlin 2002 Wien

Валерий Айзенберг / Escape

Valerij Ajsenberg

Reisebüro Escape, 2001

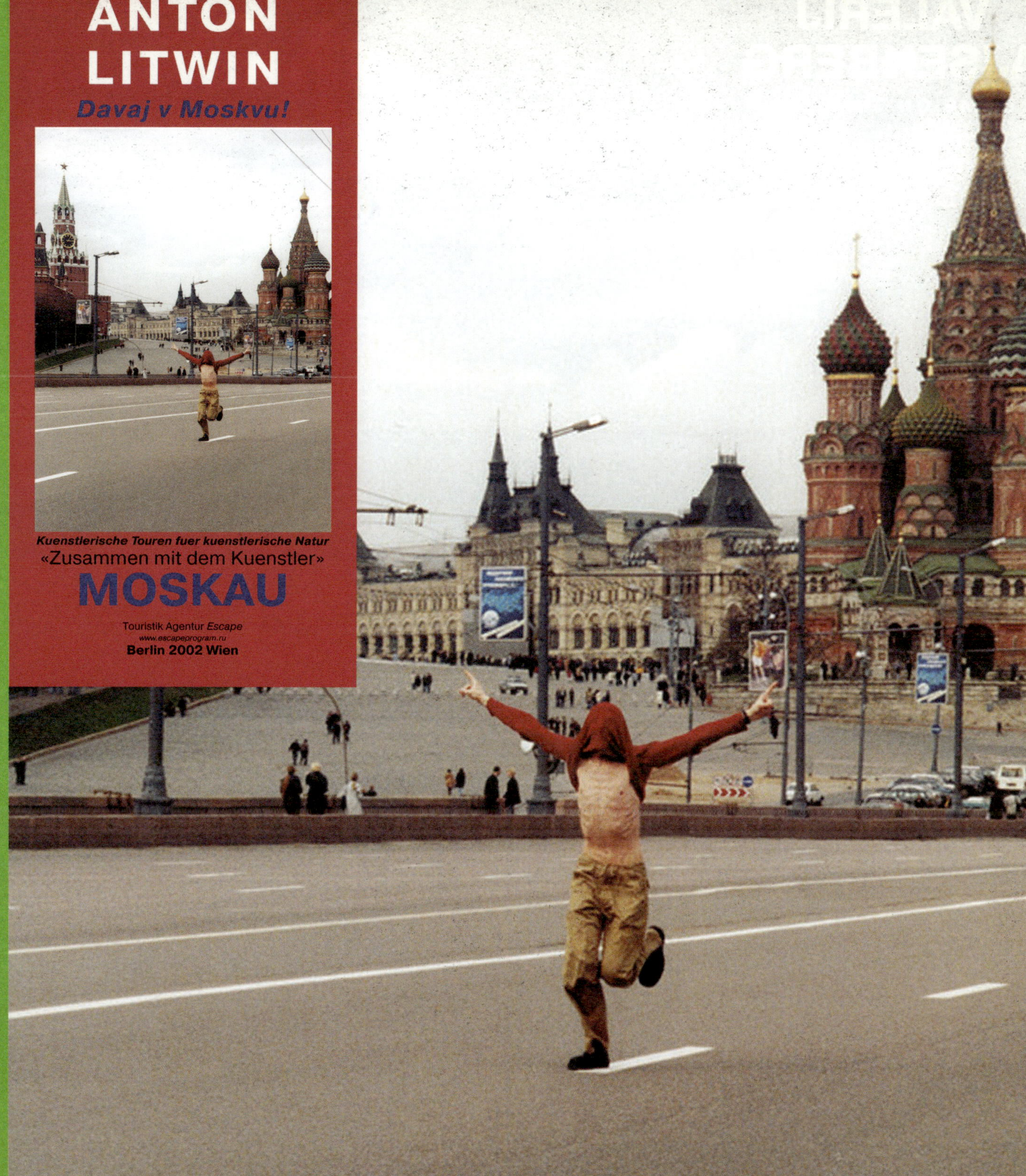

Anton Litwin **Антон Литвин / Escape**

Reisebüro Escape, 2001

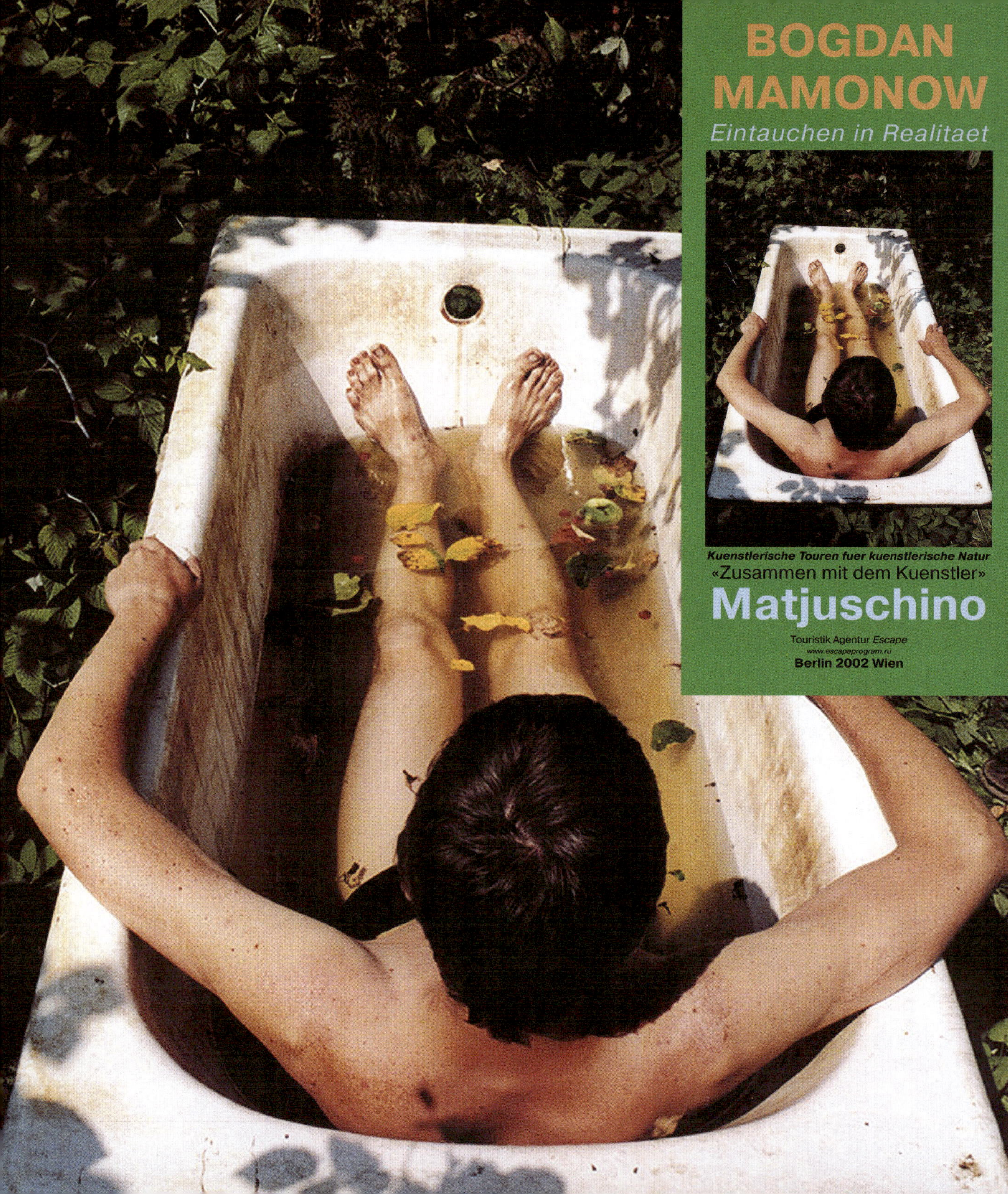

Reisebüro Escape, 2001

Елизавета Морозова / Escape

Jelisaweta Morosowa

Reisebüro Escape, 2001

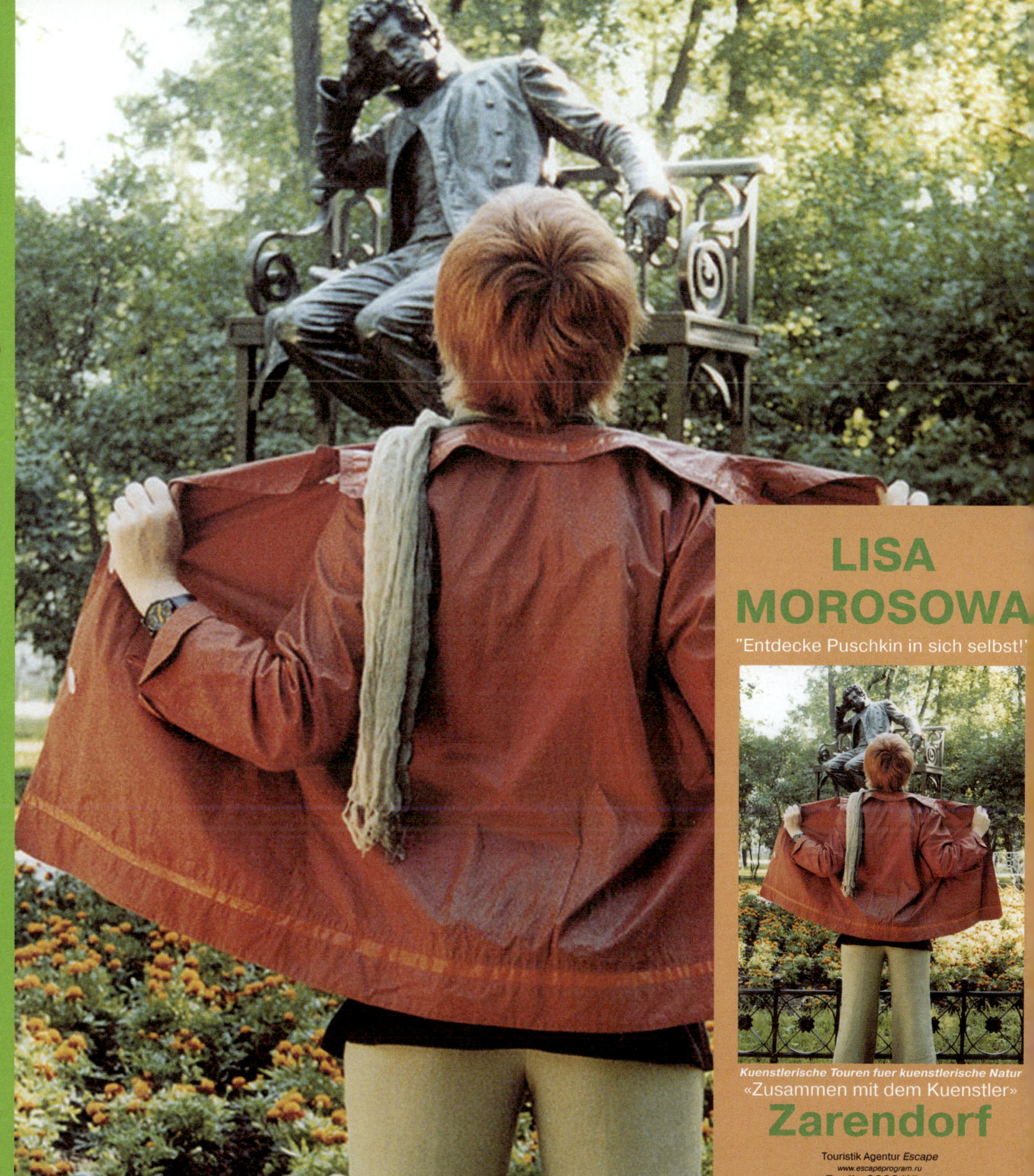

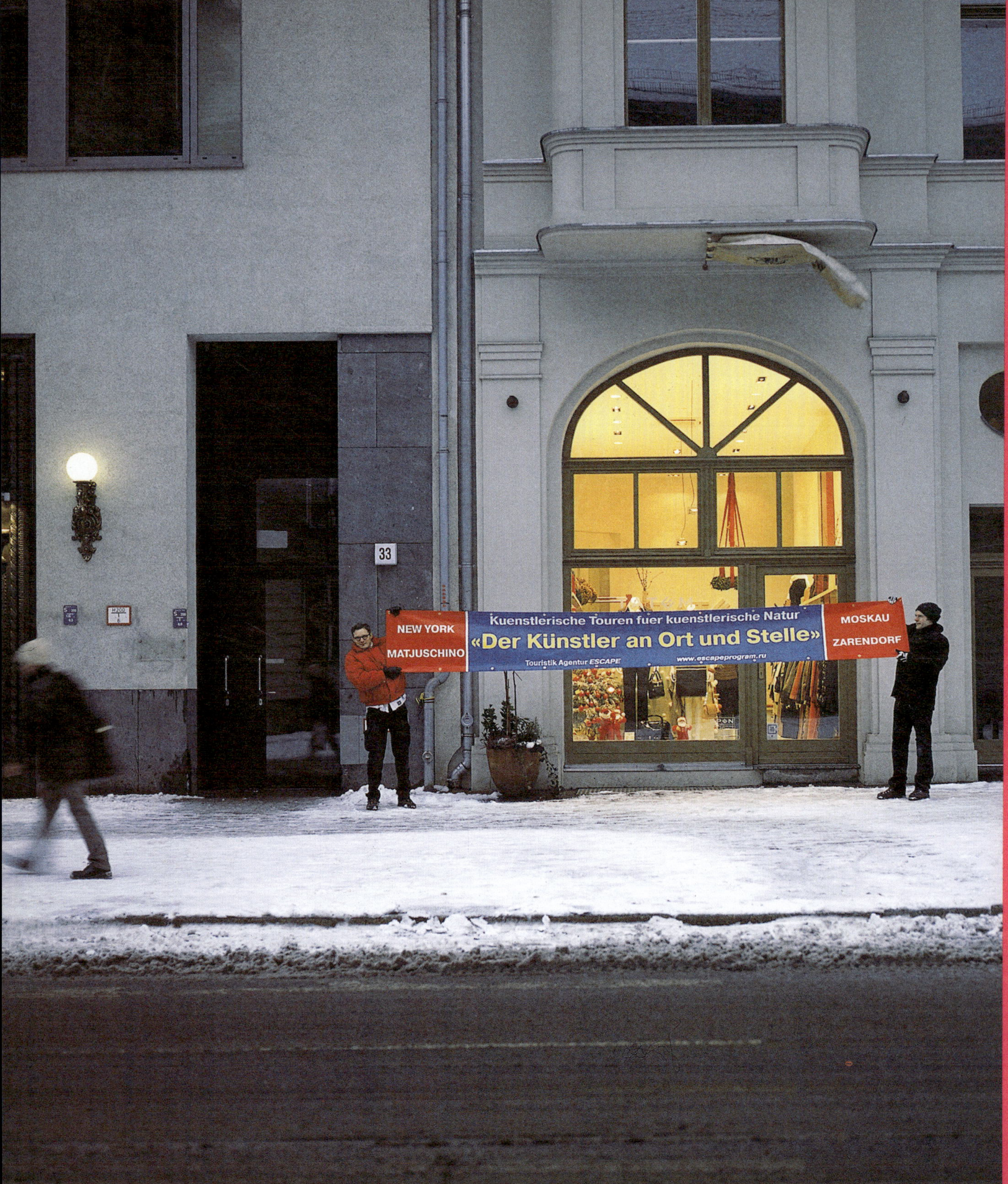

Reisebüro Escape, 2002

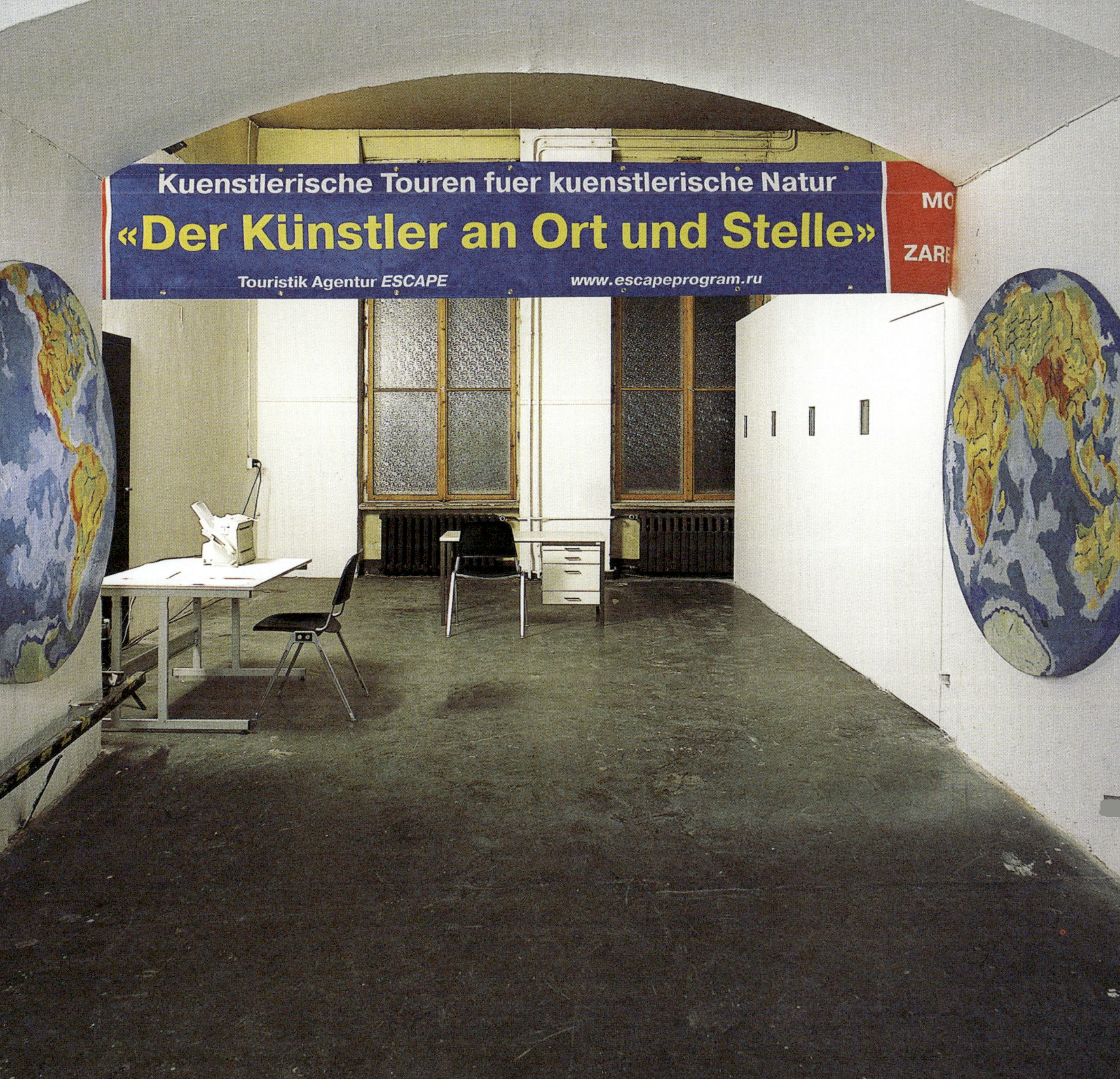

Reisebüro Escape, Installation Berlin Postfuhramt, 2002

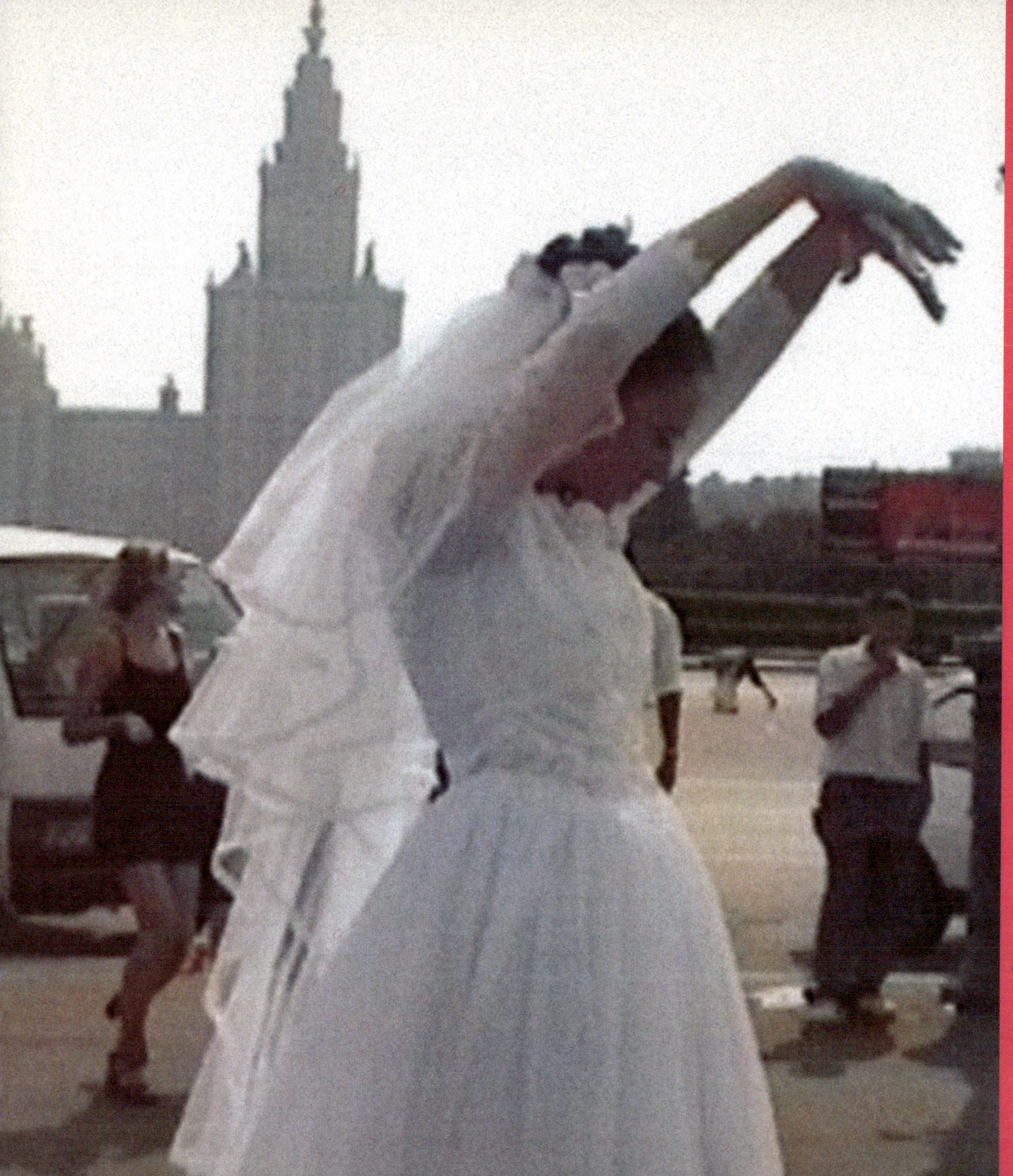

Happy End, 1999

Ljudmila Gorlowa Людмила Горлова

Людмила Горлова

Ljudmila Gorlowa

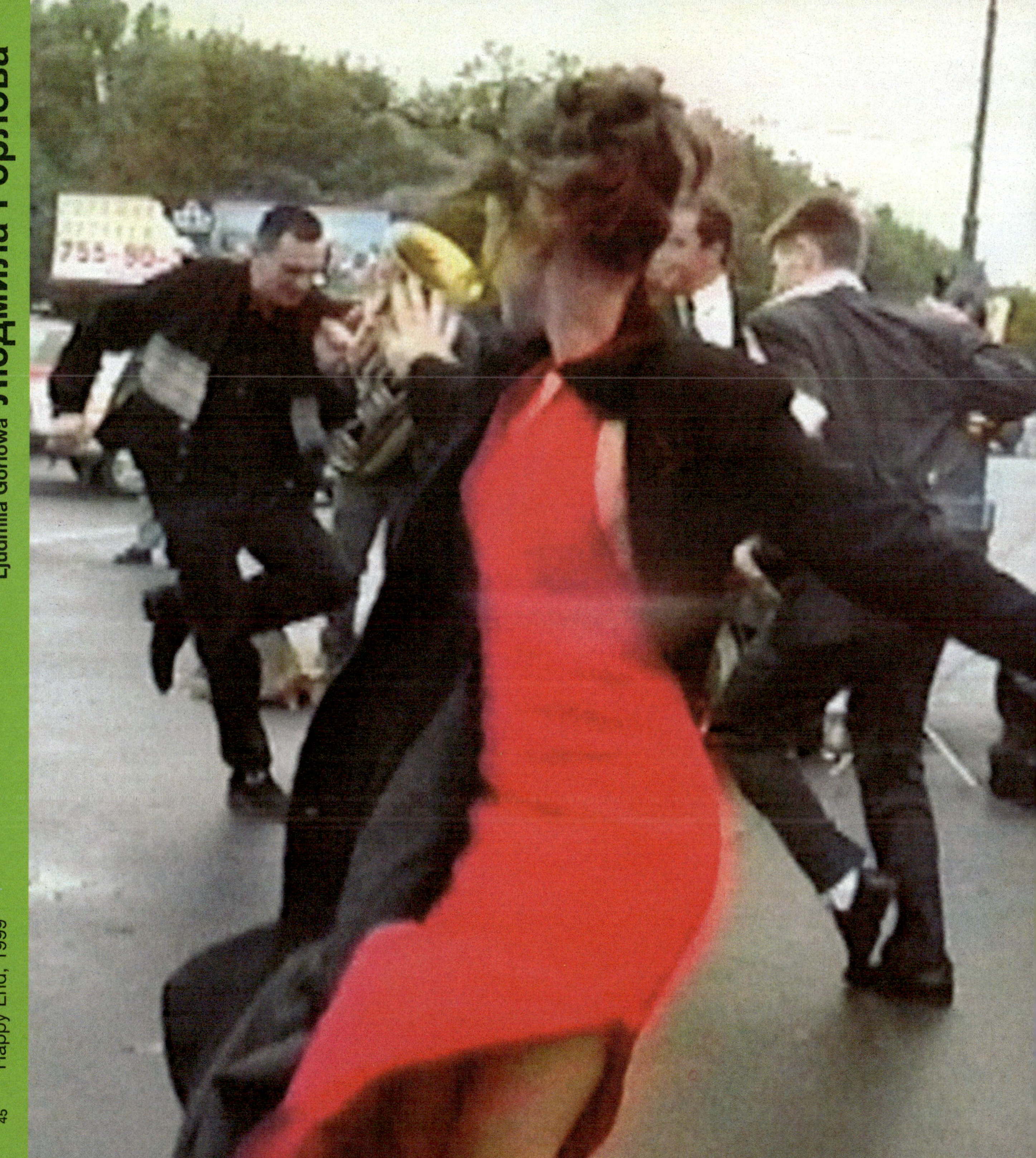

Happy End, 1999

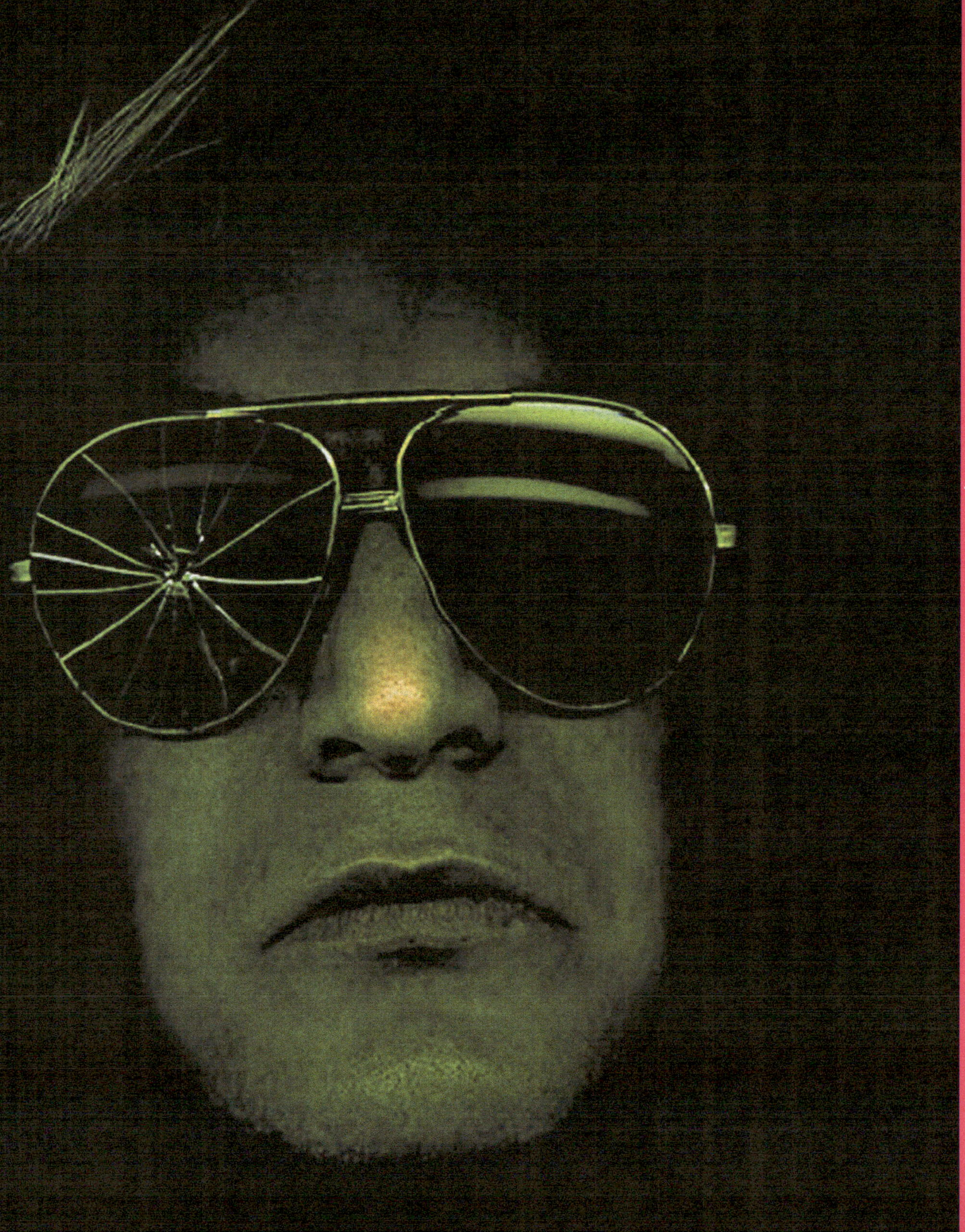

Dmitrij Bulatow Дмитрий Булатов

Open Dialogue, 2002

Dmitrij Bulatow Дмитрий Булатов

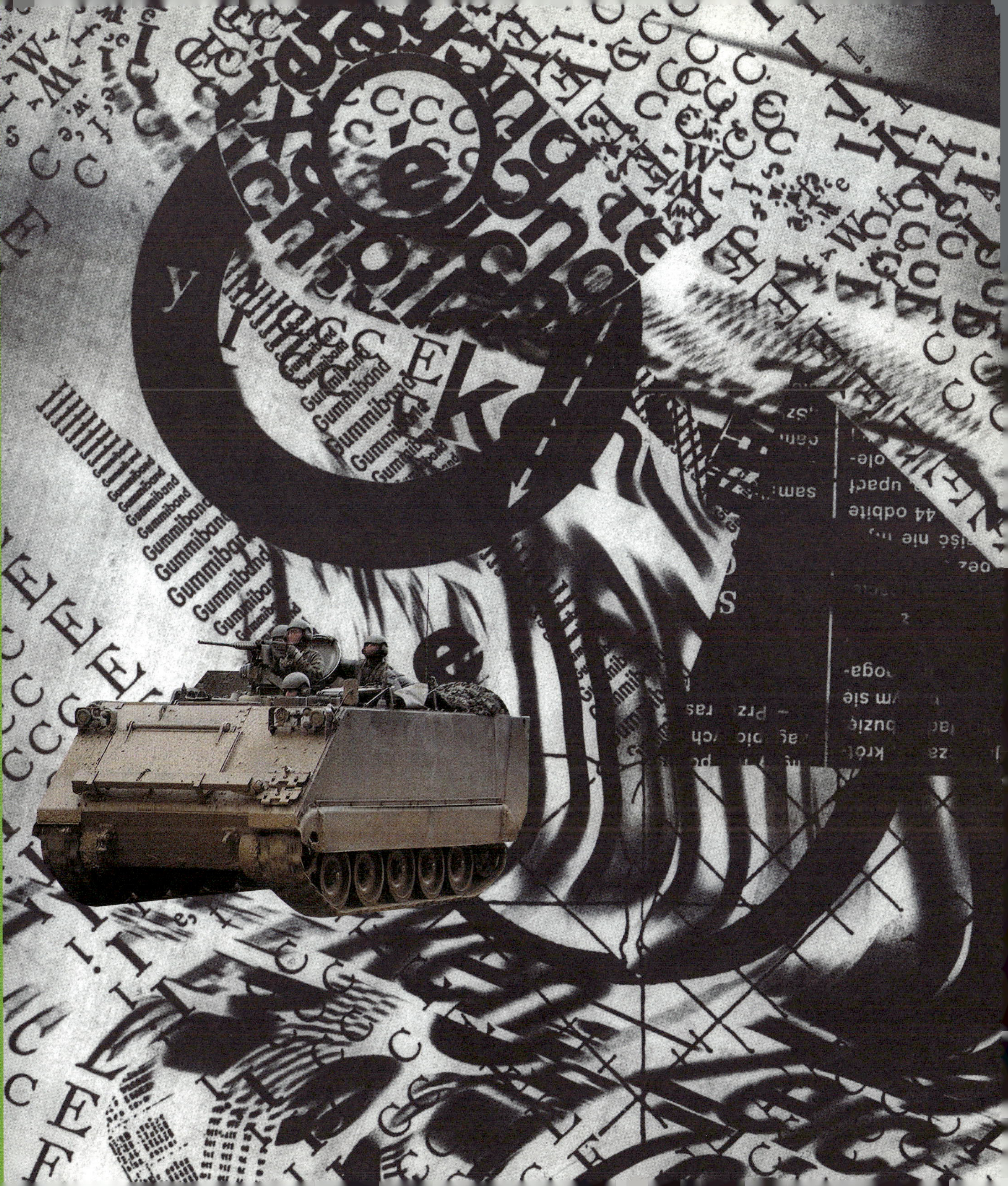

Jelena Kowylina Елена Ковылина

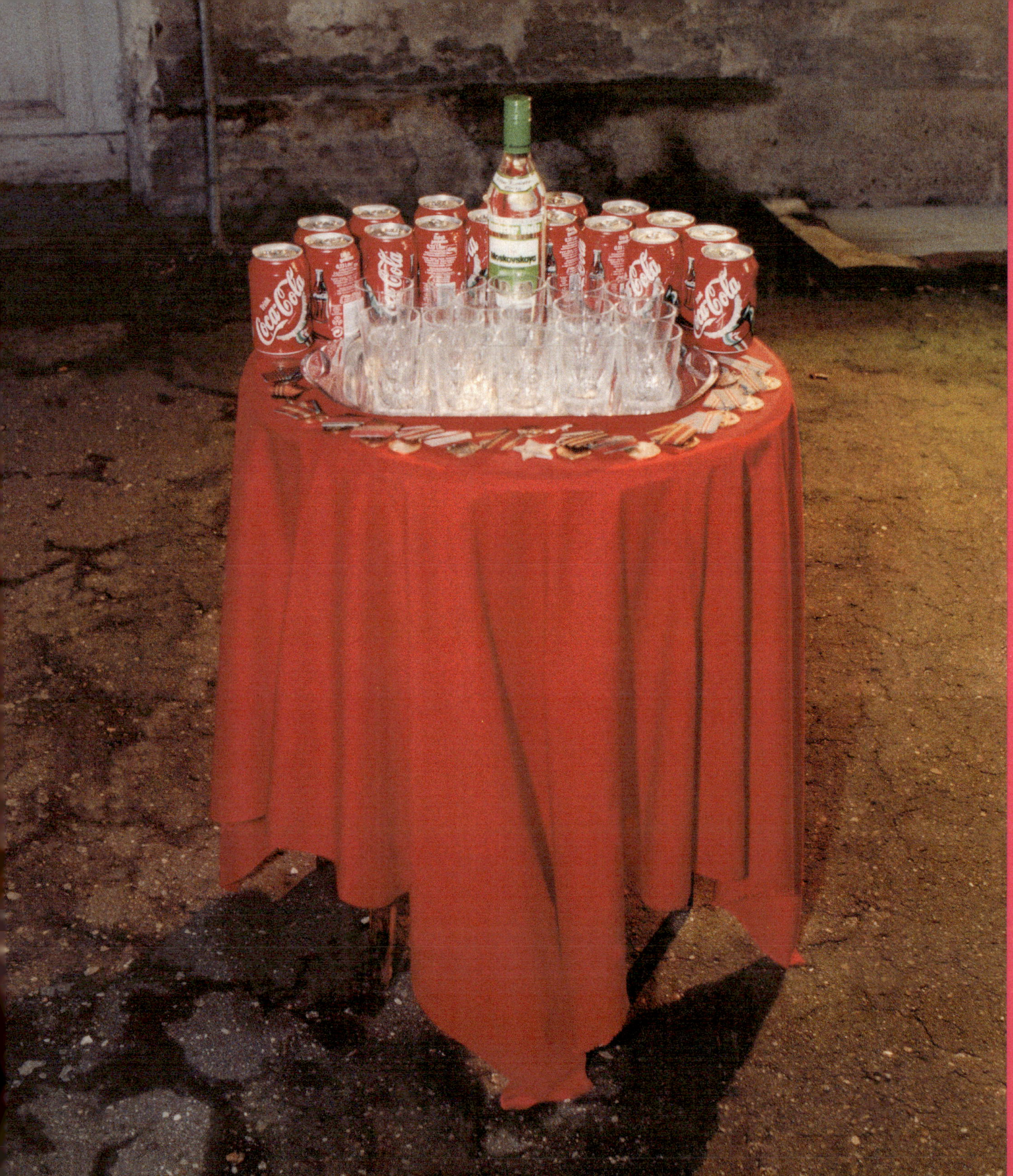

Walzer, 2001

Елена Ковылина

Jelena Kowylina

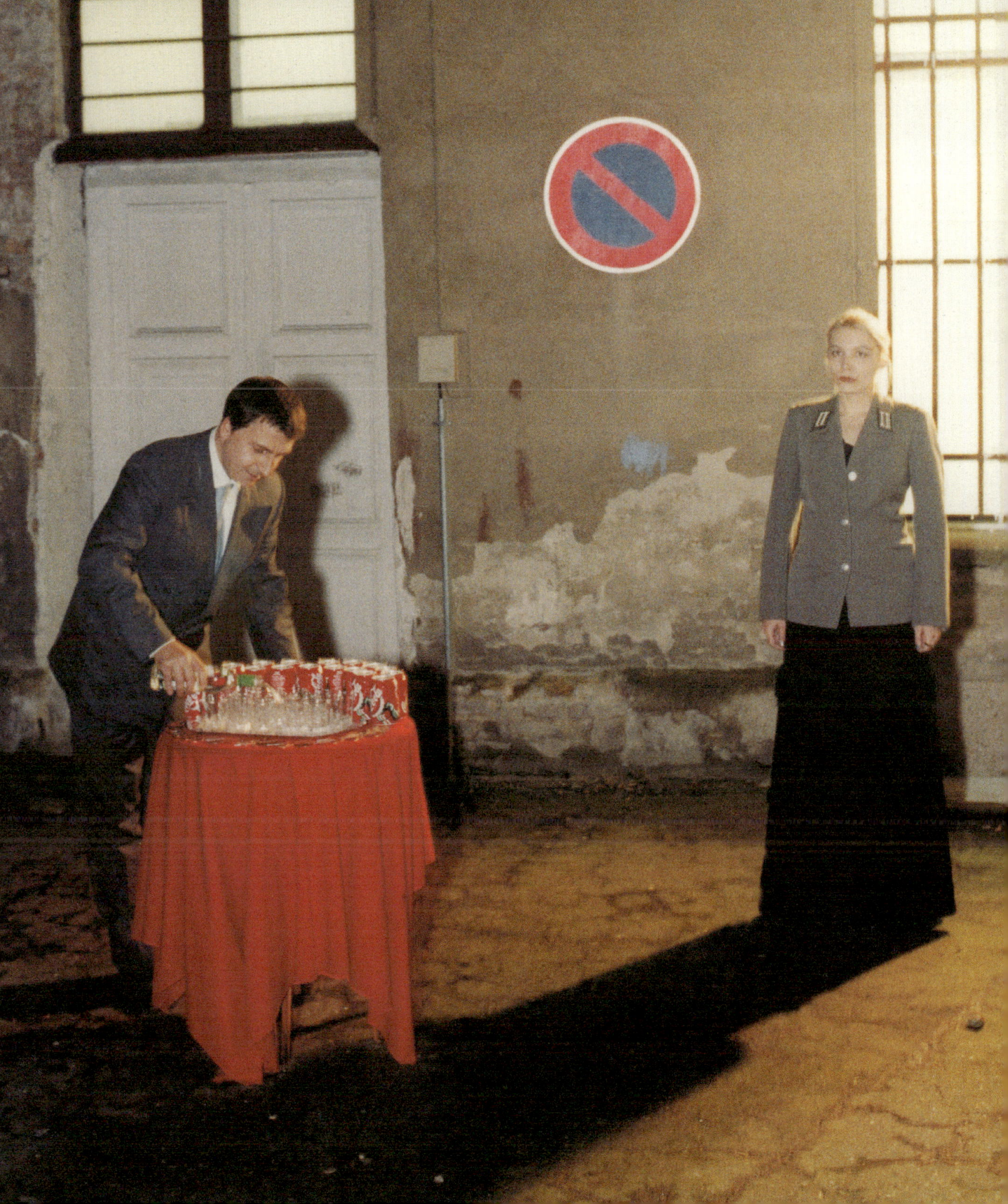

Walzer, 2001

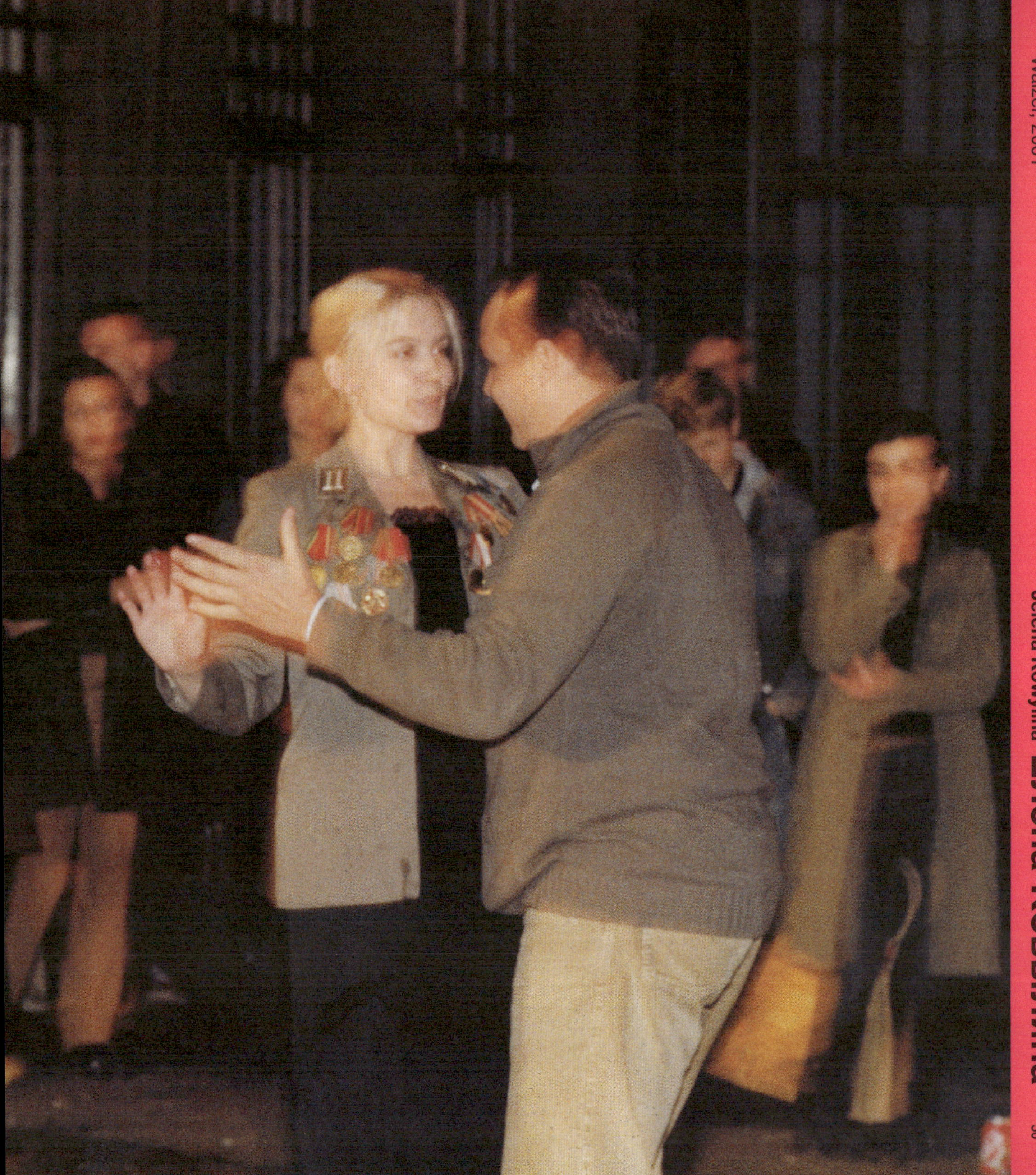

Walzer, 2001

Jelena Kowylina

Елена Ковылина

Елена Ковылина

Jelena Kowylina

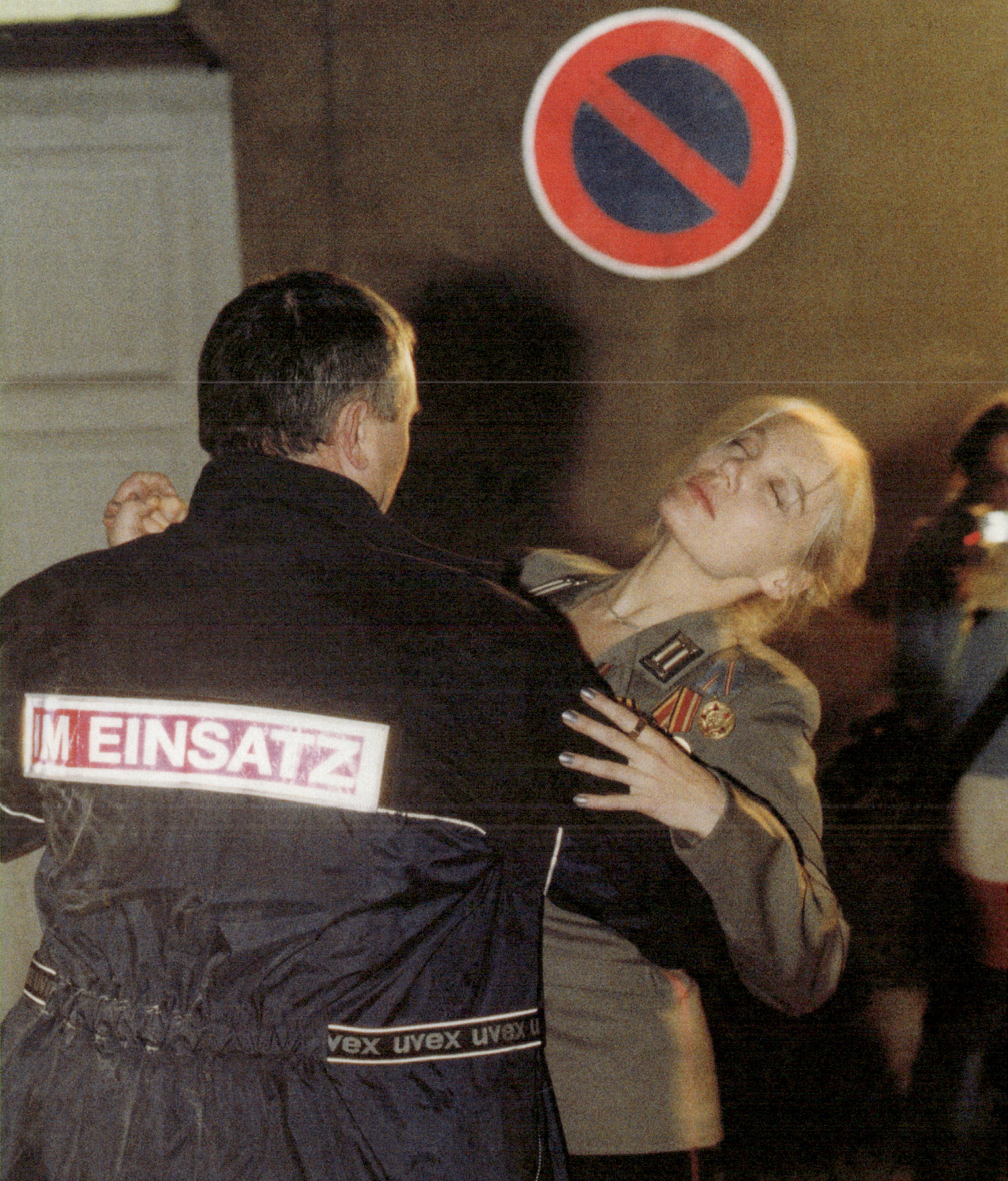

Walzer, 2001

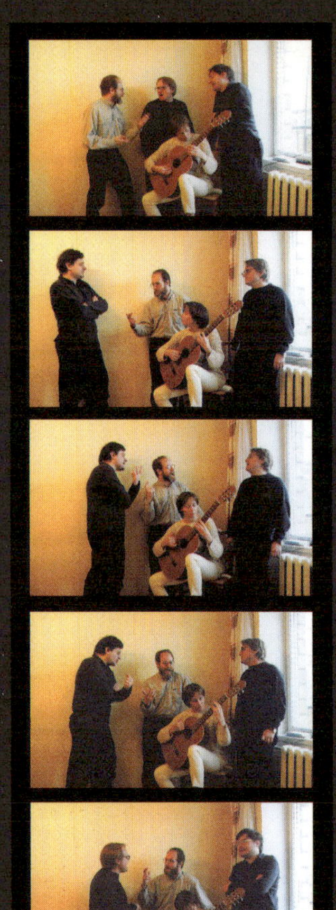

Gruppe um GUTOW, Revolutionsoper, 2001

Dmitrij Gutow Дмитрий Гутов Anatolij Osmolowskij Анатолий Осмоловский

Inna Prileschajewa Инна Прилежаева Konstantin Bochorow Константин Бохоров

Tunnel, 2000

Maxim Iljuchin Максим Илюхин

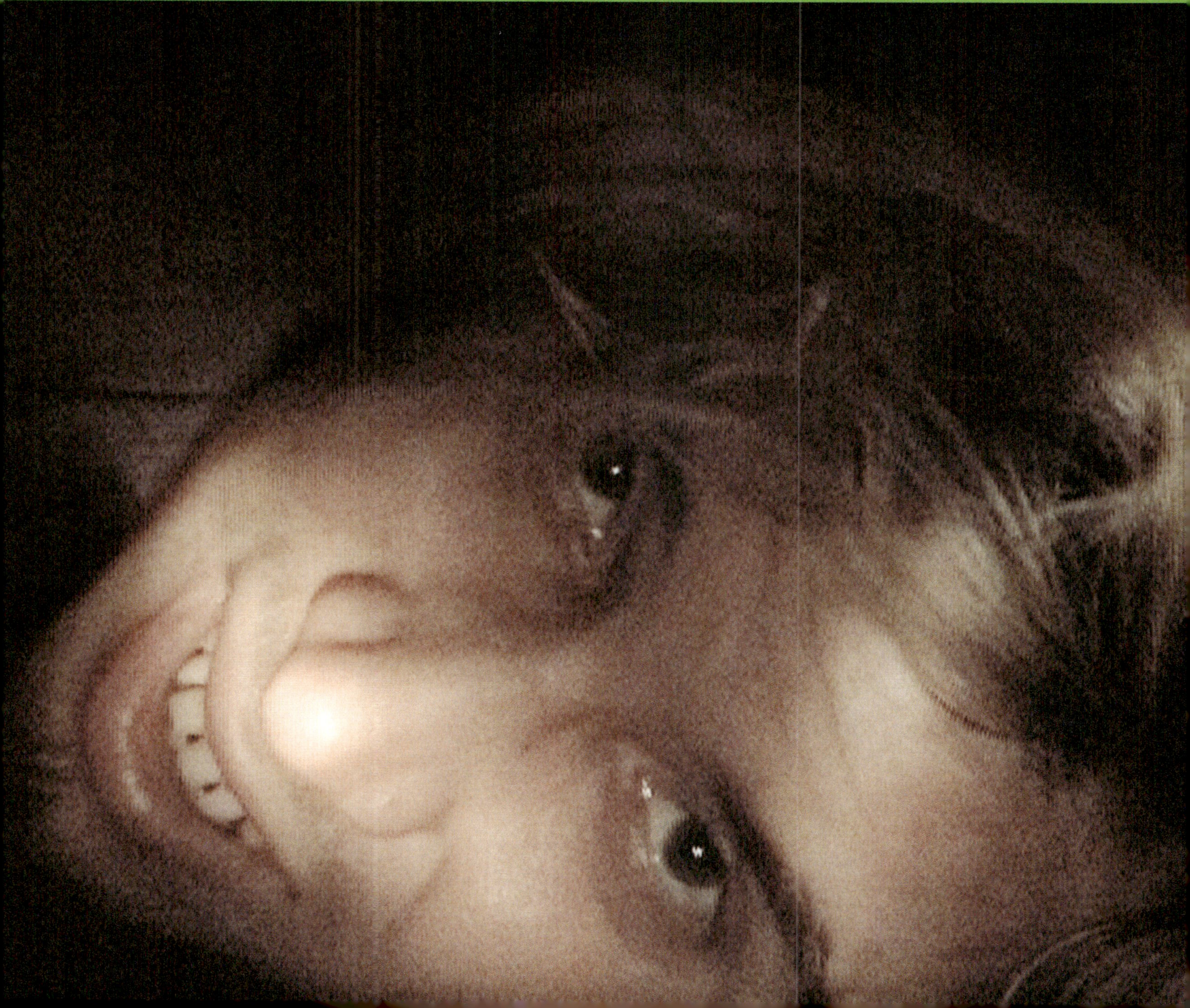

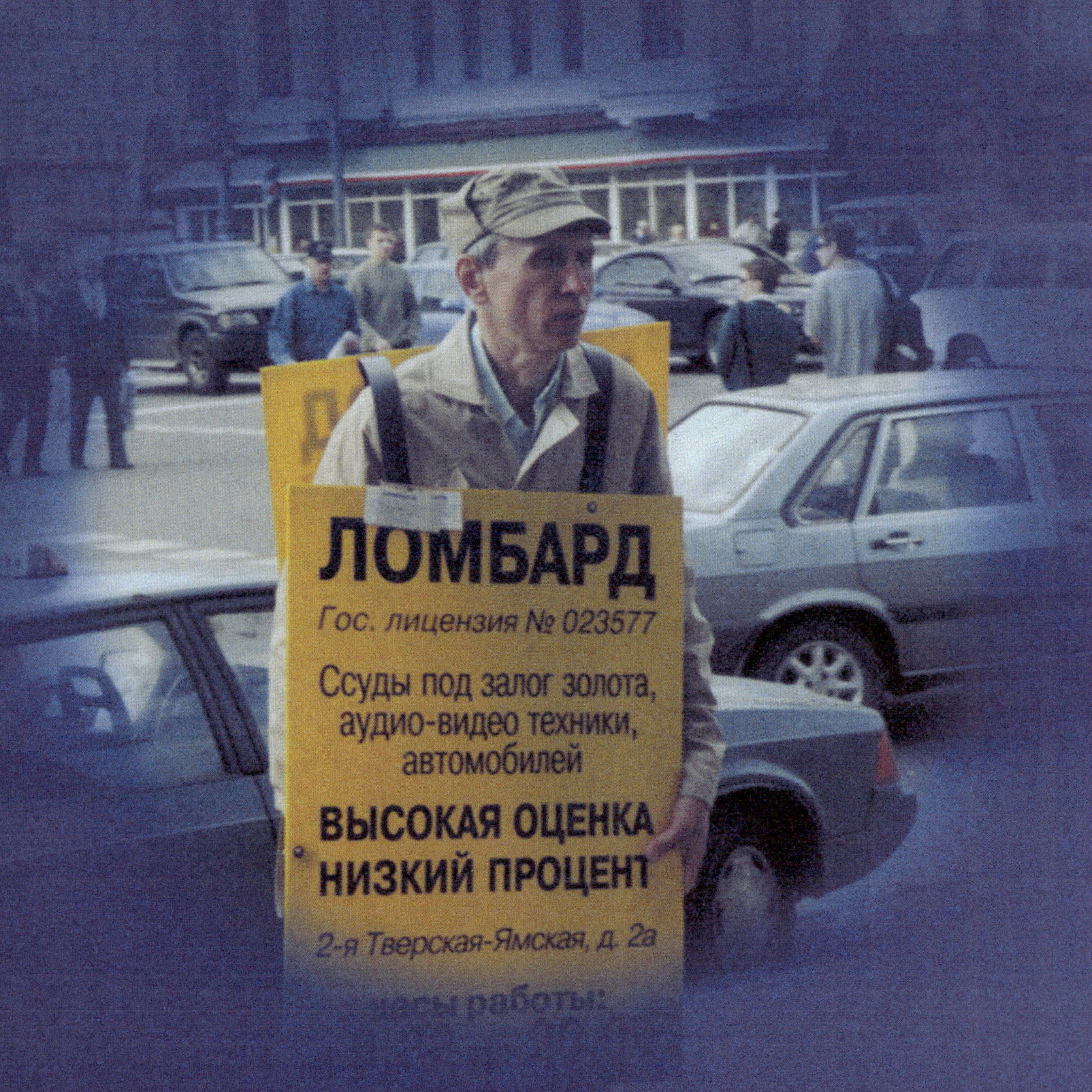
ЛОМБАРД
Гос. лицензия № 023577
Ссуды под залог золота,
аудио-видео техники,
автомобилей
ВЫСОКАЯ ОЦЕНКА
НИЗКИЙ ПРОЦЕНТ
2-я Тверская-Ямская, д. 2а

Татьяна Хенгстлер

Tatjana Hengstler

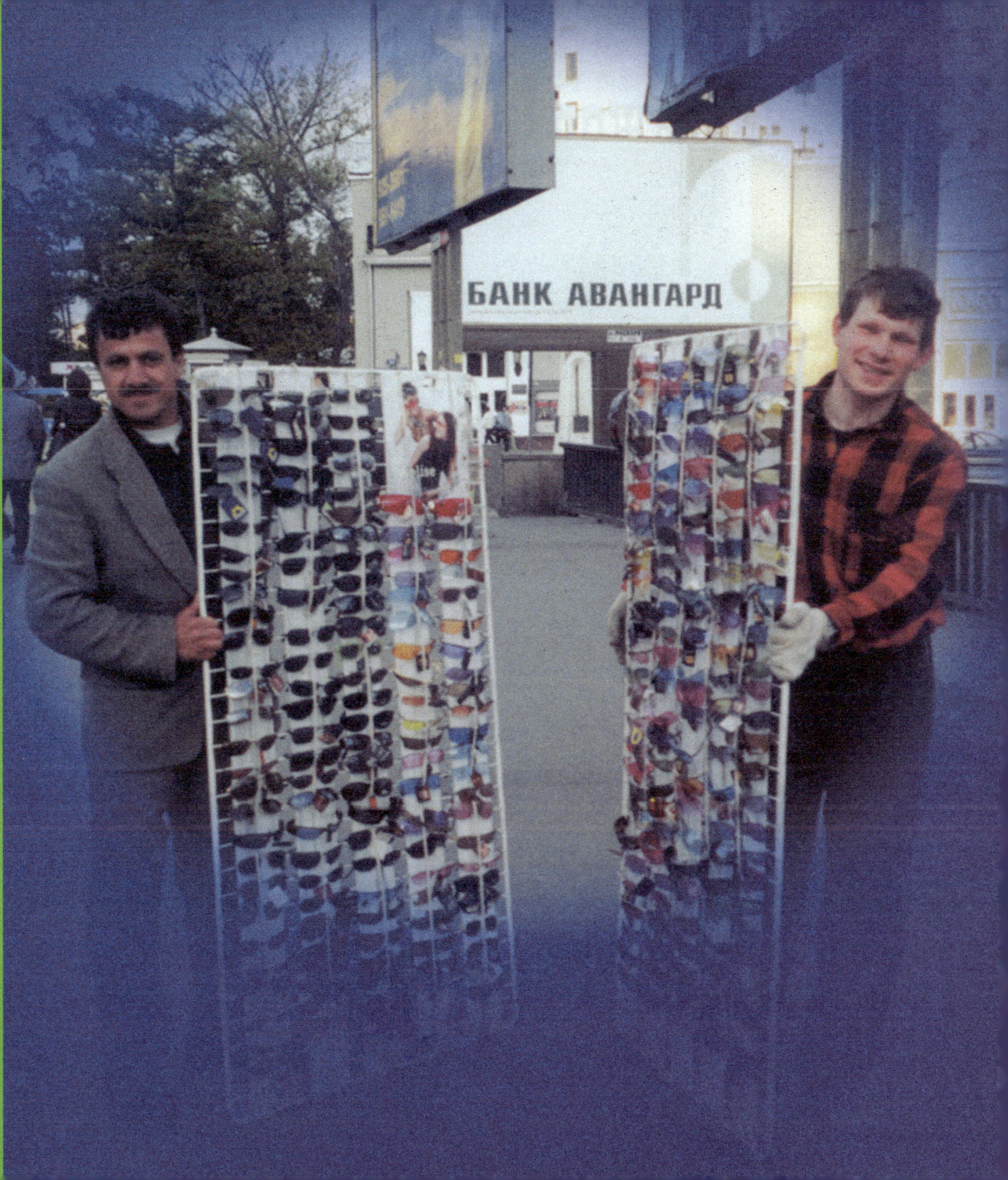

Buried Treasures, 2001

Paradiesgarten, 1998

Marina Koldobskaja **Марина Колдобская**

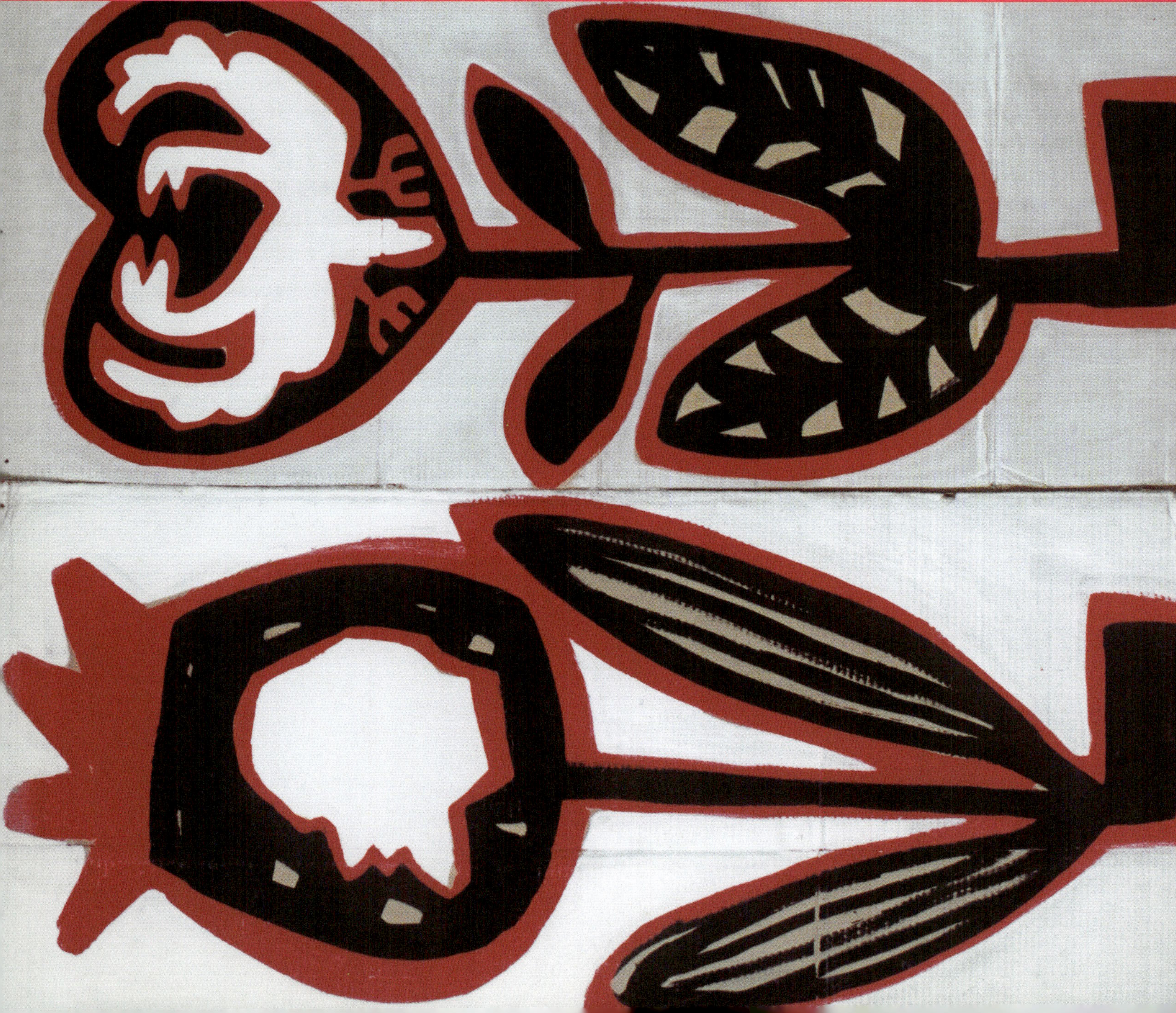

Paradiesgarten, 1998

Marina Koldobskaja

Марина Колдобская

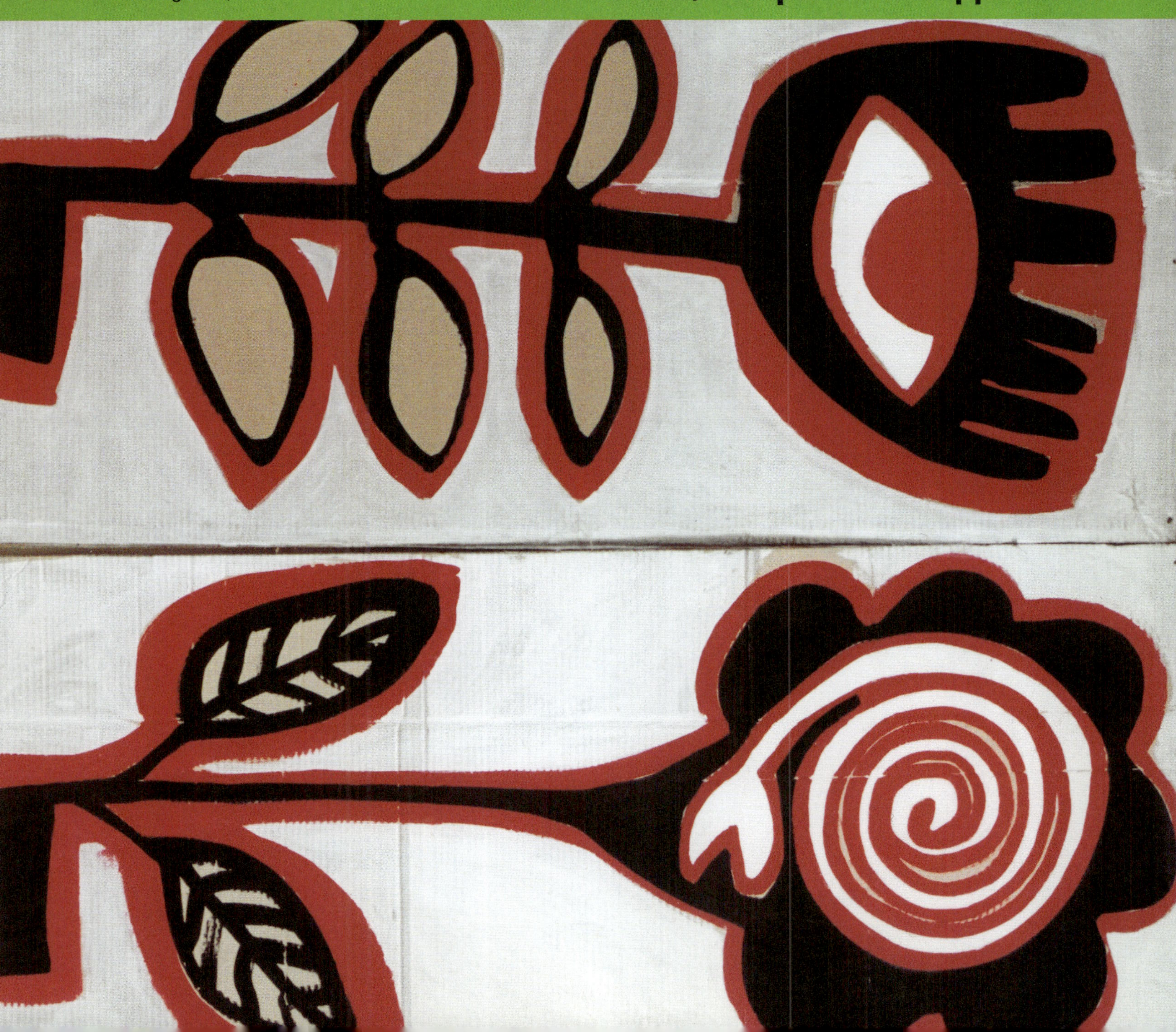

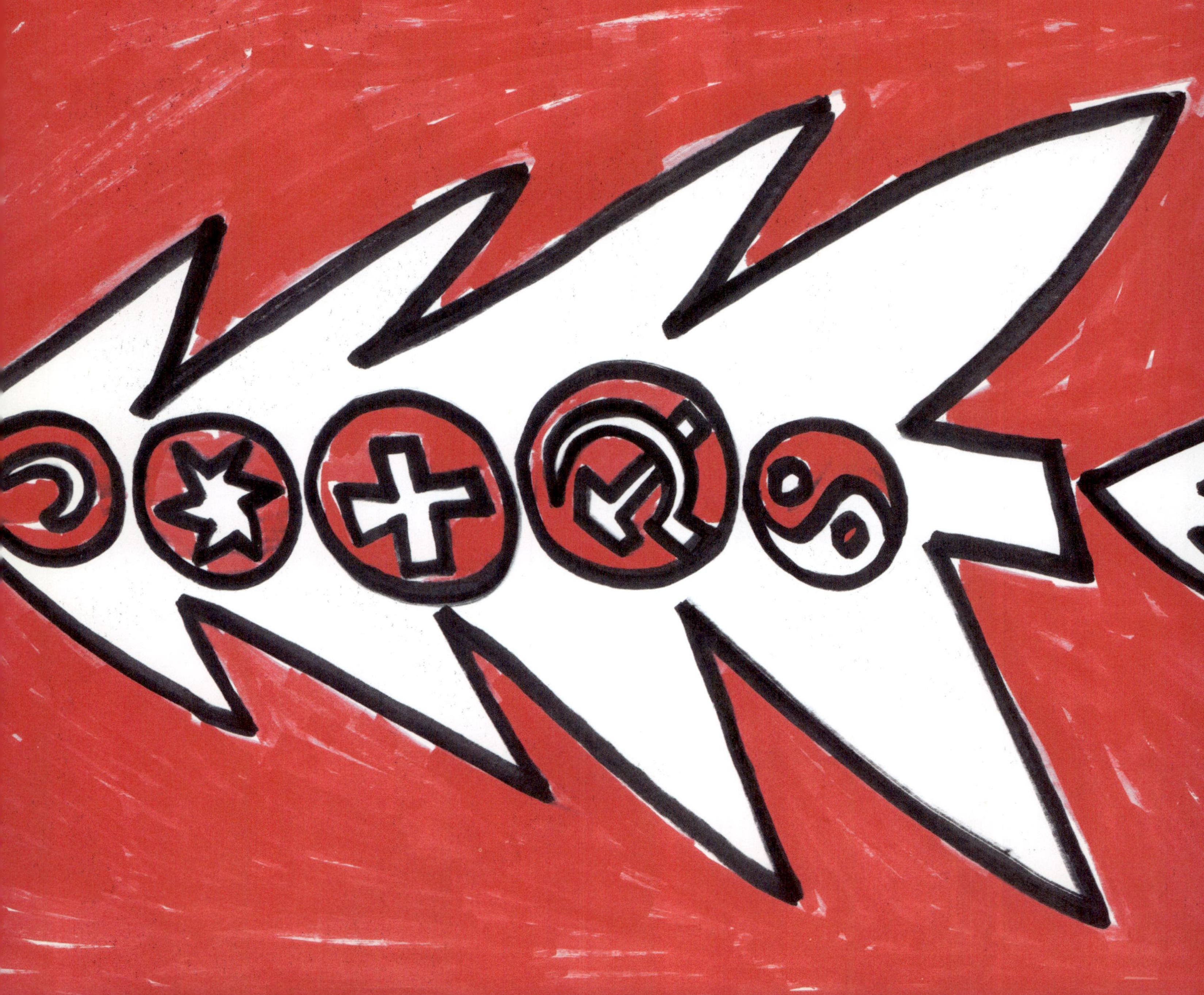

Марина Колдобская

Marina Koldobskaja

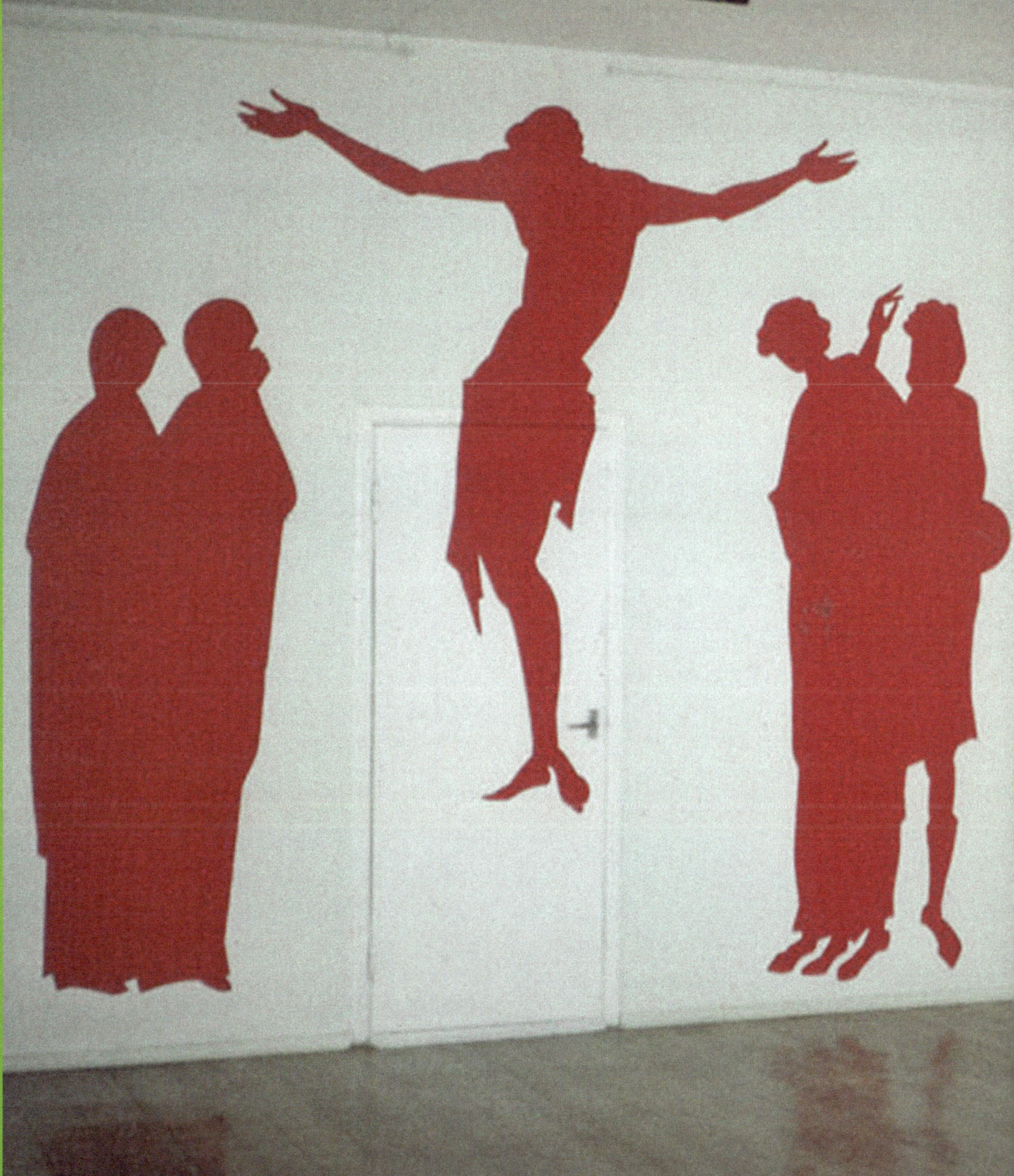

In God We Trust, 1998/2001

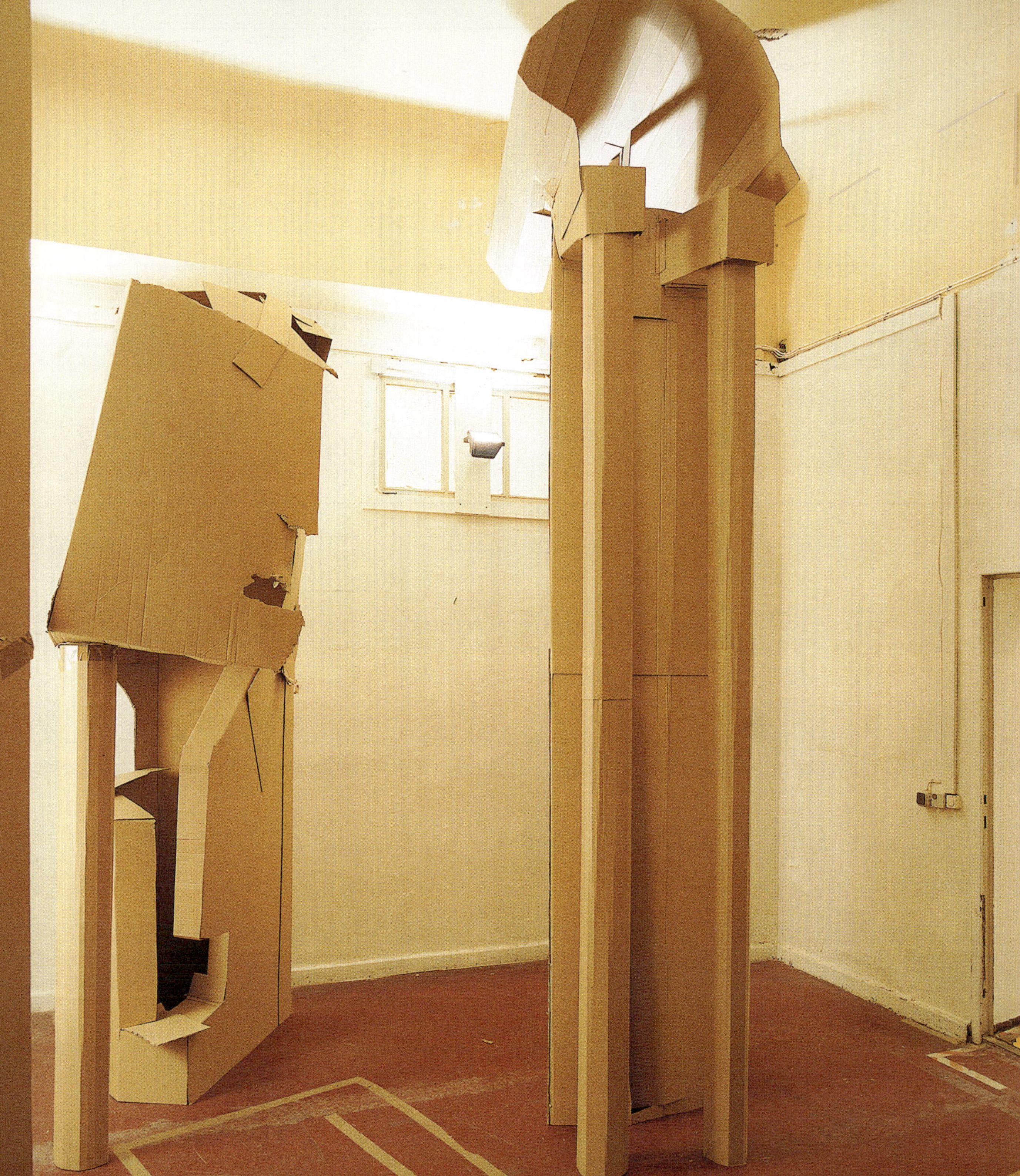

Eikonos. Orte der persönlichen Errettung,
Installation Postfuhramt Berlin, 2002

Walerij Koschljakow

Валерий Кошляков

Eikonos. Orte der persönlichen Errettung,
Installation Postfuhramt Berlin, 2002

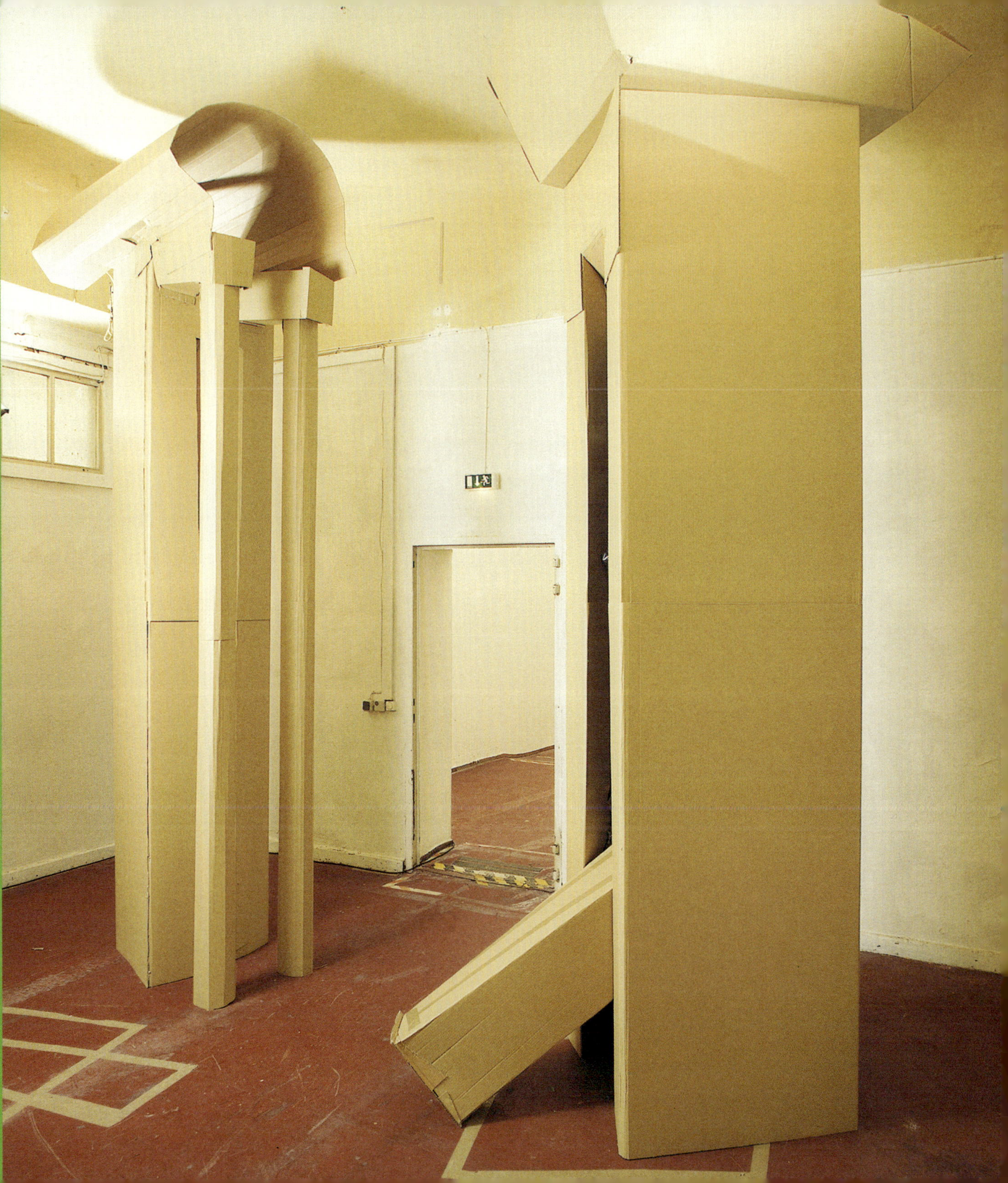

Walerij Koschljakow **Валерий Кошляков**

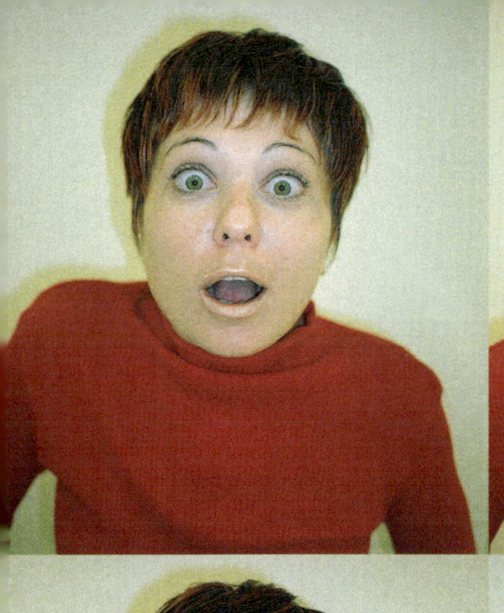
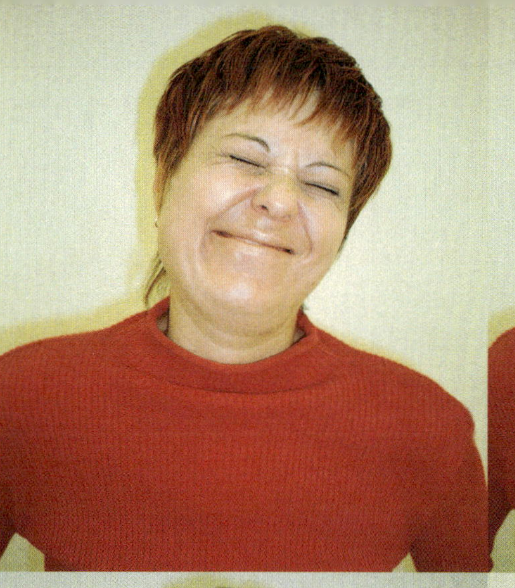
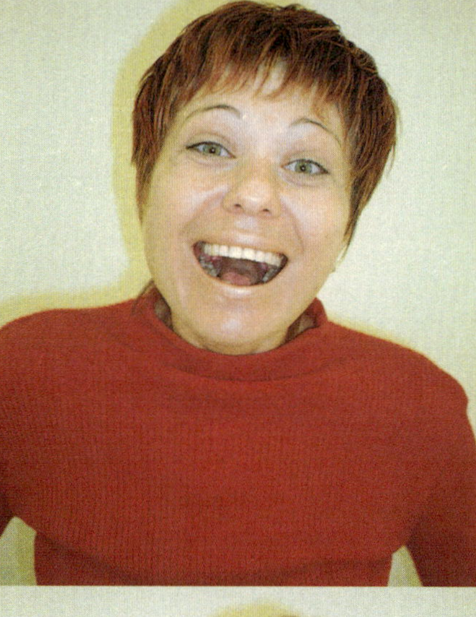
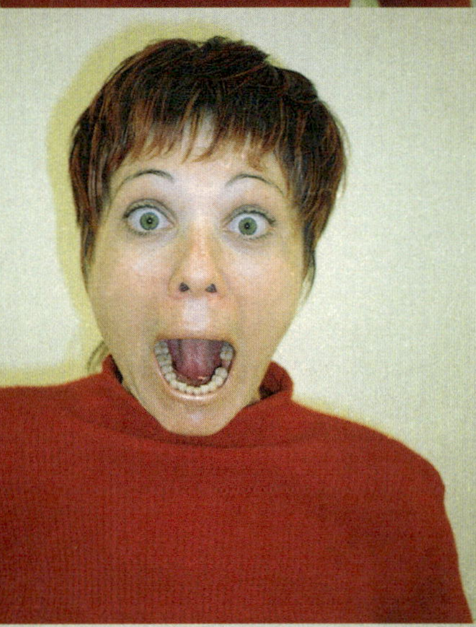
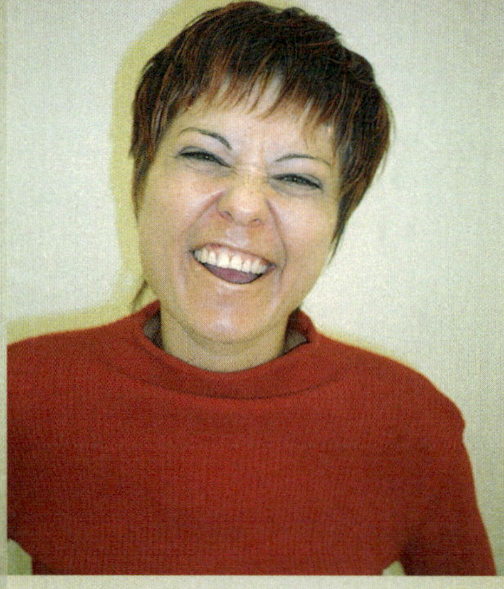
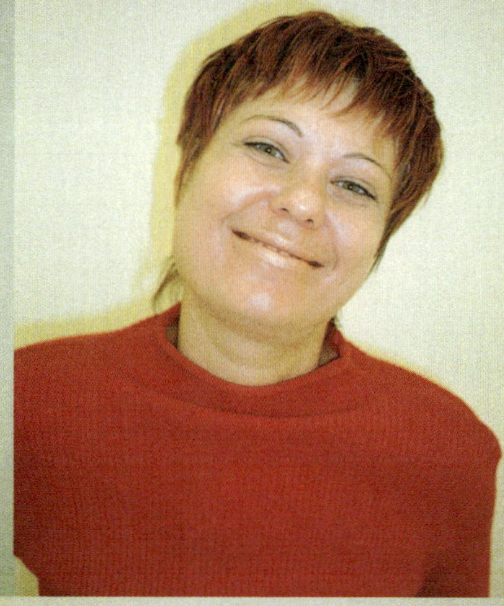
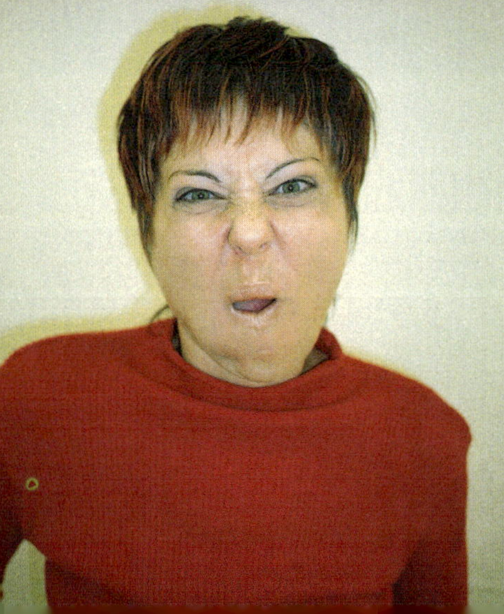
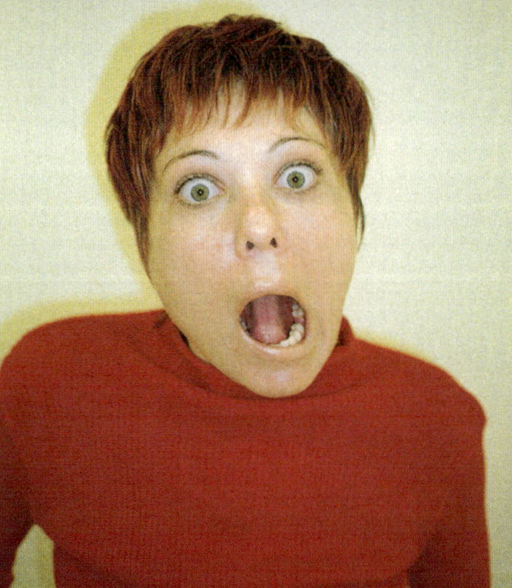
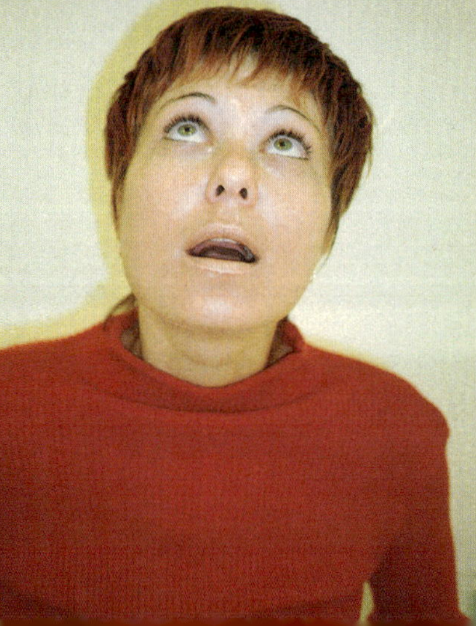

Katja Kandyba erzählt Märchen, 2001

Jekaterina Kandyba

Екатерина Кандыба

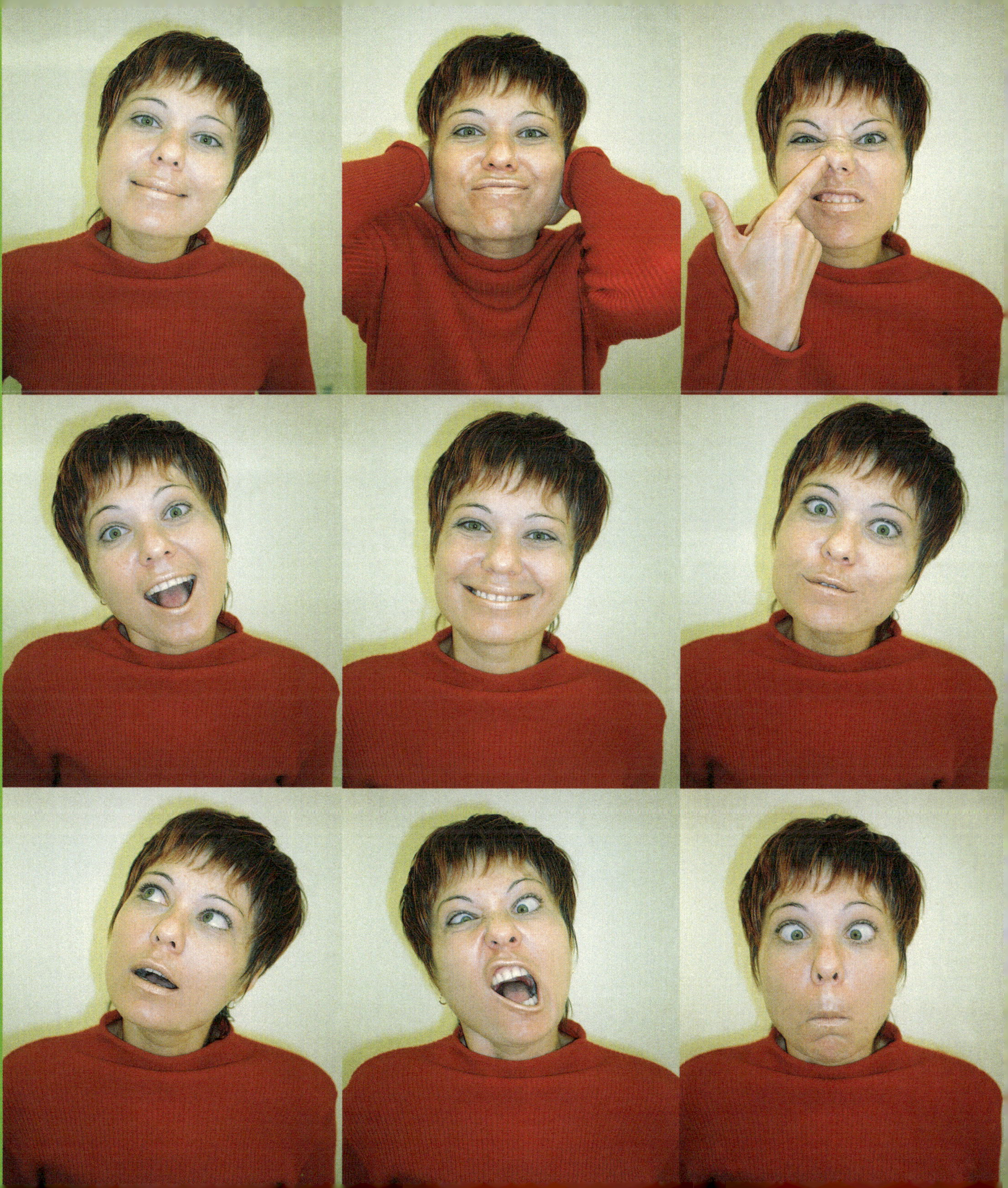

Katja Kandyba erzählt Märchen, 2001

Jekaterina Kandyba

Екатерина Кандыба

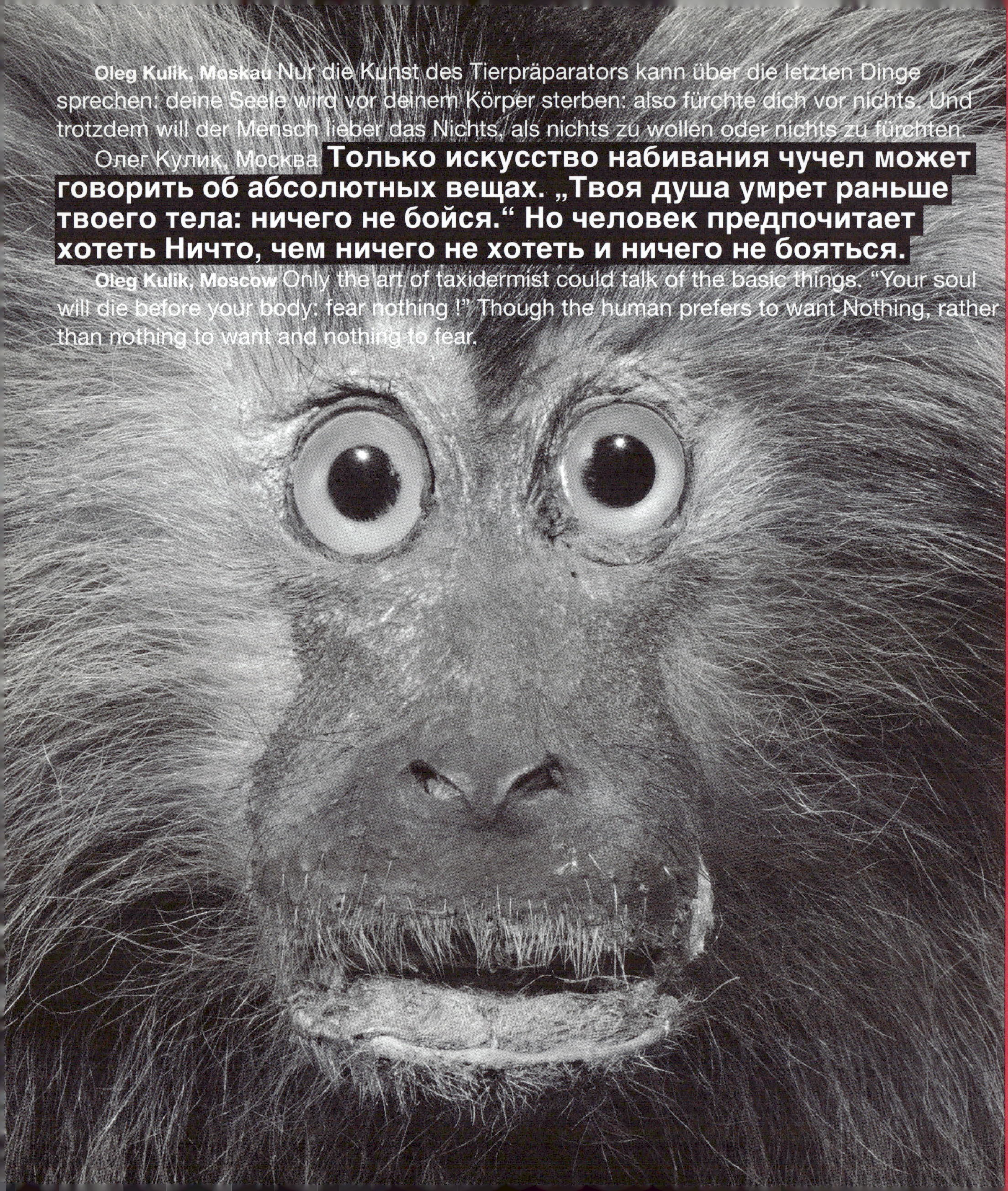

Oleg Kulik, Moskau Nur die Kunst des Tierpräparators kann über die letzten Dinge sprechen: deine Seele wird vor deinem Körper sterben: also fürchte dich vor nichts. Und trotzdem will der Mensch lieber das Nichts, als nichts zu wollen oder nichts zu fürchten.

Олег Кулик, Москва **Только искусство набивания чучел может говорить об абсолютных вещах. „Твоя душа умрет раньше твоего тела: ничего не бойся.“ Но человек предпочитает хотеть Ничто, чем ничего не хотеть и ничего не бояться.**

Oleg Kulik, Moscow Only the art of taxidermist could talk of the basic things. “Your soul will die before your body: fear nothing !” Though the human prefers to want Nothing, rather than nothing to want and nothing to fear.

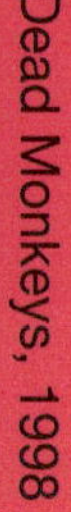

Oleg Kulik Олег Кулик

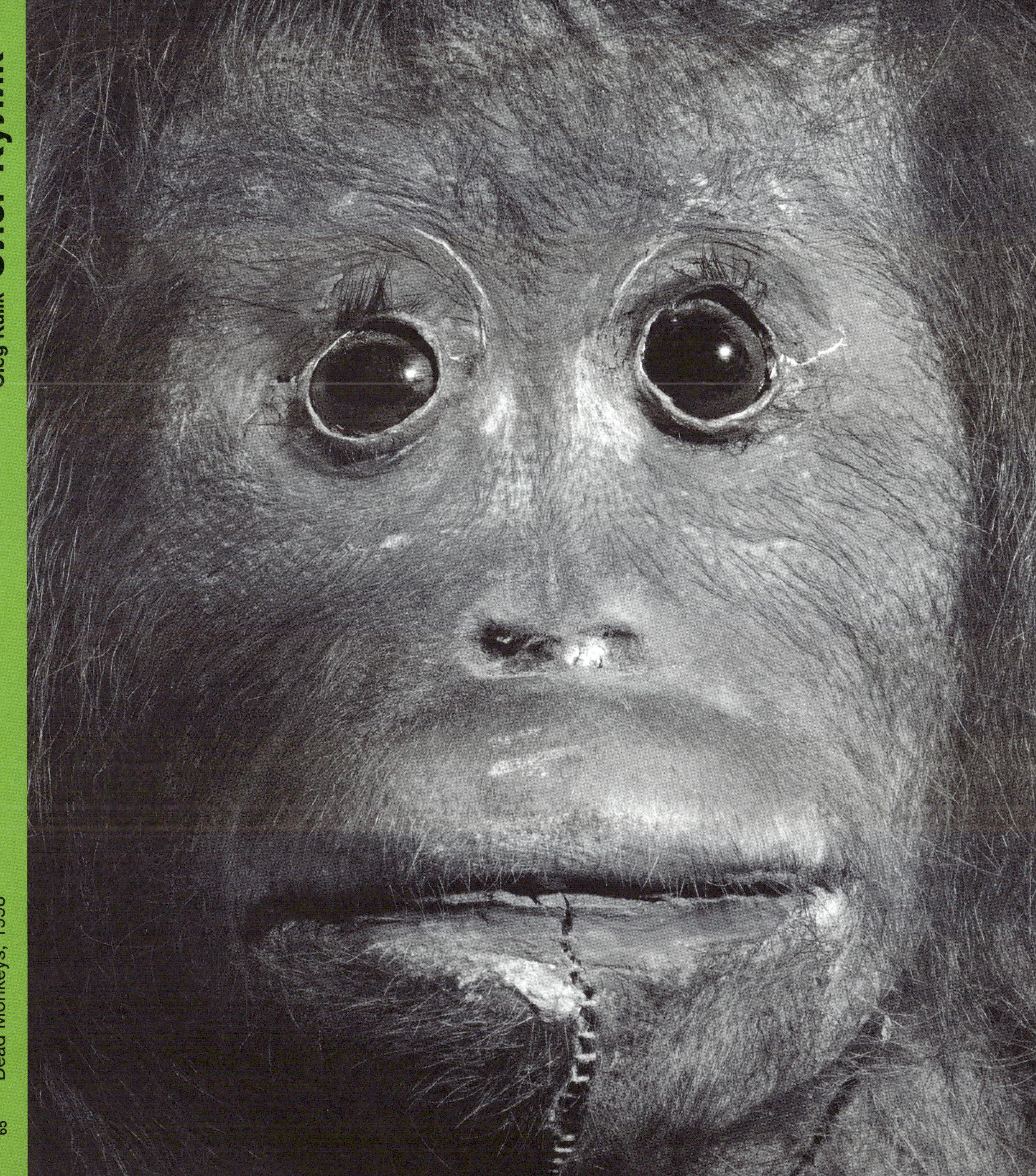

Dead Monkeys, 1998

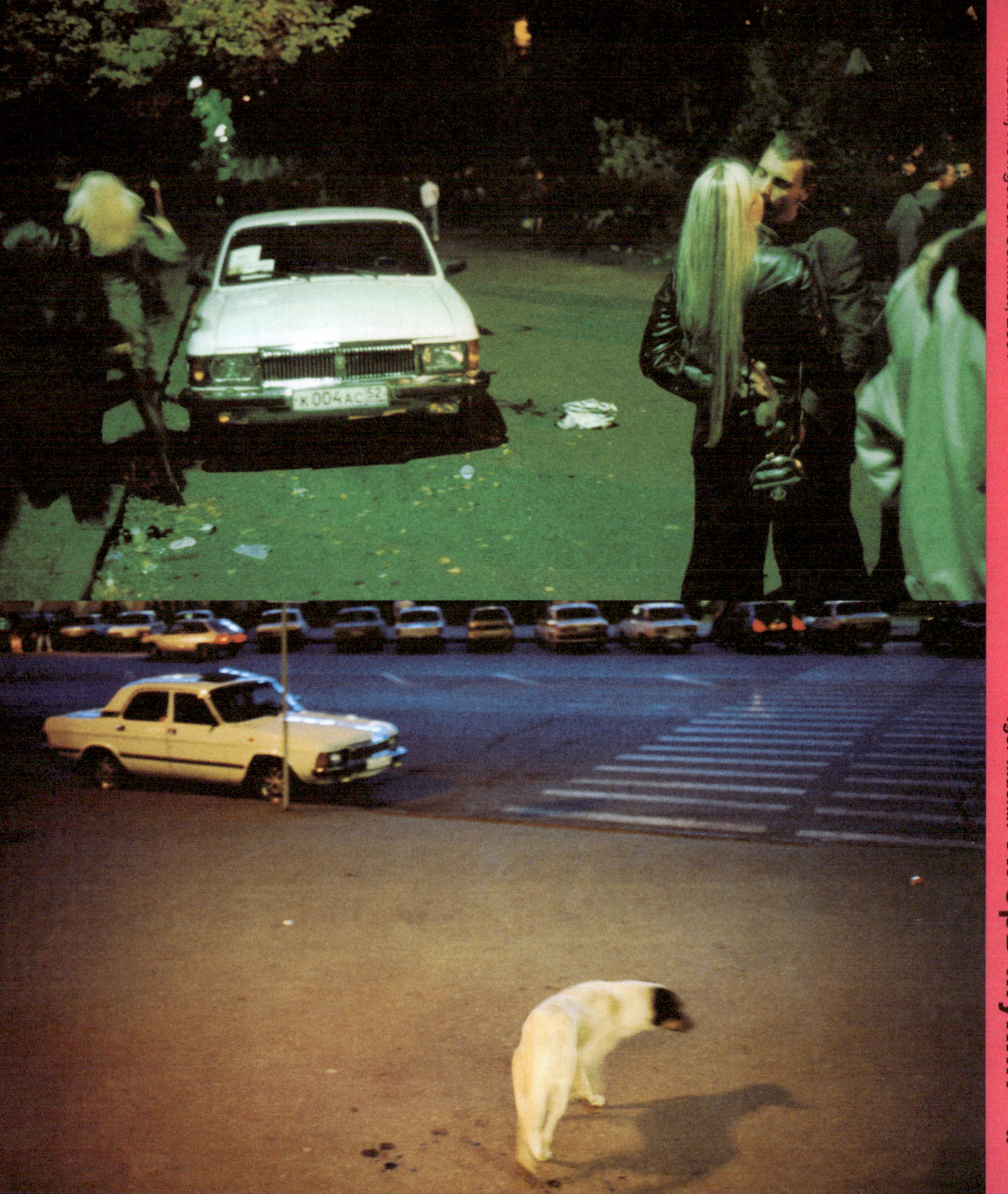

Nischnij Nowgorod. Sommer, 2001

Igor Muchin Игорь Мухин

Игорь Мухин

Igor Muchin

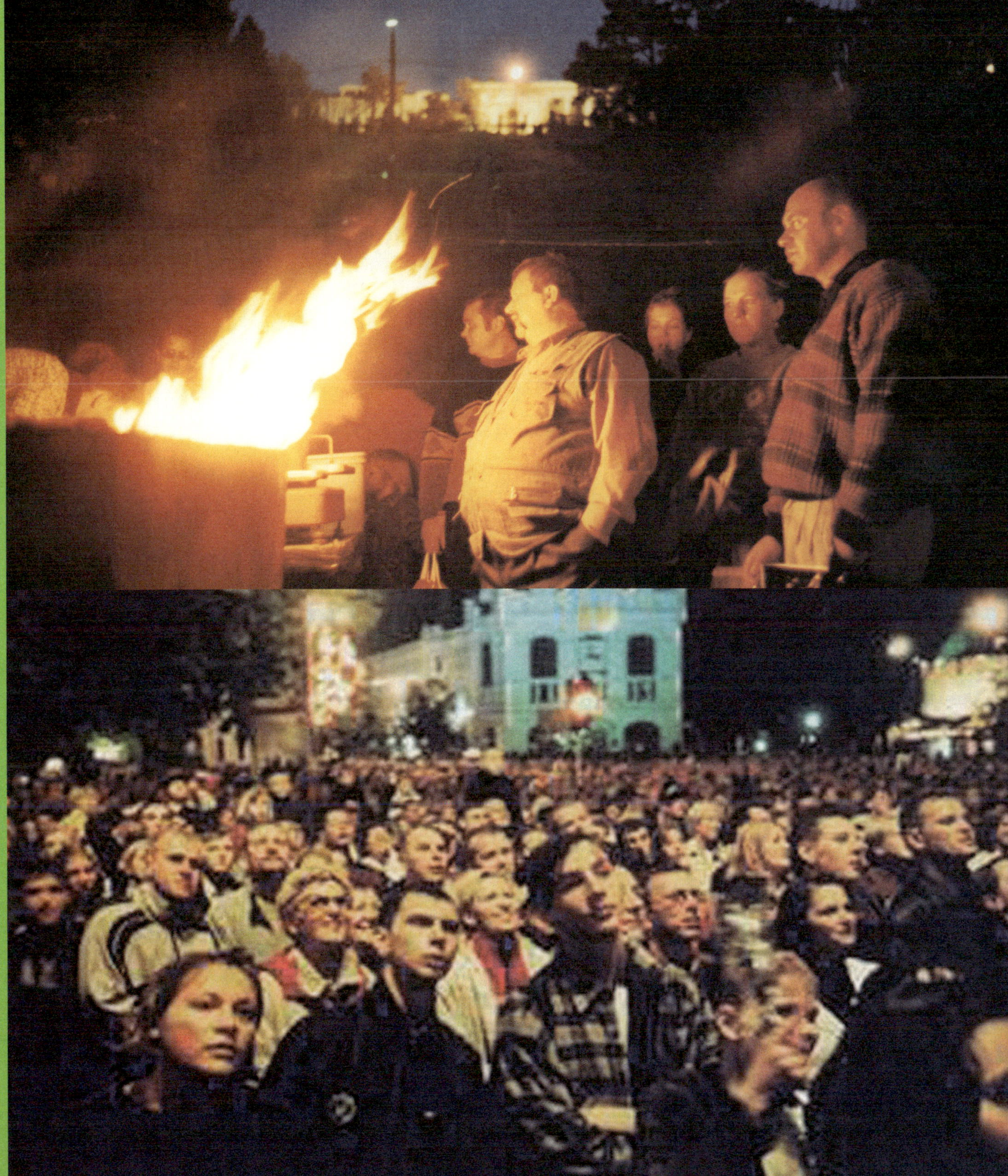

Nischnij Nowgorod. Sommer, 2001

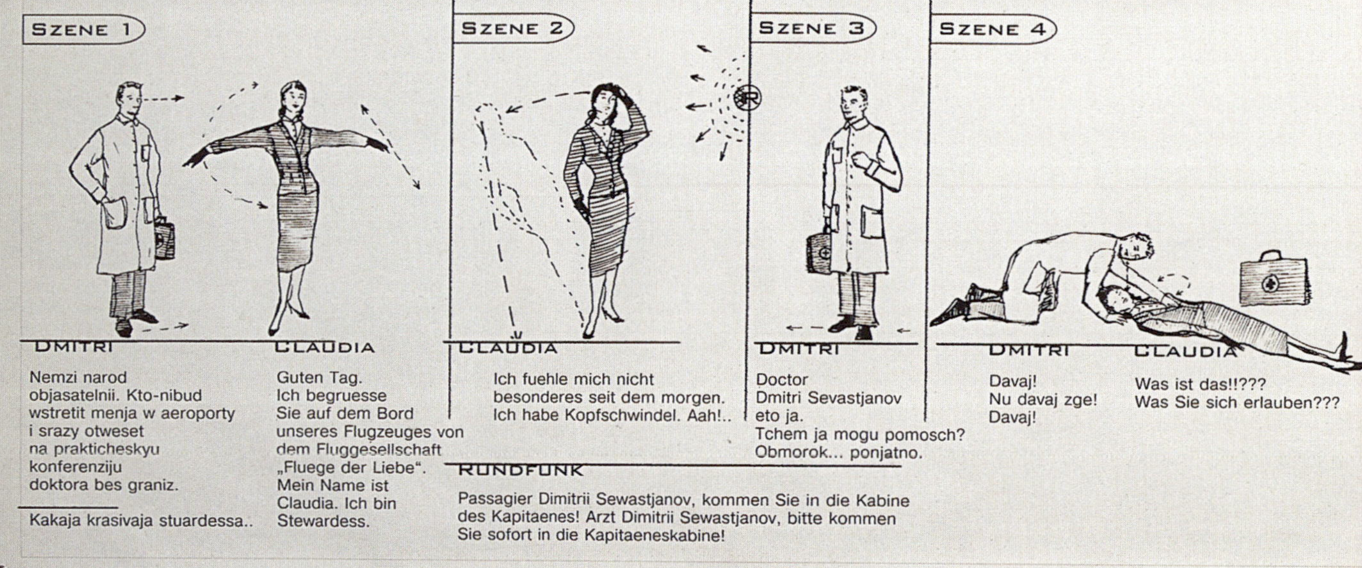
SZENE 1
DMITRI
Nemzi narod objasatelnii. Kto-nibud wstretit menja w aeroporty i srazy otweset na prakticheskyu konferenziju doktora bes graniz.
Kakaja krasivaja stuardessa..
CLAUDIA
Guten Tag. Ich begruesse Sie auf dem Bord unseres Flugzeuges von dem Fluggesellschaft „Fluege der Liebe“. Mein Name ist Claudia. Ich bin Stewardess.
SZENE 2
CLAUDIA
Ich fuehle mich nicht besonderes seit dem morgen. Ich habe Kopfschwindel. Aah!..
SZENE 3
DMITRI
Doctor Dmitri Sevastjanov eto ja. Tchem ja mogu pomosch? Obmorok... ponjatno.
RUNDFUNK
Passagier Dimitrii Sewastjanov, kommen Sie in die Kabine des Kapitaenes! Arzt Dimitrii Sewastjanov, bitte kommen Sie sofort in die Kapitaeneskabine!
SZENE 4
DMITRI
Davaj! Nu davaj zge! Davaj!
CLAUDIA
Was ist das!!??? Was Sie sich erlauben???

Николай Олейников

Nikolaj Olejnikow

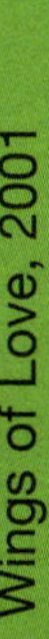

Wings of Love, 2001

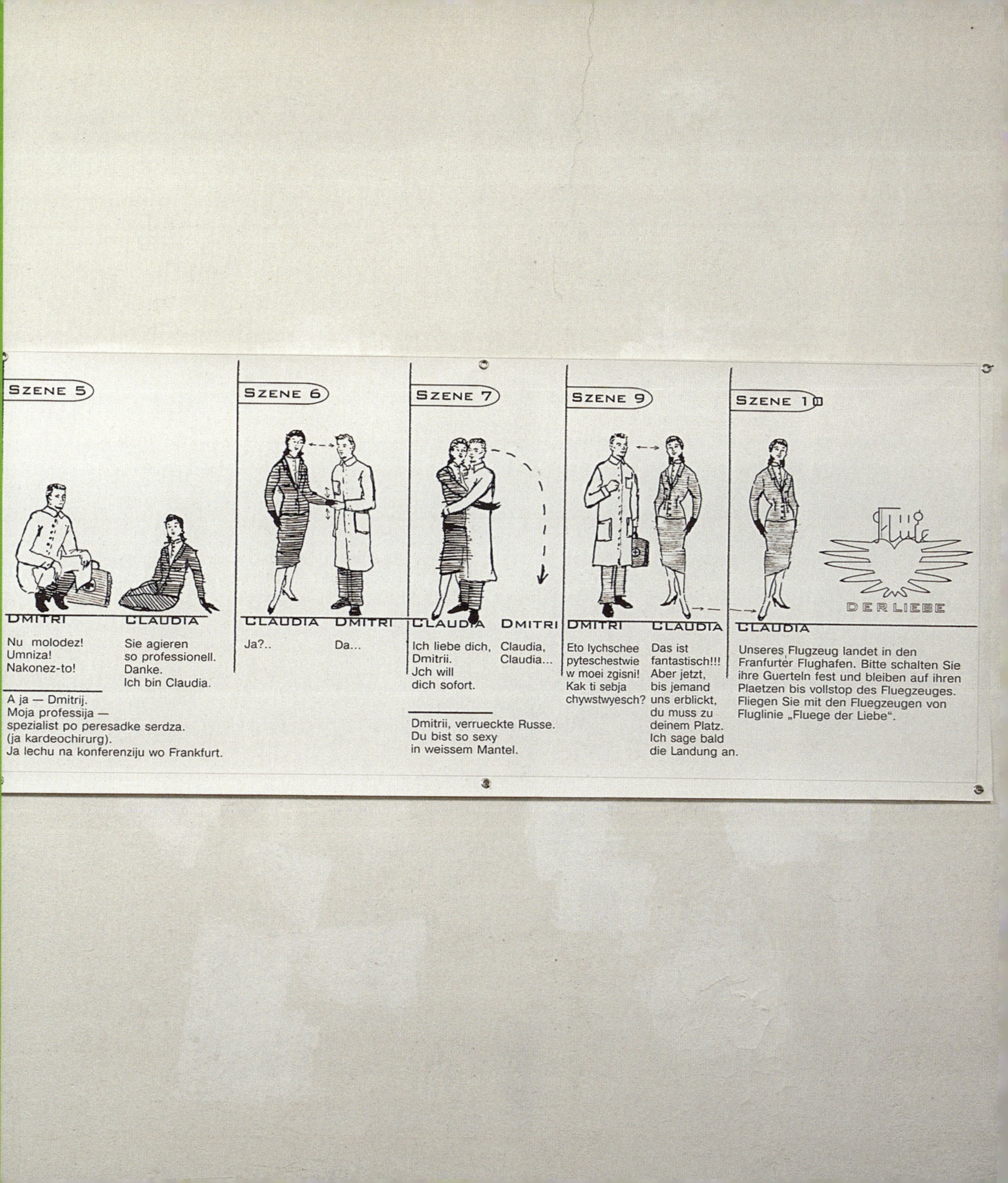

SZENE 5

DMITRI

Nu molodez!
Umniza!
Nakonez-to!

CLAUDIA

Sie agieren
so professionell.
Danke.
Ich bin Claudia.

A ja — Dmitrij.
Moja professija —
spezialist po peresadke serdza.
(ja kardeochirurg).
Ja lechu na konferenziju wo Frankfurt.

SZENE 6

CLAUDIA

Ja?..

DMITRI

Da…

SZENE 7

CLAUDIA

Ich liebe dich,
Dmitrii.
Jch will
dich sofort.

DMITRI

Claudia,
Claudia…

Dmitrii, verrueckte Russe.
Du bist so sexy
in weissem Mantel.

SZENE 9

DMITRI

Eto lychschee
pyteschestwie
w moei zgisni!
Kak ti sebja
chywstwyesch?

CLAUDIA

Das ist
fantastisch!!!
Aber jetzt,
bis jemand
uns erblickt,
du muss zu
deinem Platz.
Ich sage bald
die Landung an.

SZENE 10

CLAUDIA

Unseres Flugzeug landet in den
Franfurter Flughafen. Bitte schalten Sie
ihre Guerteln fest und bleiben auf ihren
Plaetzen bis vollstop des Fluegzeuges.
Fliegen Sie mit den Fluegzeugen von
Fluglinie „Fluege der Liebe“.

DER LIEBE

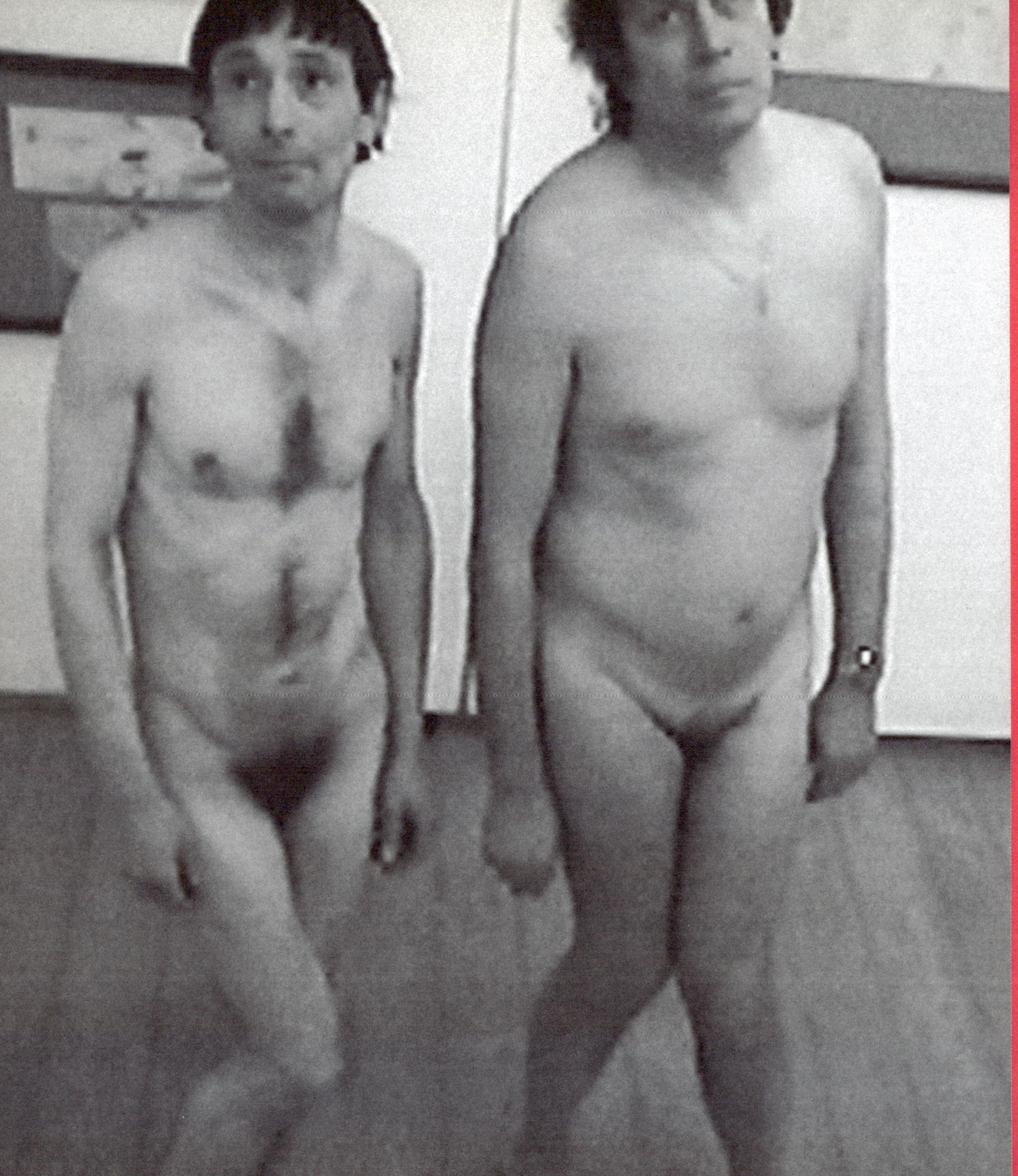

Dmitrij Wilenskij

Дмитрий Виленский

Dmitrij Wilenskij Дмитрий Виленский

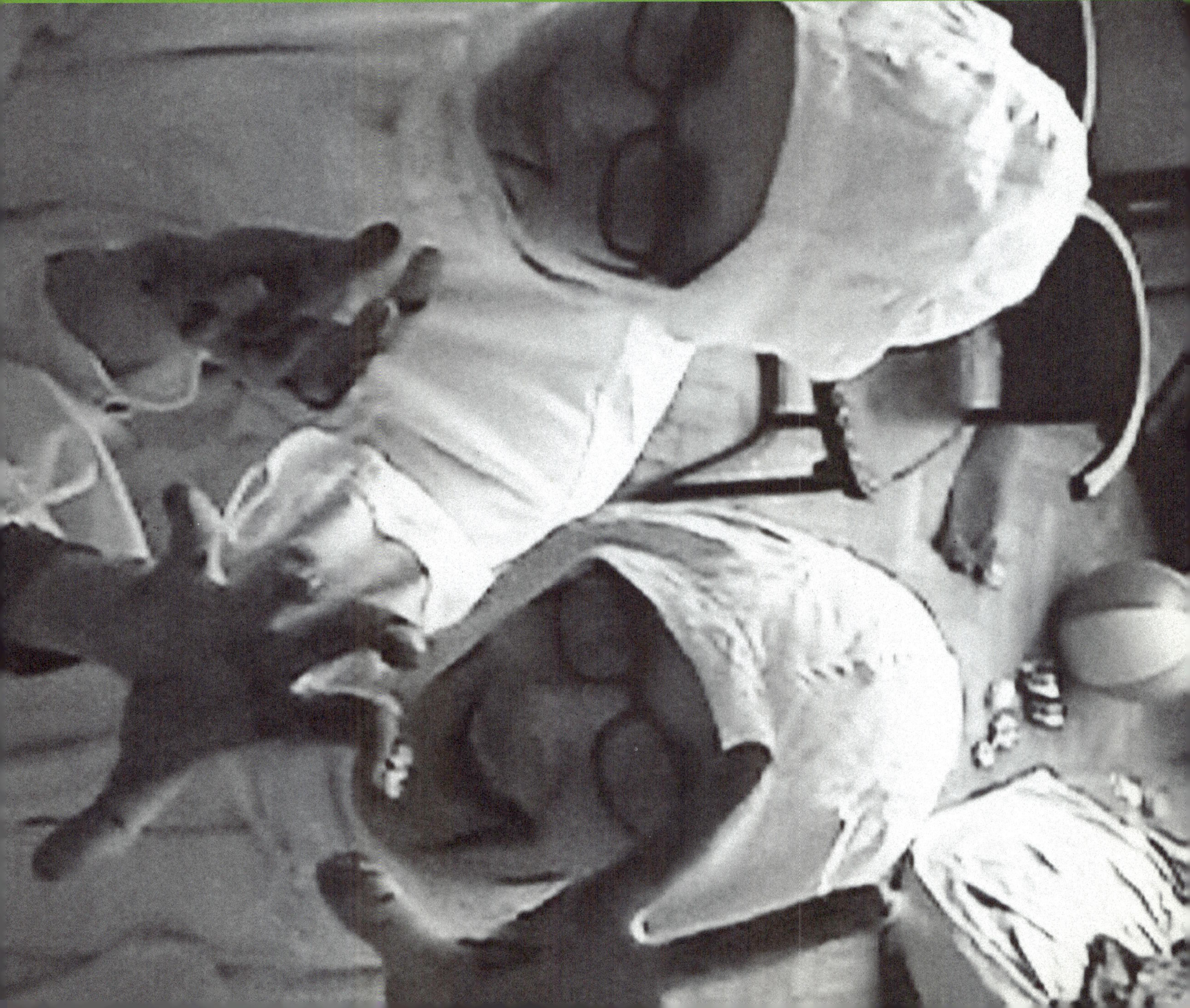

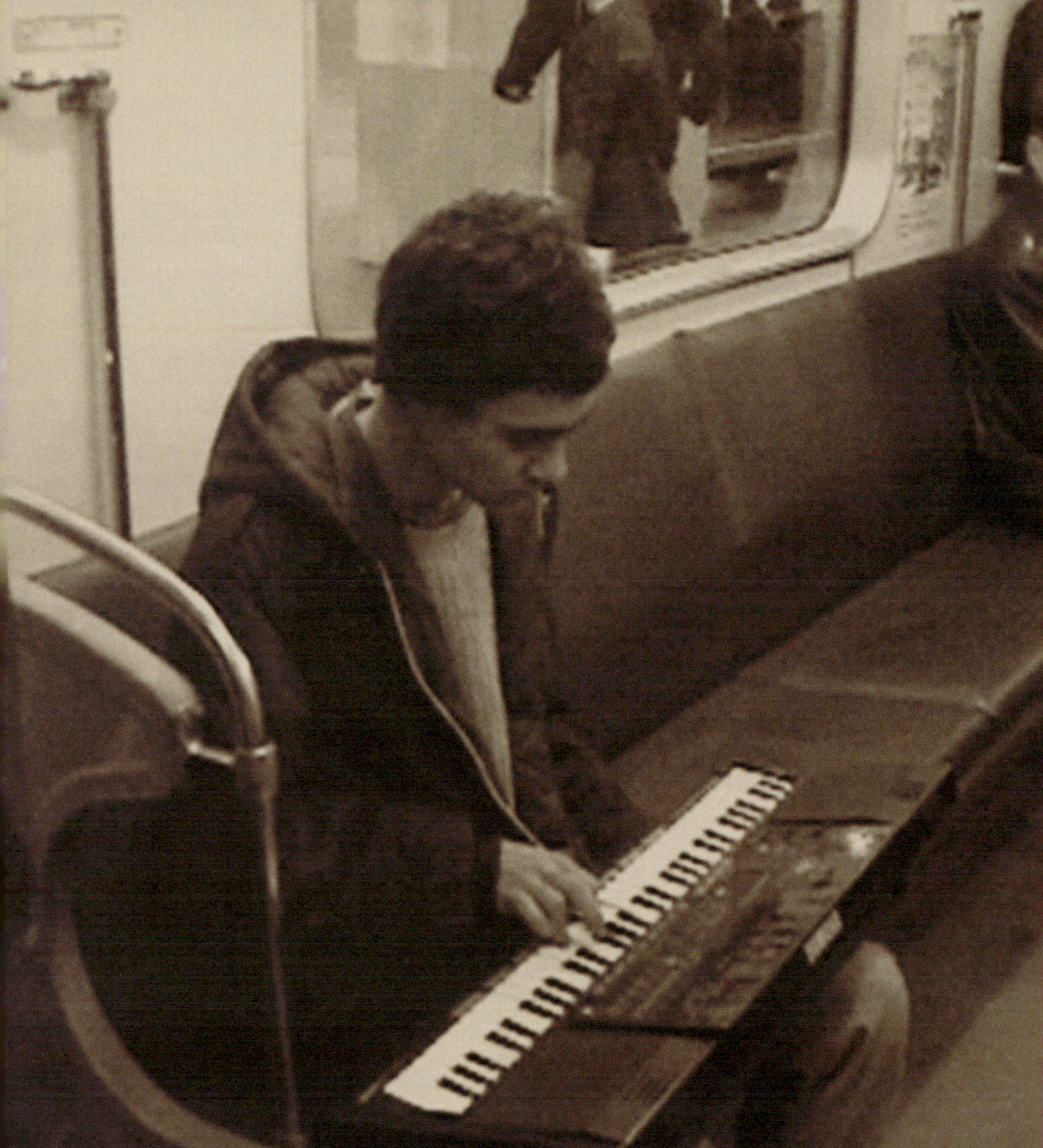

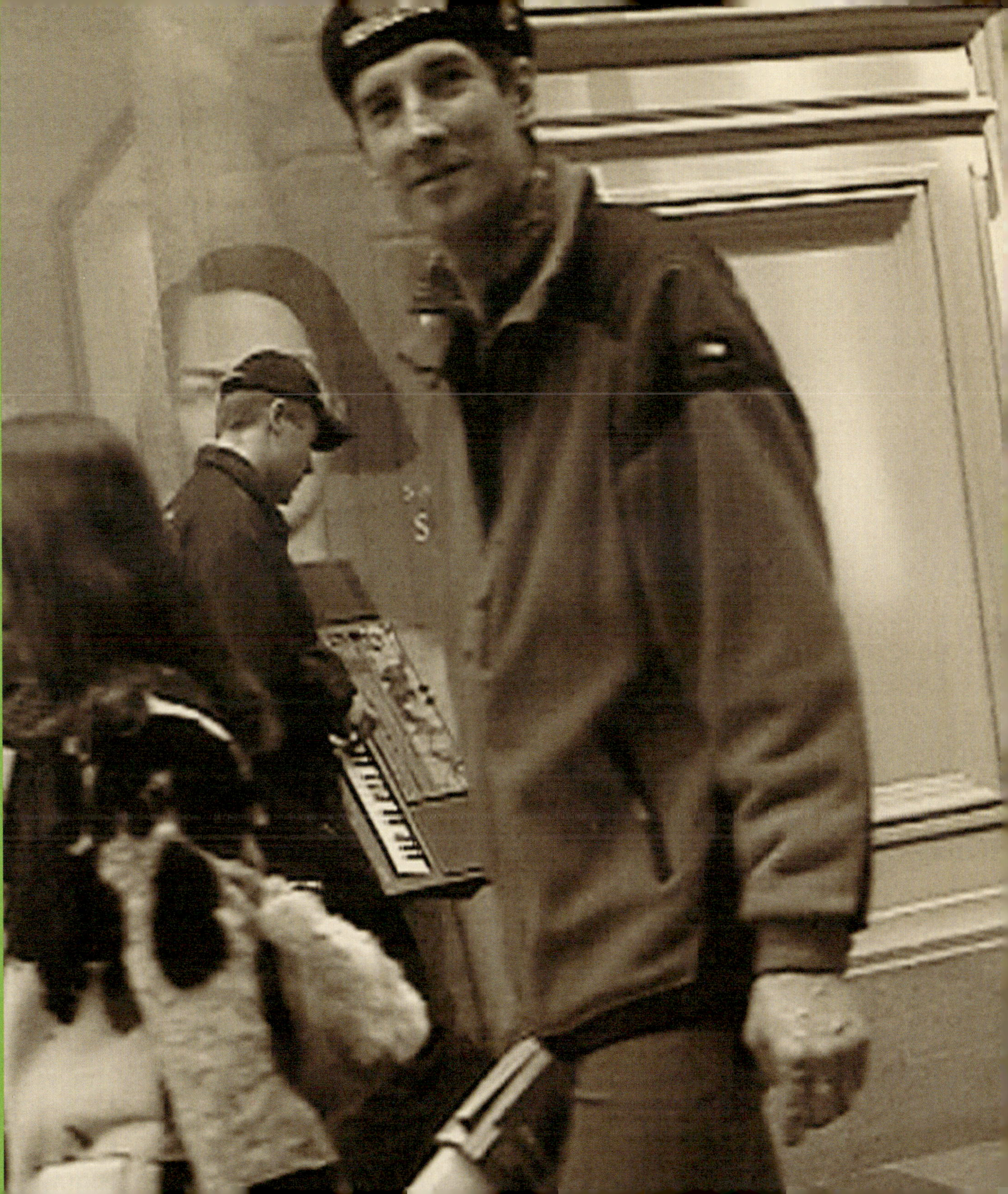

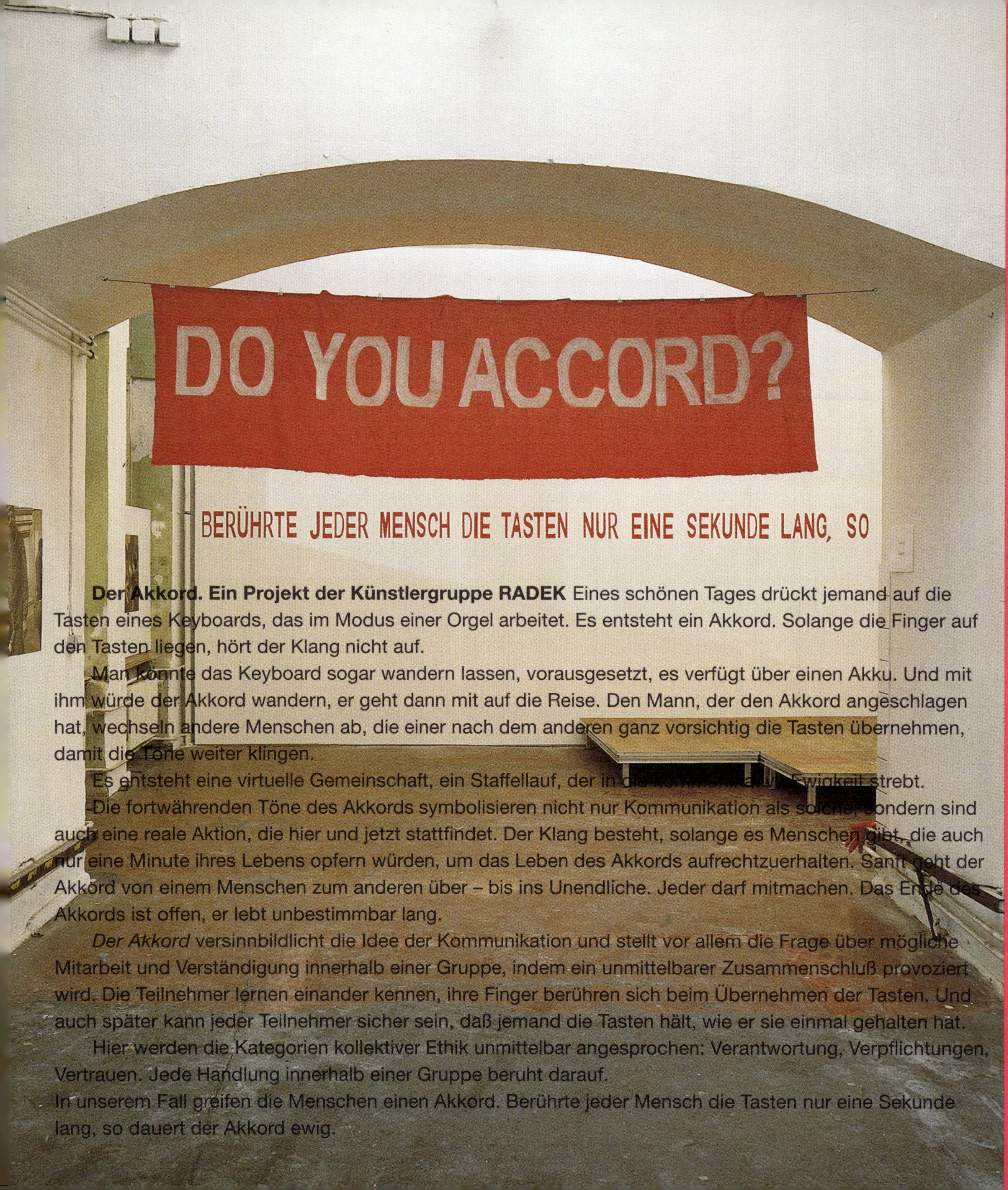

DO YOU ACCORD?

BERÜHRTE JEDER MENSCH DIE TASTEN NUR EINE SEKUNDE LANG, SO

Der Akkord. Ein Projekt der Künstlergruppe RADEK Eines schönen Tages drückt jemand auf die Tasten eines Keyboards, das im Modus einer Orgel arbeitet. Es entsteht ein Akkord. Solange die Finger auf den Tasten liegen, hört der Klang nicht auf.

Man könnte das Keyboard sogar wandern lassen, vorausgesetzt, es verfügt über einen Akku. Und mit ihm würde der Akkord wandern, er geht dann mit auf die Reise. Den Mann, der den Akkord angeschlagen hat, wechseln andere Menschen ab, die einer nach dem anderen ganz vorsichtig die Tasten übernehmen, damit die Töne weiter klingen.

Es entsteht eine virtuelle Gemeinschaft, ein Staffellauf, der in die kommunikative Ewigkeit strebt.

Die fortwährenden Töne des Akkords symbolisieren nicht nur Kommunikation als solche, sondern sind auch eine reale Aktion, die hier und jetzt stattfindet. Der Klang besteht, solange es Menschen gibt, die auch nur eine Minute ihres Lebens opfern würden, um das Leben des Akkords aufrechtzuerhalten. Sanft geht der Akkord von einem Menschen zum anderen über – bis ins Unendliche. Jeder darf mitmachen. Das Ende des Akkords ist offen, er lebt unbestimmbar lang.

Der Akkord versinnbildlicht die Idee der Kommunikation und stellt vor allem die Frage über mögliche Mitarbeit und Verständigung innerhalb einer Gruppe, indem ein unmittelbarer Zusammenschluß provoziert wird. Die Teilnehmer lernen einander kennen, ihre Finger berühren sich beim Übernehmen der Tasten. Und auch später kann jeder Teilnehmer sicher sein, daß jemand die Tasten hält, wie er sie einmal gehalten hat.

Hier werden die Kategorien kollektiver Ethik unmittelbar angesprochen: Verantwortung, Verpflichtungen, Vertrauen. Jede Handlung innerhalb einer Gruppe beruht darauf.
In unserem Fall greifen die Menschen einen Akkord. Berührte jeder Mensch die Tasten nur eine Sekunde lang, so dauert der Akkord ewig.

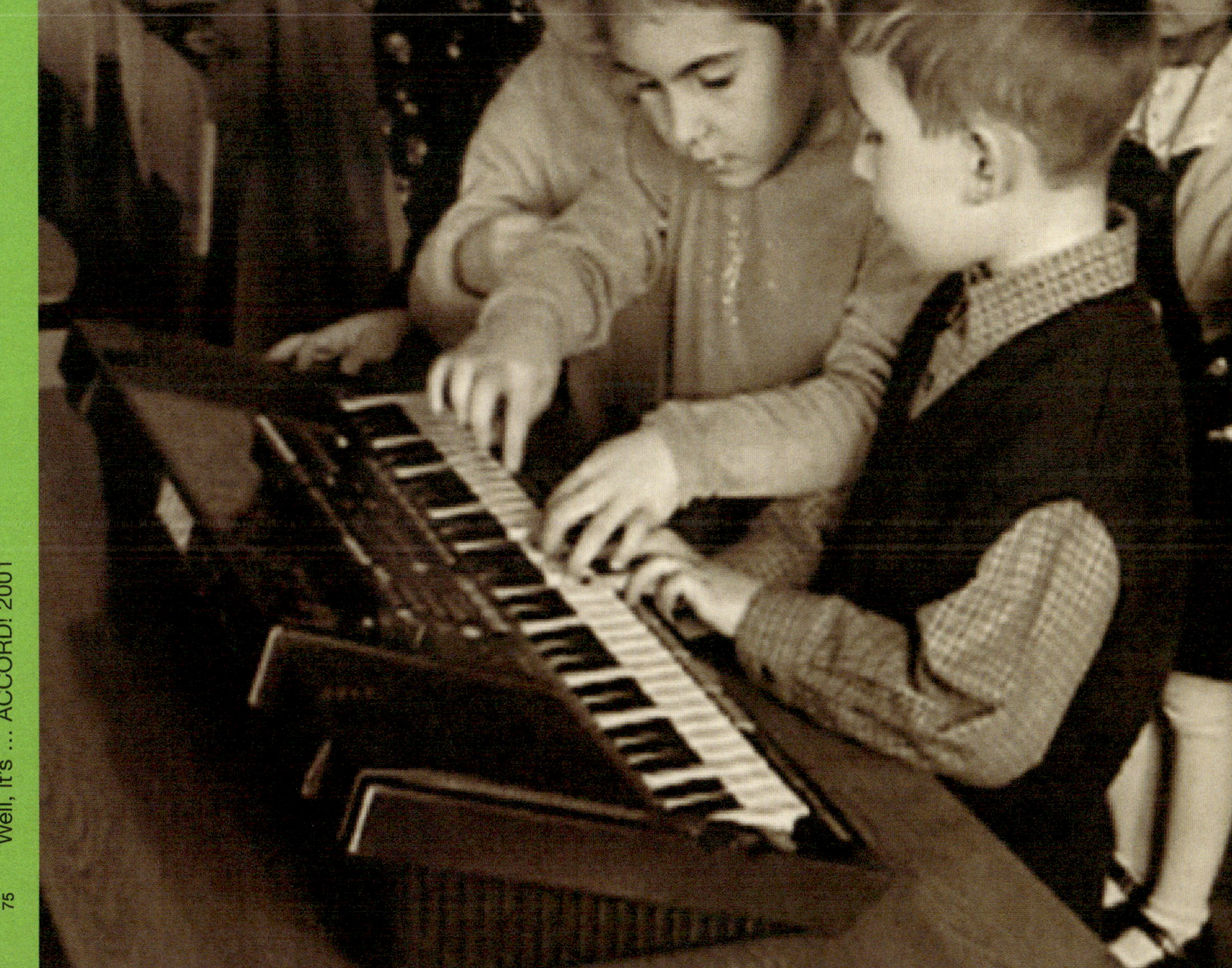

Wladimir Dubossarskij Владимир Дубосарский

Alexander Winogradow Александр Виноградов

Weihnachten. Ein Bild für die Armee, 1995

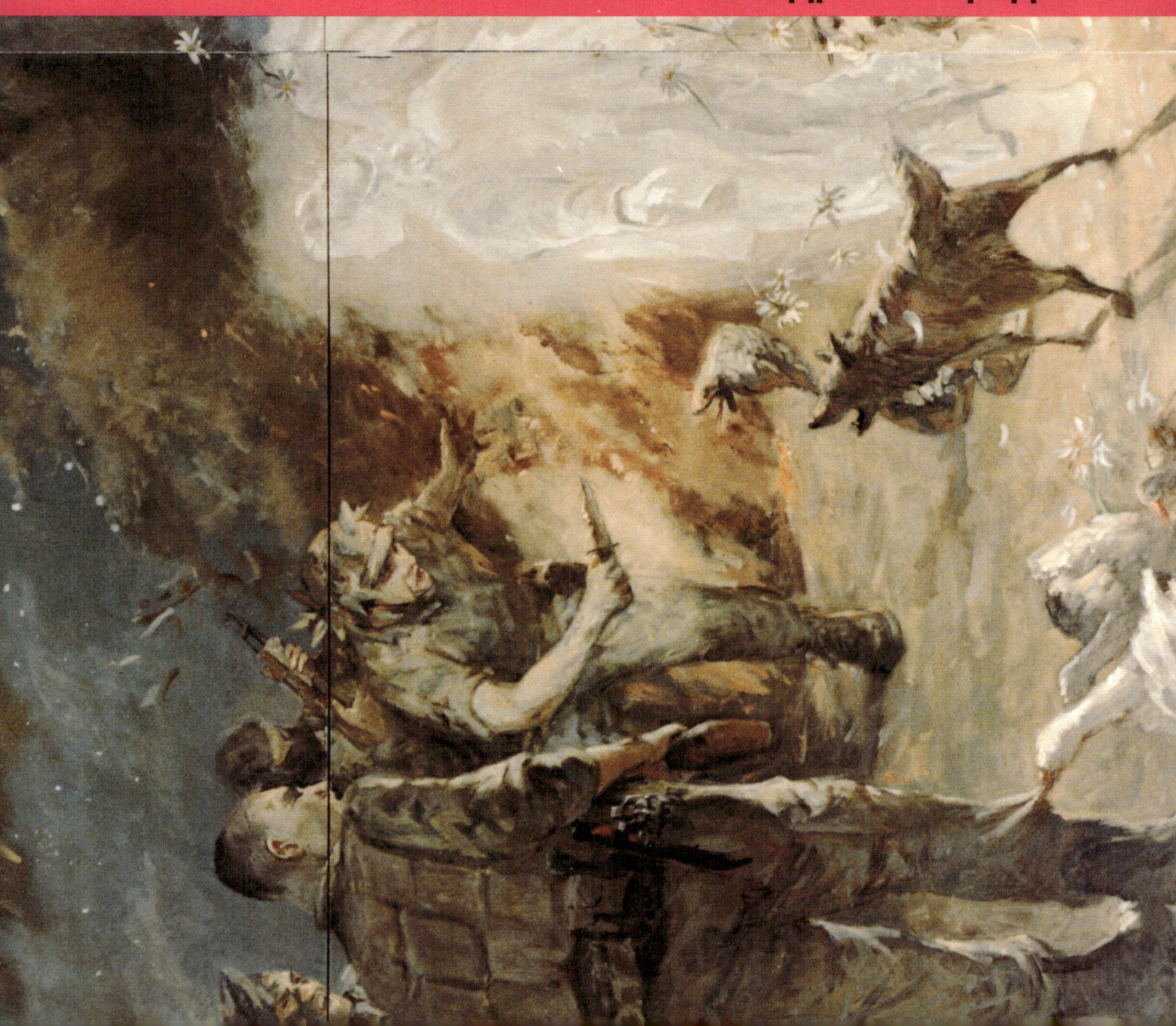

Владимир Дубосарский
Александр Виноградов

Wladimir Dubossarskij
Alexander Winogradow

Weihnachten. Ein Bild für die Armee, 1995

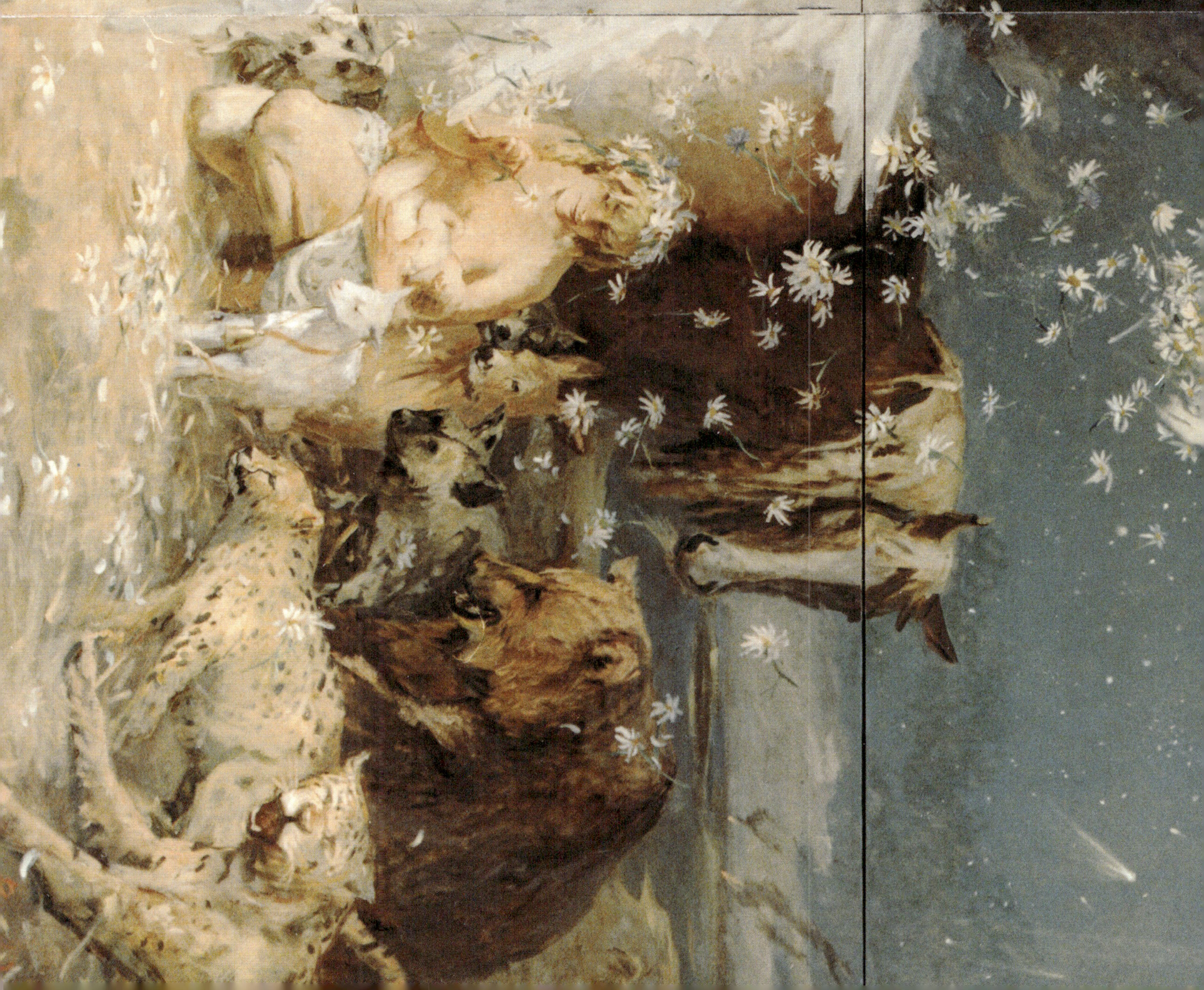

Wladimir Dubossarskij Владимир Дубосарский

Alexander Winogradow Александр Виноградов

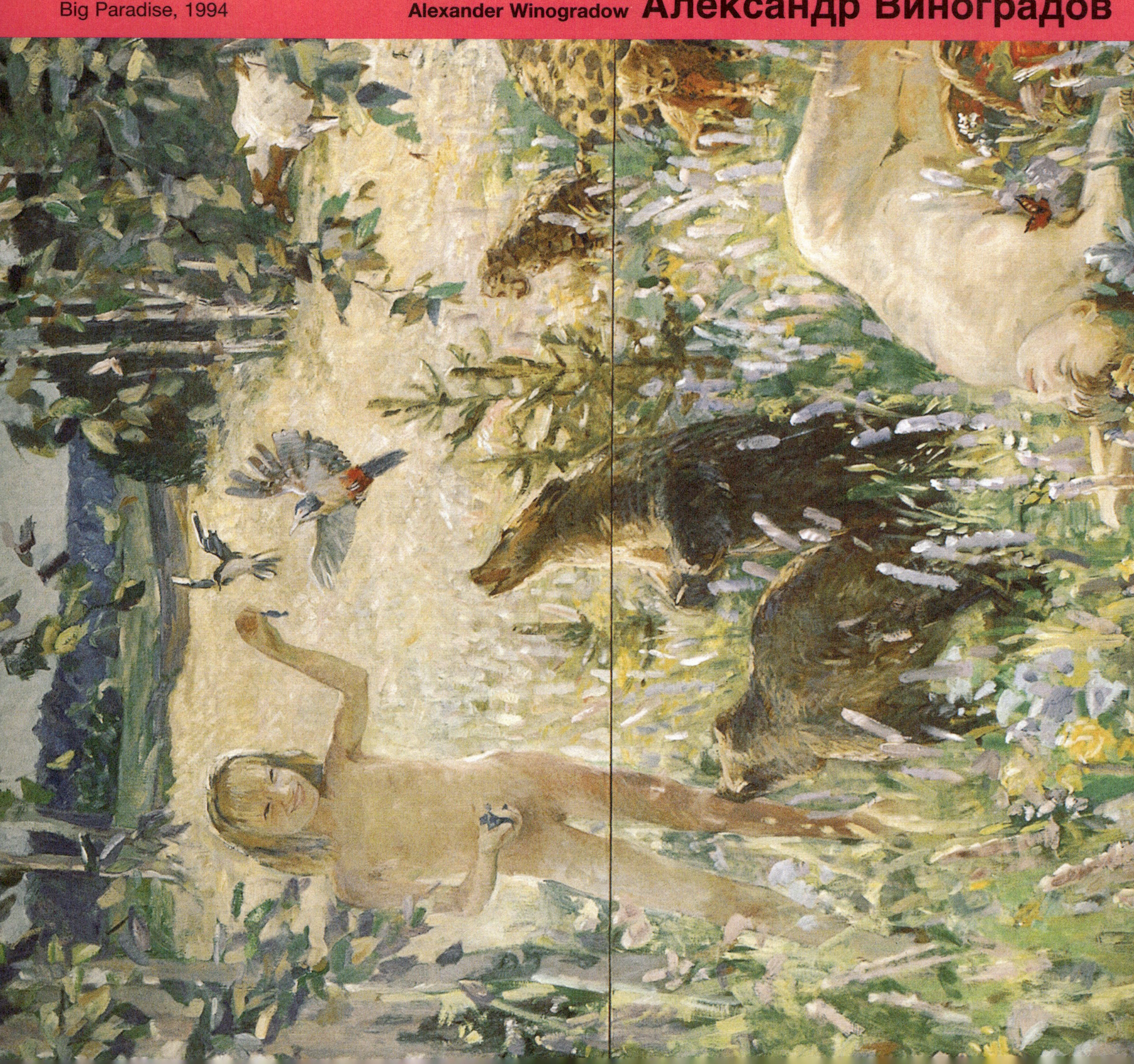

Big Paradise, 1994

Big Paradise, 1994

Wladimir Dubossarskij **Владимир Дубосарский**

Alexander Winogradow **Александр Виноградов**

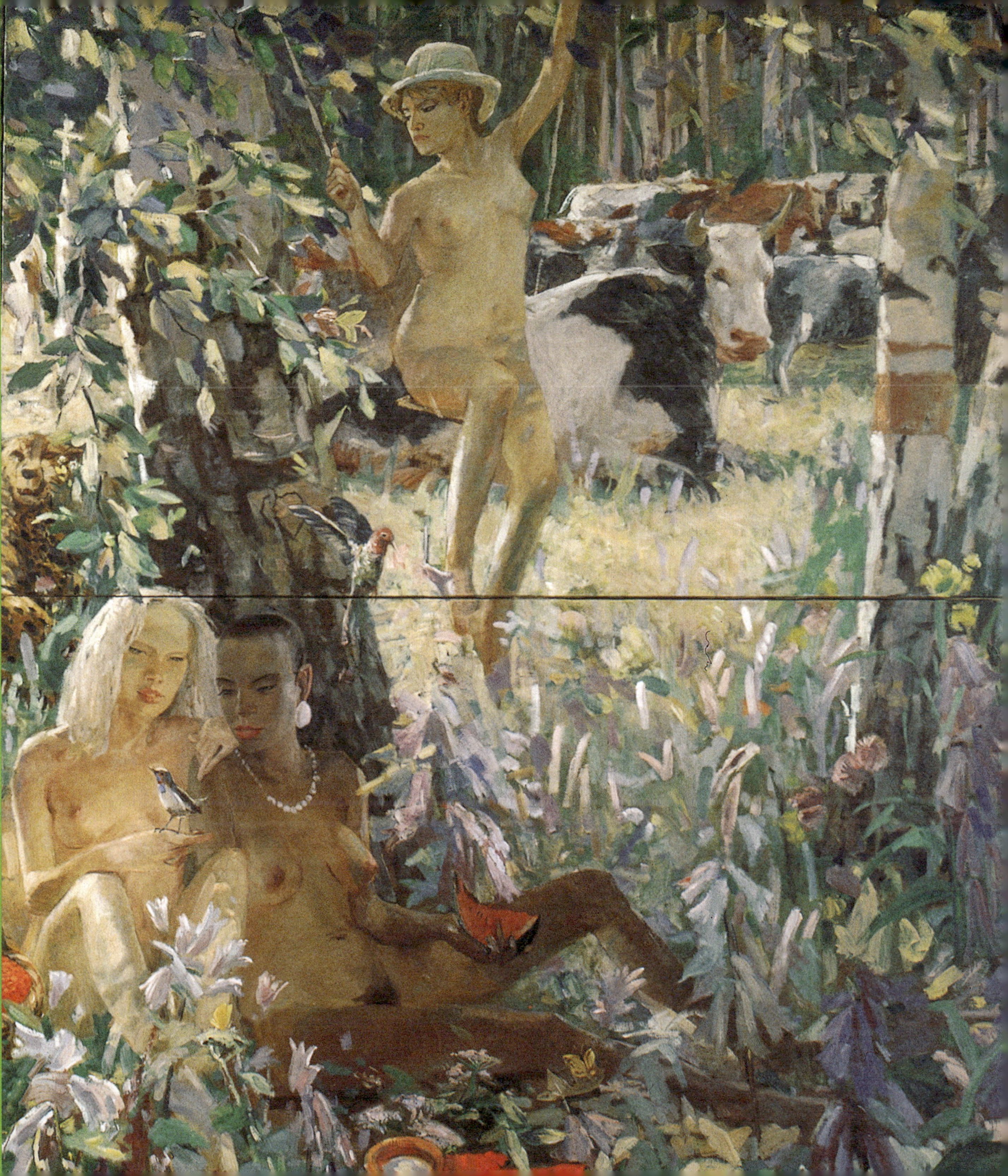

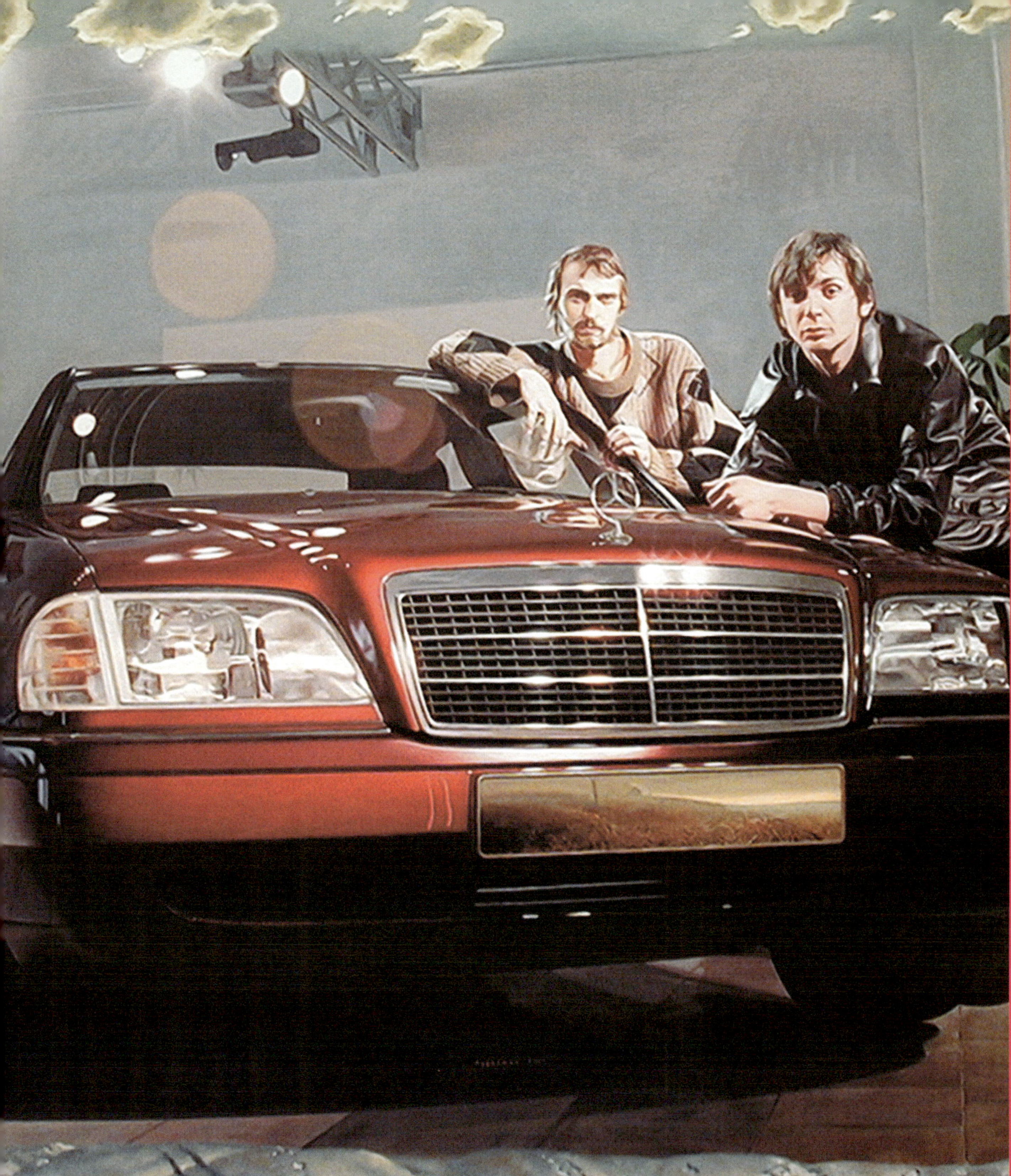

Roadoff / Mercedes, 2001

Kerim Ragimow

Керим Рагимов

Керим Рагимов

Kerim Ragimow

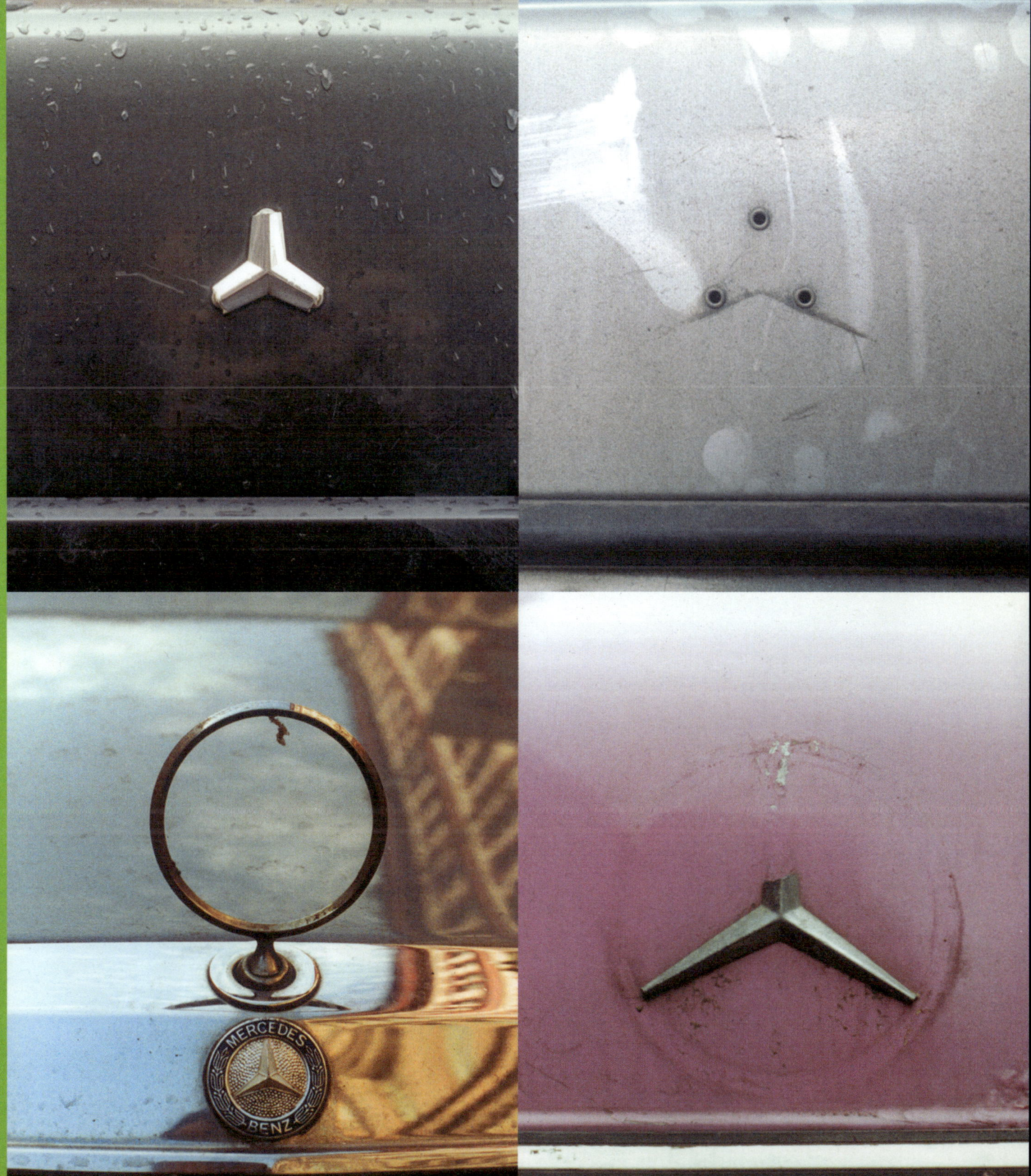

Roadoff / Destroyed Label, 2001

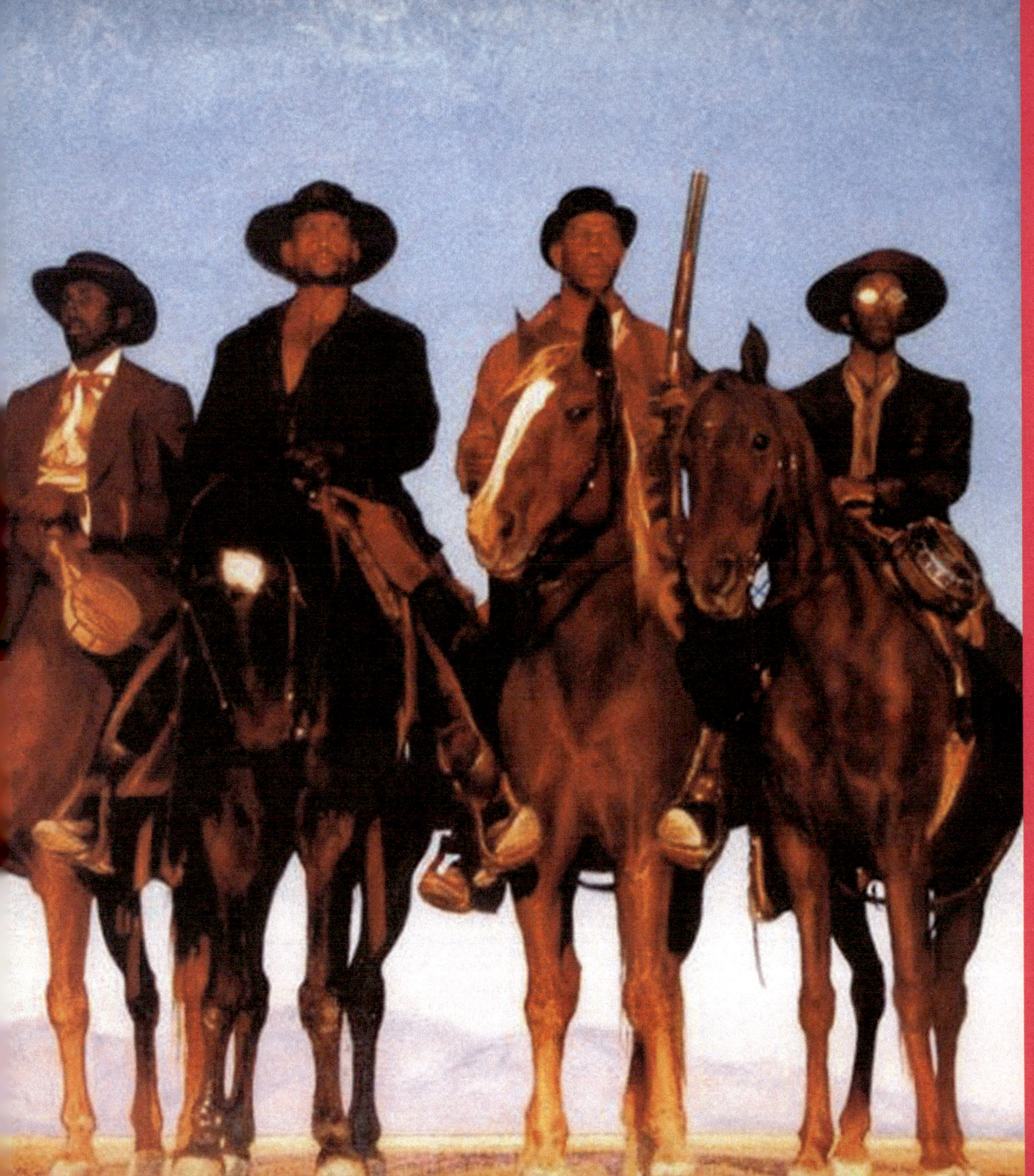

Brigade, 1994

Kerim Ragimow **Керим Рагимов**

Керим Рагимов

Kerim Ragimow

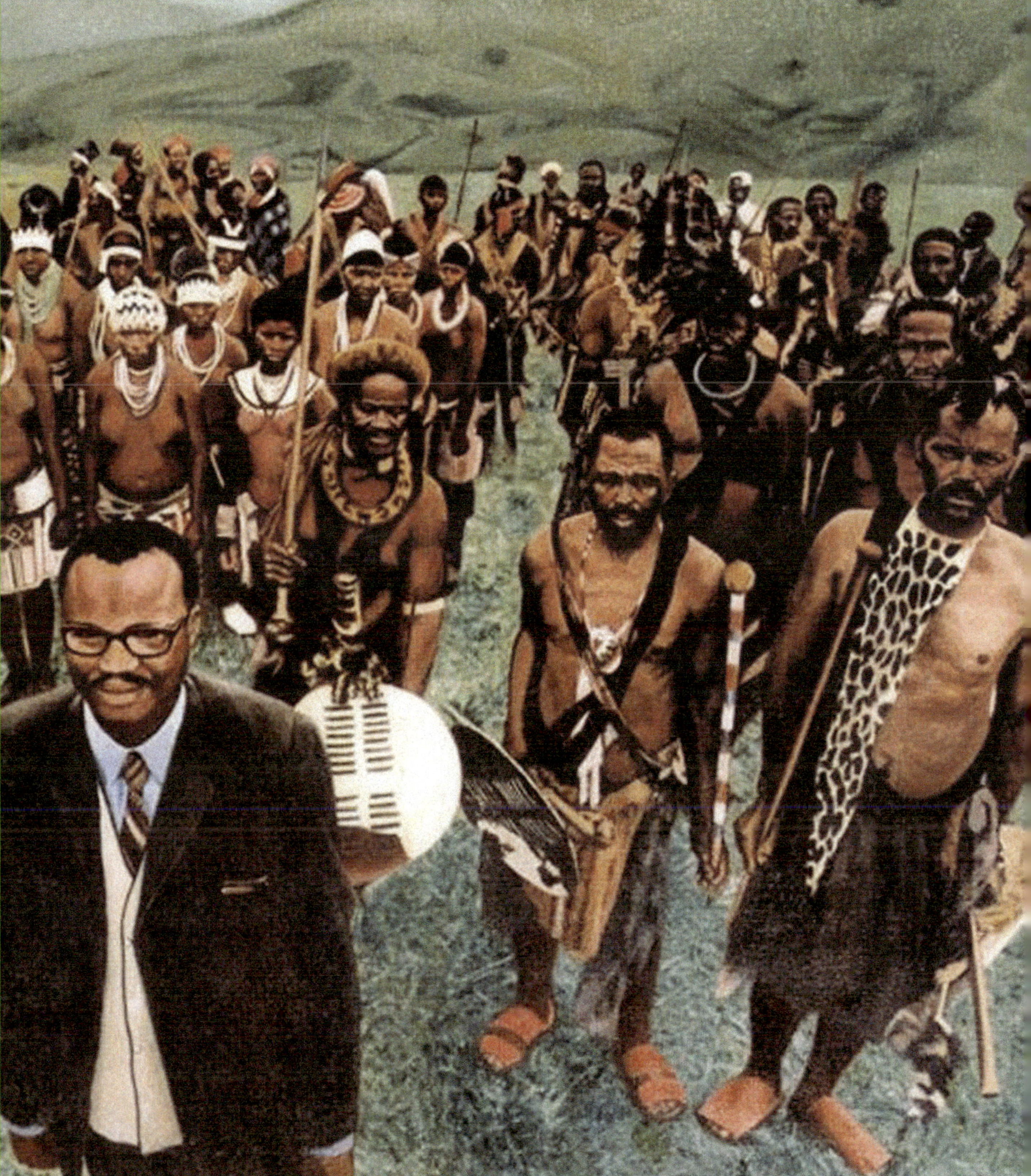

Lumumba, 1994

Eine Museumsparodie zu Ehren eines neuen russischen Helden, des Superman Iwan Frosch. Ähnlich wie beim amerikanischen Batman wird seine ganze Lebensgeschichte erzählt: von der Geburt, über die Lehrjahre, die Liebe, über seine Heldentaten bis zu seinem Tod.

Einerseits ist es die künstlerische Umsetzung des privaten Lebens des Künstlers Schaburow: In der Ausstellung werden sein Spielzeug und seine Bücher, seine Kleider und Möbel gezeigt. Bis zu einem gewissen Alter sieht sich jeder Mensch als einen romantischen Helden. Man lebt also in Träumen, bis man irgendwann sich selbst und sein Leben zu akzeptieren und zu lieben gelernt hat.

Andererseits ist es ein ironisches Museum russischer Geschichte nach der Perestrojka: Damals träumte man in Rußland, ein Superman zu werden und ins gelobte Amerika davonzufliegen. Alle bedeutenden Ereignisse (der Tschetschenische Krieg, der Flug von Matthias Rust, der Fall der Berliner Mauer, der Mord an dem Fernsehkommentator Wlad Listjev, der Rücktritt Gorbatschows bis hin zur Explosion des WTC) sind in diesem Museum als Objekte und Installationen vertreten.

Das Museum erinnert an einen Flohmarkt mit seinen mehr oder weniger geordneten Haufen: lauter altes Zeug, das uns vom 20. Jahrhundert übrig geblieben ist. Die wichtigste Besonderheit der Exposition sind jene Effekte, die auf den Besucher einwirken sollen: surrendes mechanisches Spielzeug hier, lärmende Elektrogeräte dort, riechende, eßbare Exponate, brennende Kerzen, Ton- und Videoaufnahmen.

Передвижной музей русского супермена Ивана Жабы

DIE ENTSTEHUNGSGESCHICHTE DES MUSEUMS

Ende der 90er gab es in einem Museum in Swerdlowsk die Ausstellung „Für Iwan". Iwan war der Name eines Frosches, der einem der Künstler gehörte. Der Frosch saß in einem Terrarium in der Mitte des Saales.

Seit einiger Zeit genügt es den zeitgenössischen Künstlern wohl nicht mehr, ihre eigenen Meisterwerke einfach aufzuhängen, sie müssen sie unbedingt mit absurden Aktionen begleiten. Nach dem Motto: Man wirft besser Perlen vor die sprachlosen Frösche, als vor die eigenen Mitbürger, die von der Inflation und Emission geplagt sind und ins Museum ja sowieso nicht kommen.

Lena I., die Ehefrau eines Freundes von Schaburow, konnte und konnte nicht begreifen, wem diese Ausstellung gewidmet war.

„Was für ein Iwan?" fragte sie.

„Na ja, der Frosch", antwortete man ihr.

„Und wer ist jetzt bitte schön dieser Iwan Frosch?"

„Na, der vom Belojarsker Atomkraftwerk!"

Sie hat es trotzdem nicht kapiert.

Александр Шабуров

Alexander Schaburow

Der russische Superman Iwan Frosch. Ein Wandermuseum, 1996–2001

Installation Postfuhramt Berlin, 2002

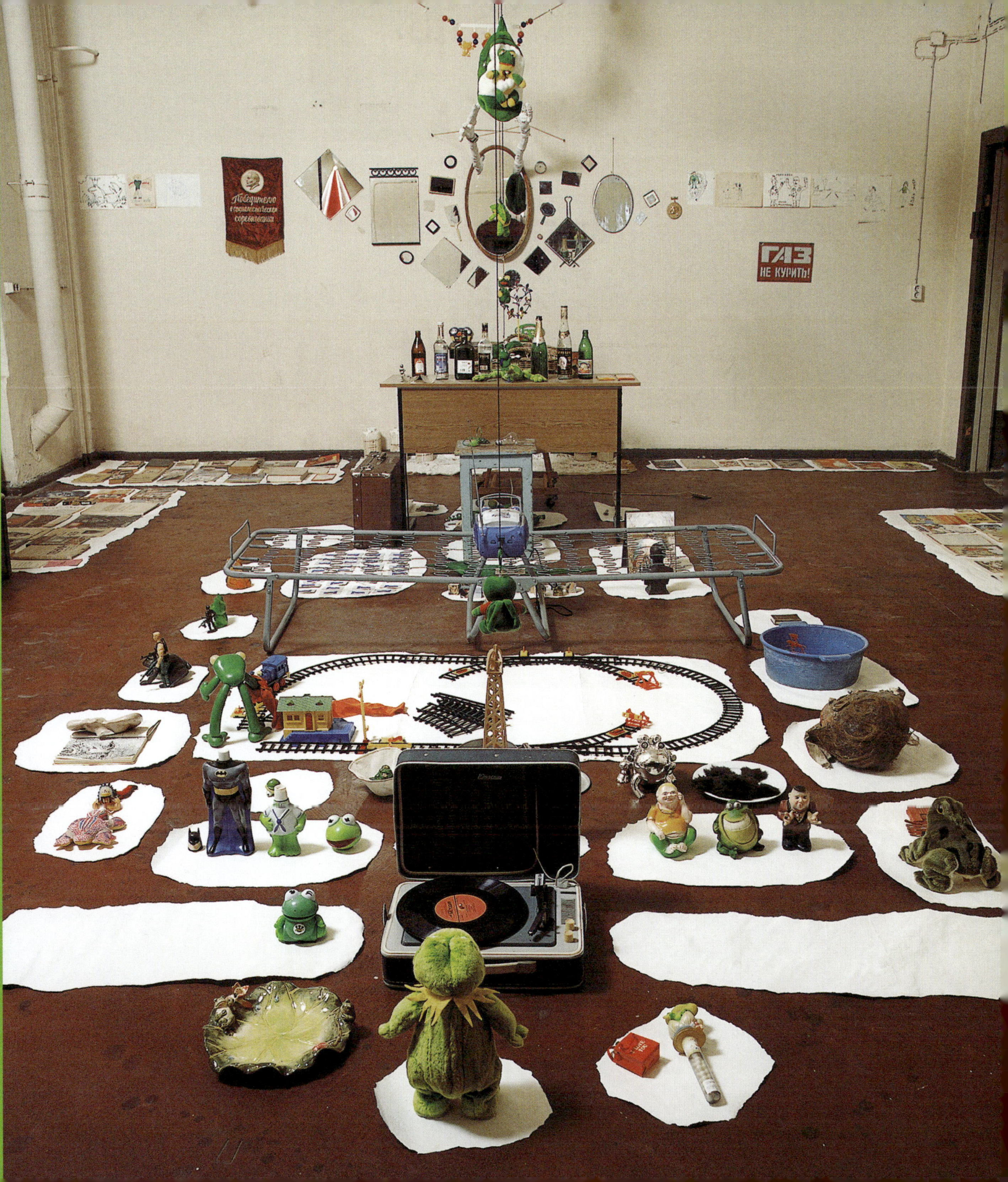

Und dann überlegte sich der Künstler Schaburow also Folgendes: Wenn sich die Gerüchte über Iwan Frosch verbreiten, dann kann er die Funktionen eines nationalen russischen Superman übernehmen.

Aus einem Missverständnis heraus veranstaltete der Künstler nun ein Spiel für seine Bekannten und die Massenmedien, ein Spiel um einen neuen russischen Superhelden, der den Froschkönig des Volksmärchens und den Perestrojka-Traum, in das gelobte Amerika zu entflattern, in sich vereinte.

Anderthalb Jahre lang erschien Iwan Frosch in Zeitungscomics, in Kinderzeichnungen und auf dem Bildschirm. Am 12. Juli, dem Unabhängigkeitstag Rußlands, wurde ihm eine Wanderausstellung gewidmet.

IN DER AUSSTELLUNG WURDEN GEZEIGT:

Eine 2 Meter große Mumie des ersten russischen Superman, aufgehängt an der Decke, mit kleinen Glühbirnen an den Fingerspitzen und einem roten Blinker zwischen den Beinen;

Etymologie der Figur: Homunkulus, Golem, Frankenstein, Pinocchio alias Buratino, Elektronikus, Terminator 2 zusammen mit Iwanuschka, Aljoscha und Onkel Stjopa;

Eine ganze Bibliothek russischer Druckraritäten: ein Bastel-ABC, die sowjetische Verfassung, Romane „Die Mutter", „Brot", „Blaues Hemd", „Kampf um Kleines Land", „Der Kommunist Pawka", „Agent Nikolaj Kusnezow", „Ich bleibe den Prinzipien treu", „Wie bekommt man Kinder", „Verschwörung im Kreml", „Aufzeichnungen des Präsidenten".

Hier wurde auch der ganze Lebenslauf des russischen Superman inszeniert – seine narzißtische Geburt aus Schaburows Spiegel, Zeugnisse seiner Fähigkeiten als Superman, seine Erziehung und Ausbildung, seine Reisen nach Amerika, die Geschichte seiner großen und reinen Liebe, seine zahlreichen Heldentaten, sein zufälliger tragischer Tod, die Beerdigung sowie die in solchen Fällen erwartete Wiederauferstehung. Kompositionen, die das Auf und Ab des Lebens vom ersten russischen Superman illustrieren sollten, wurden aus persönlichen Gegenständen des Künstlers Schaburow und Schenkungen seiner Freunde zusammengestellt.

EINGESETZT WURDEN FOLGENDE GEGENSTÄNDE:

Hundert mechanische Spielsachen / Eine Wand mit Mädchenspiegeln / Eine Geburtstagstorte mit Kerzen / Eine elektrische Modelleisenbahn / Ein funktionierender Fernsehapparat, eine Waschmaschine, ein Kopierer und ein Kühlschrank „SiL" / Ein Kinderbett mit Netzboden aus Metall / Eine Krankenbahre auf Rollen / Das Flugzeug von Matthias Rust, das langsamer als Iwan Frosch war und ihn nicht einholen konnte / Der Kopf von Dschochar Dudaev (Iwans Kriegstrophäe) / Eine Wahlurne / 11 berüchtigte Koffer von General Ruzkoj / Einige Gasballons (Aum Senrike läßt grüßen. Gleichzeitig sind sie eine Warnung an die Besucher: Das hier ist kein Spiel und jede Ausstellung kann die letzte sein.) / 4 lebendige Ninja Turtles / u.a.

Ich konnte die ganze Ausstellung in 12 Koffer einpacken, dazu kamen noch die Möbelstücke (eine Couch, zwei Kühlschränke, eine Waschmaschine, ein paar Betten usw.), vier Schildkröten und die an der Decke zu befestigende, elektrifizierte Figur von Iwan Frosch.

Александр Шабуров

Alexander Schaburow

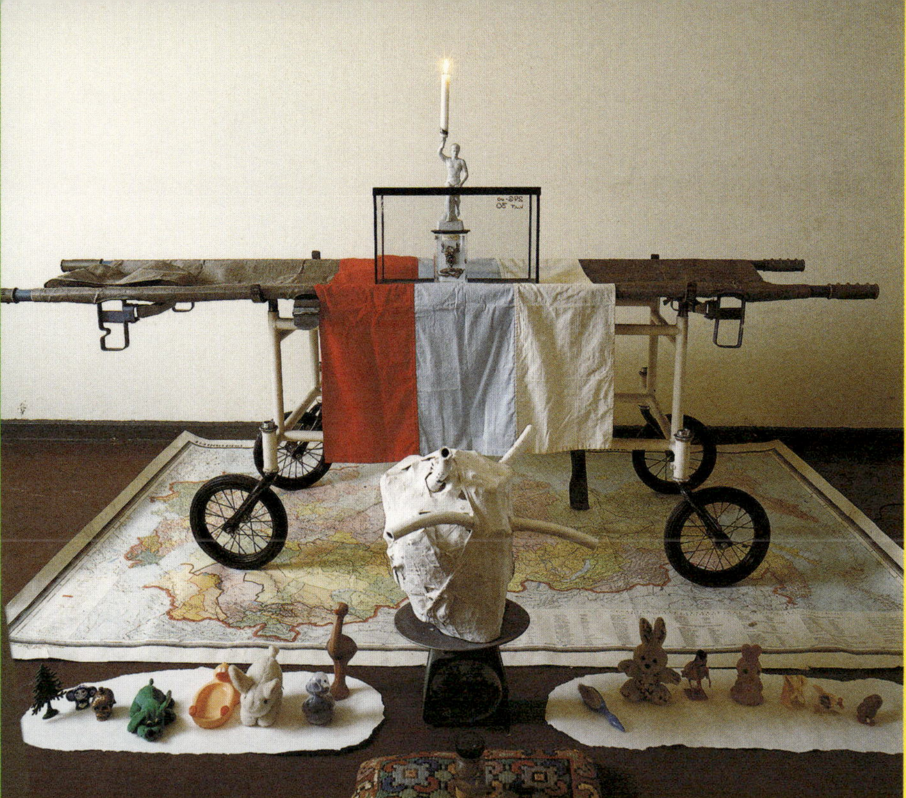

Der russische Superman Iwan Frosch. Ein Wandermuseum, 1996–2001
Installation Postfuhramt Berlin, 2002

Alexander Schaburow, Jekaterinburg Der Künstler muß ein Künstler sein nicht erst auf der fernen deutschen Biennale, sondern bereits bei sich zu Hause in der Küche. Er sollte Kunst schon aus den elementarsten Verrichtungen des Lebens machen: aus den Geburtstagen, Hochzeiten, Totenfeiern. Der Kauf eines Fernsehers, eines Kühlschrankes und einer Waschmaschine – das ist Kunst. Die Geburt ist ein Happening, die Verlobung – eine Aktion, der Umzug in eine neue Wohnung – ein Environment!

Александр Шабуров, Екатеринбург **Художник должен быть художником не на недосягаемой немецкой бьеннале, а сначала у себя дома на кухне. Из самых обыденных отправлений организма художество делать: дней рождений, свадеб и похорон. Покупка телевизора, холодильника и стиральной машины - вот что такое искусство! Родился - хэппенинг, женился - перформанс, переехал на новую квартиру - инвайронмент!**

Alexander Shaburov, Yekaterinburg The artist must not first of all be an artist for the distant German Biennale, but already at home in the kitchen. Art should be made out of the elementary elements of life: the birthdays, weddings, funerals. Buying a television, a fridge, or a washing machine – that is art. A birth is a happening, an engagement is an action, moving into a new apartment is creating an environment!

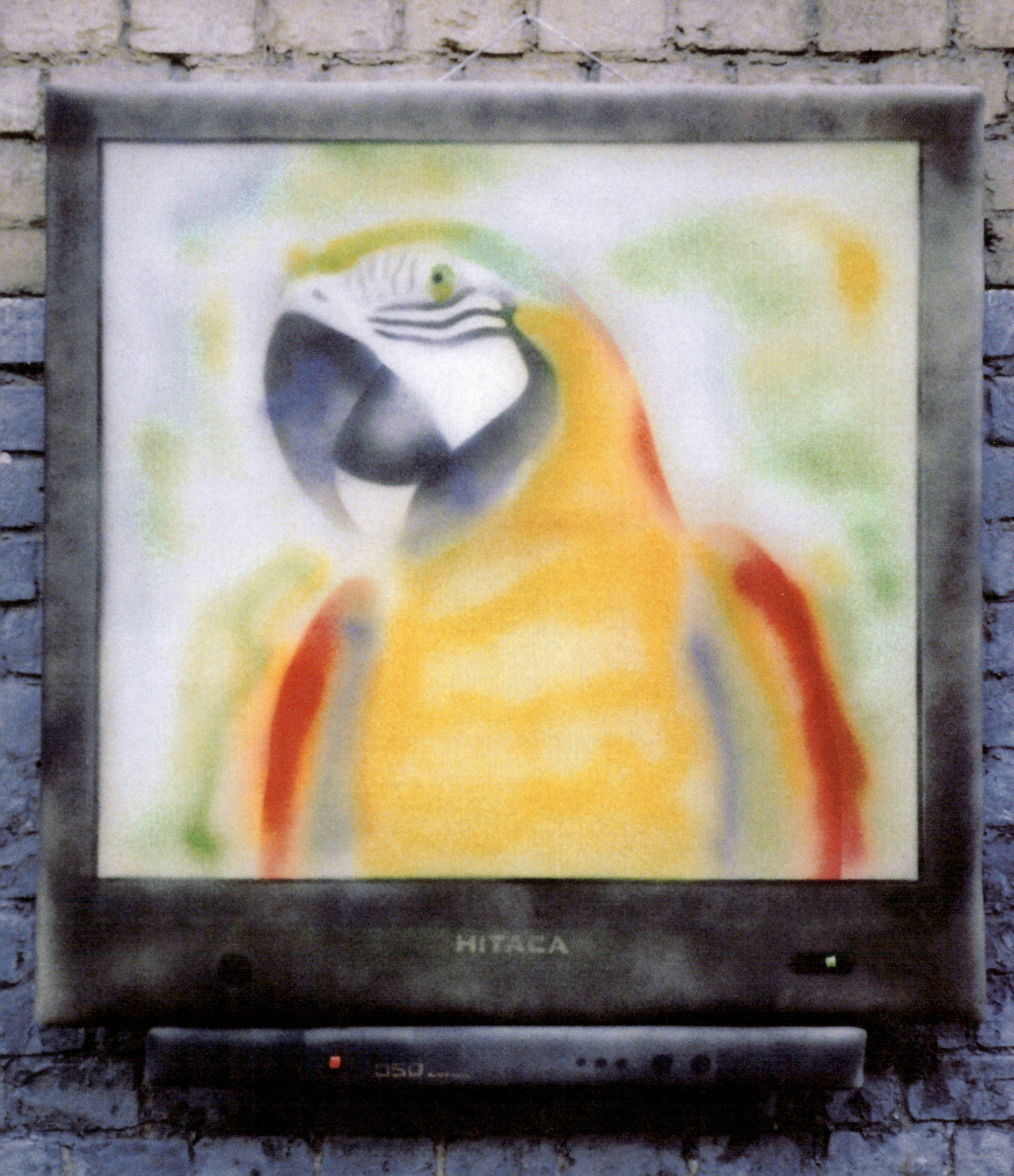

Sachen / Das Fernsehgerät, 2001

Sergej Schechowzow **Сергей Шеховцов**

Sachen / Der Fußball, 2001

Sergej Schechowzow

Сергей Шеховцов

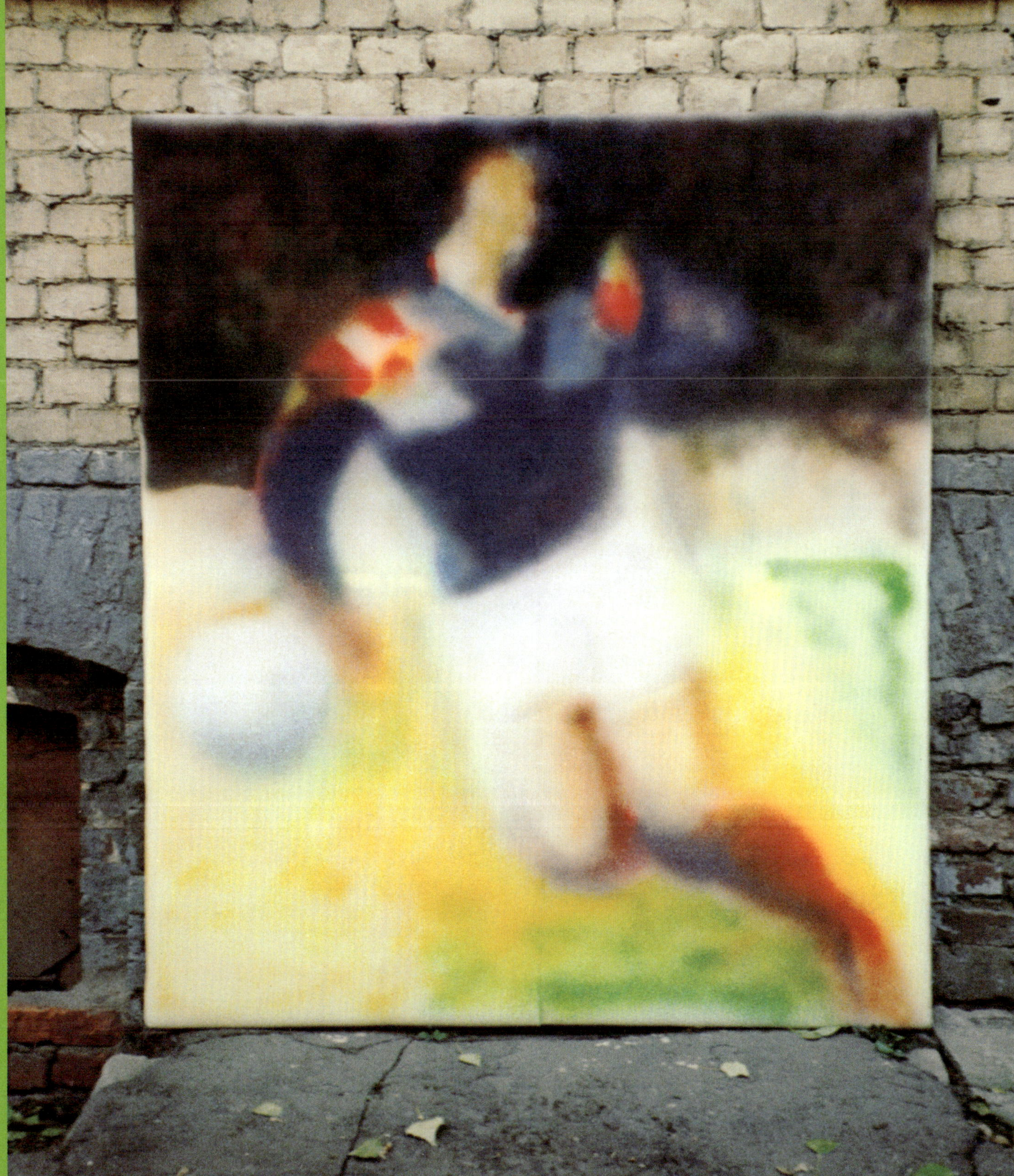

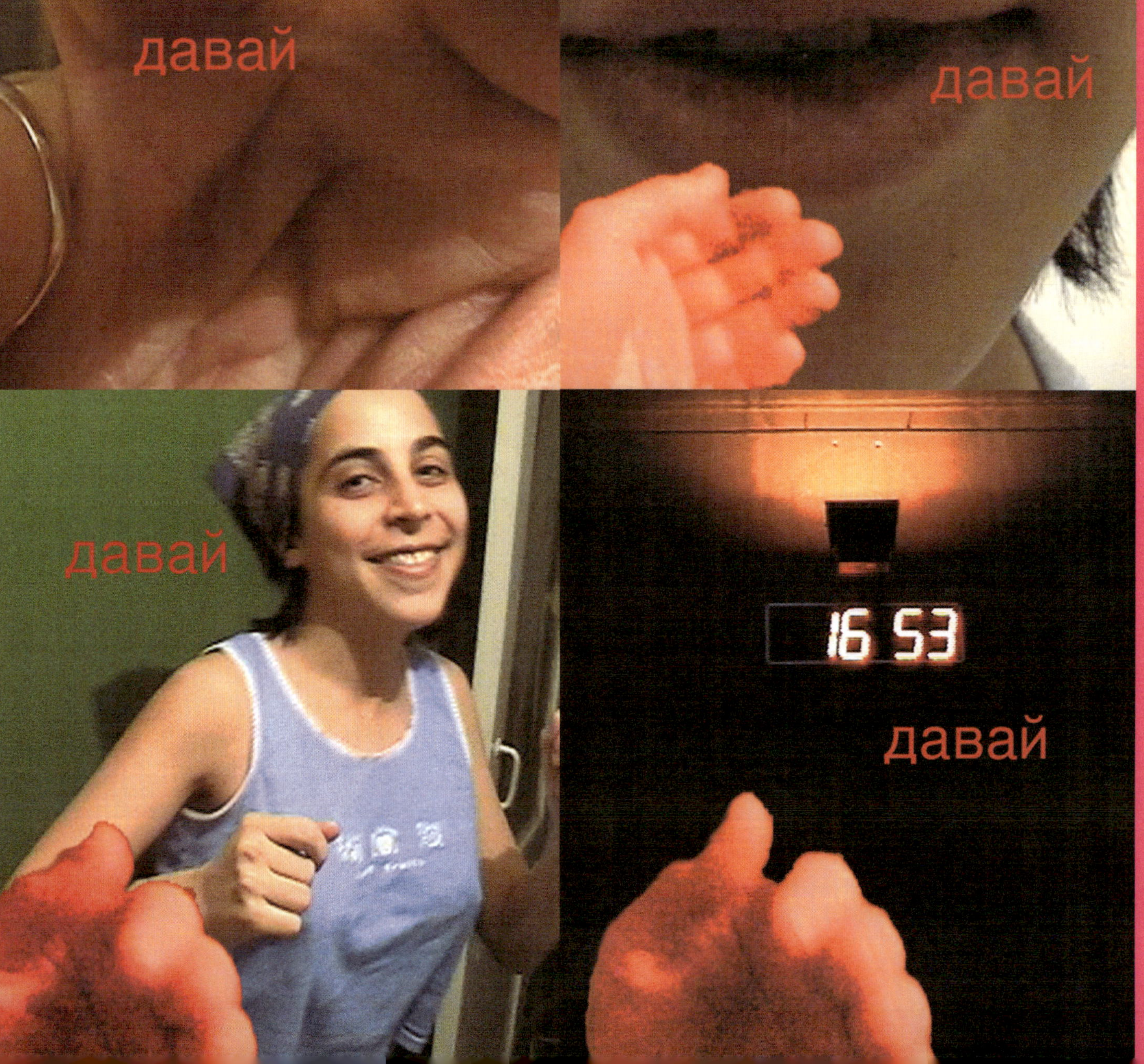

Davaj, 2001

Arsenij Sergejew

Арсений Сергеев

Арсений Сергеев

Arsenij Sergejew

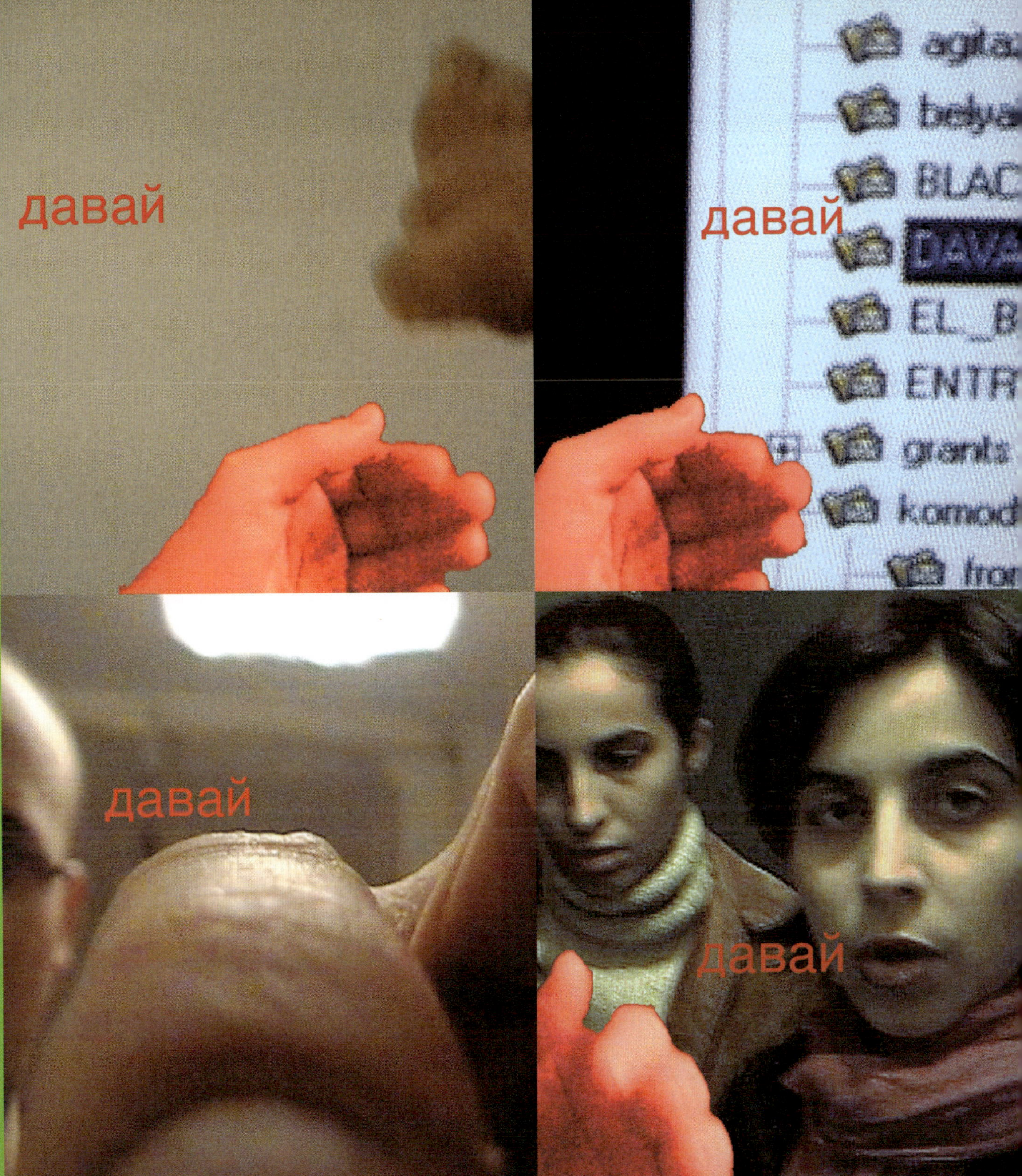

Davaj, 2001

RUSSIAN RED

Russian Red, 2001

Jurij Wassiljew Юрий Василев

Юрий Василев

Jurij Wassiljew

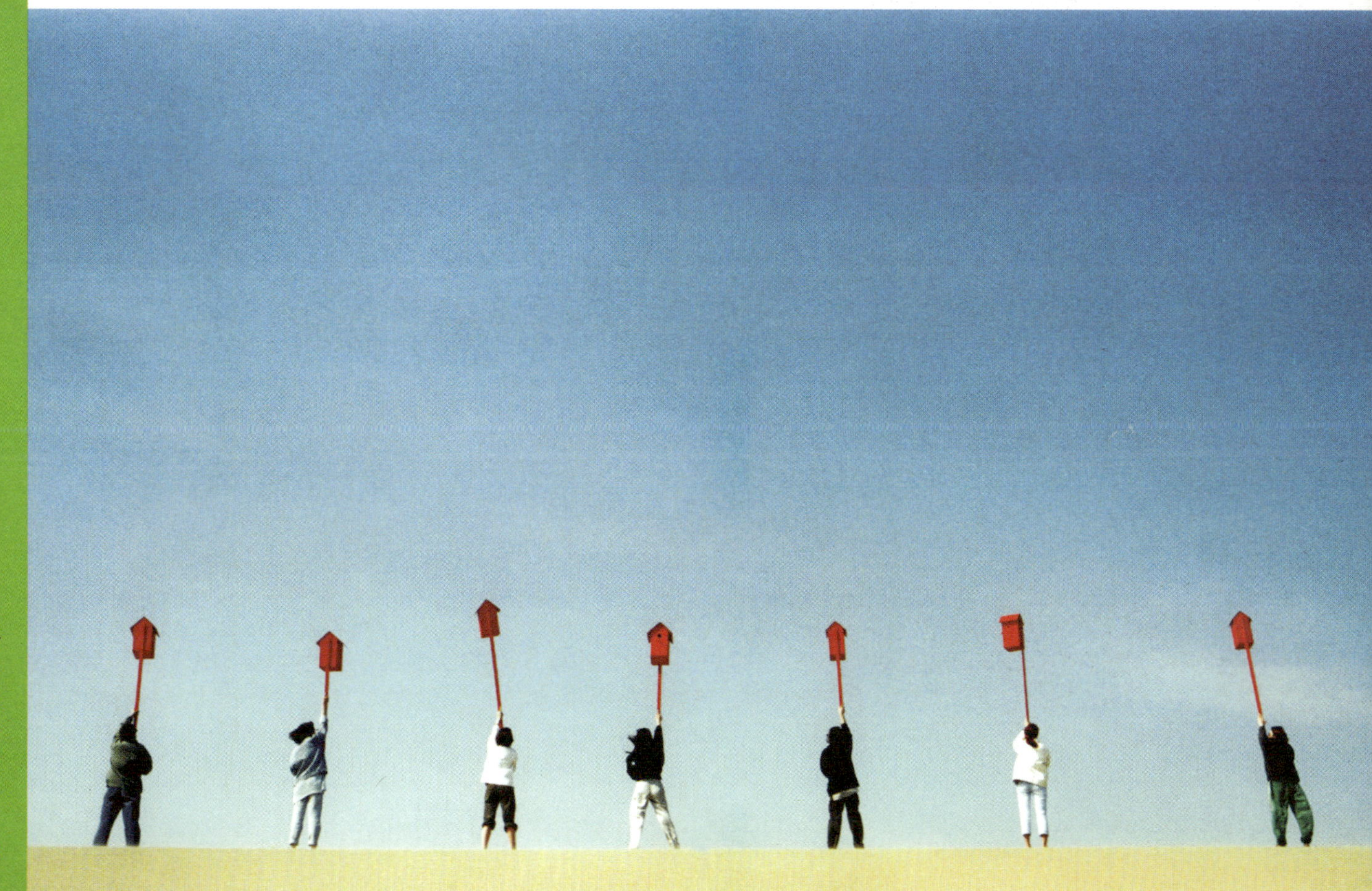

Russian Red, 2001

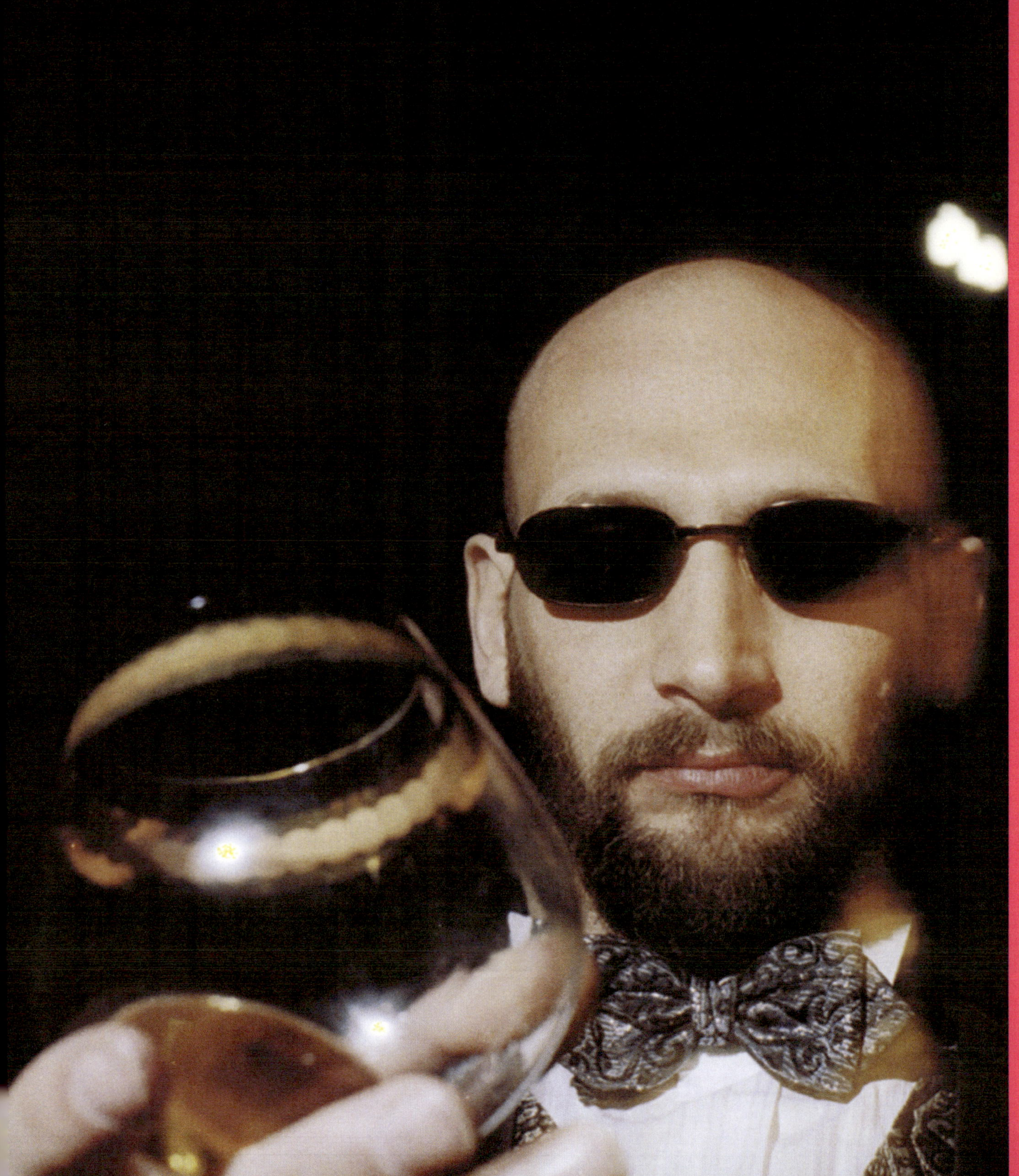

Евгений Уманский

Jewgenij Umanskij

Jeder Russe soll seinen Reichstag erobern, 2001

Евгений Уманский

Jewgenij Umanskij

Jeder Russe soll seinen Reichstag erobern, 2001

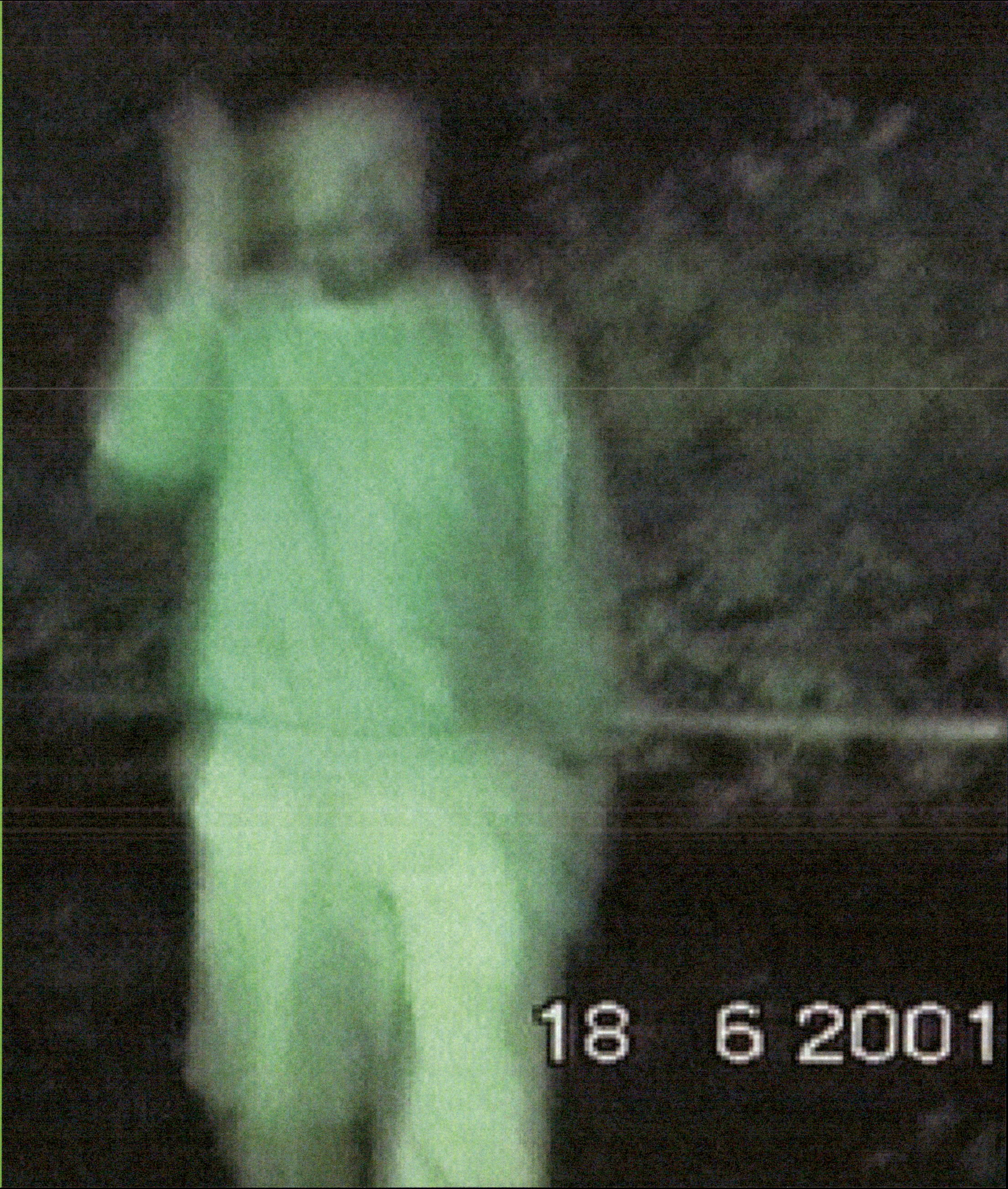

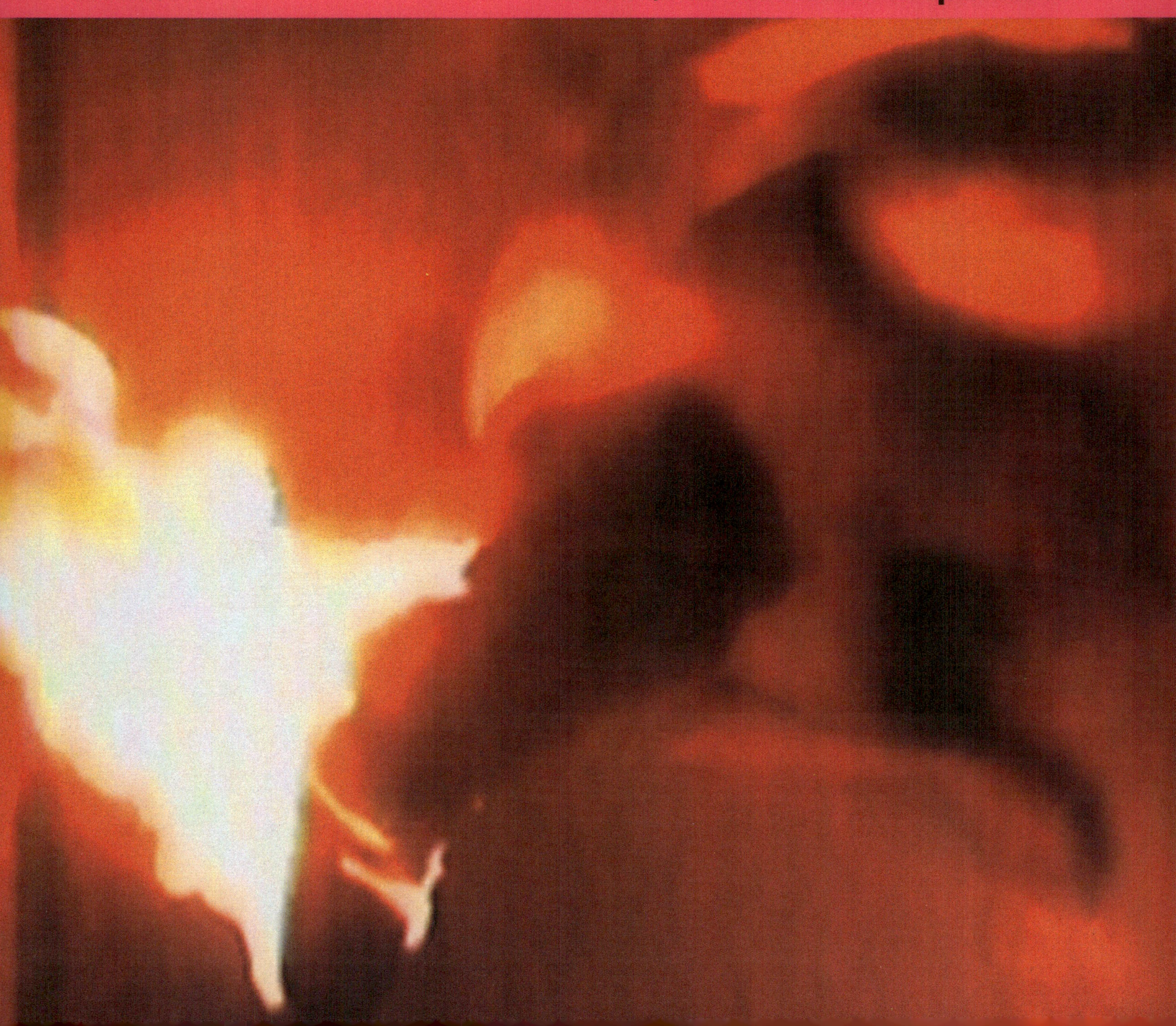

Максим Веревкин

Maxim Werjowkin

Prometheus, 2001

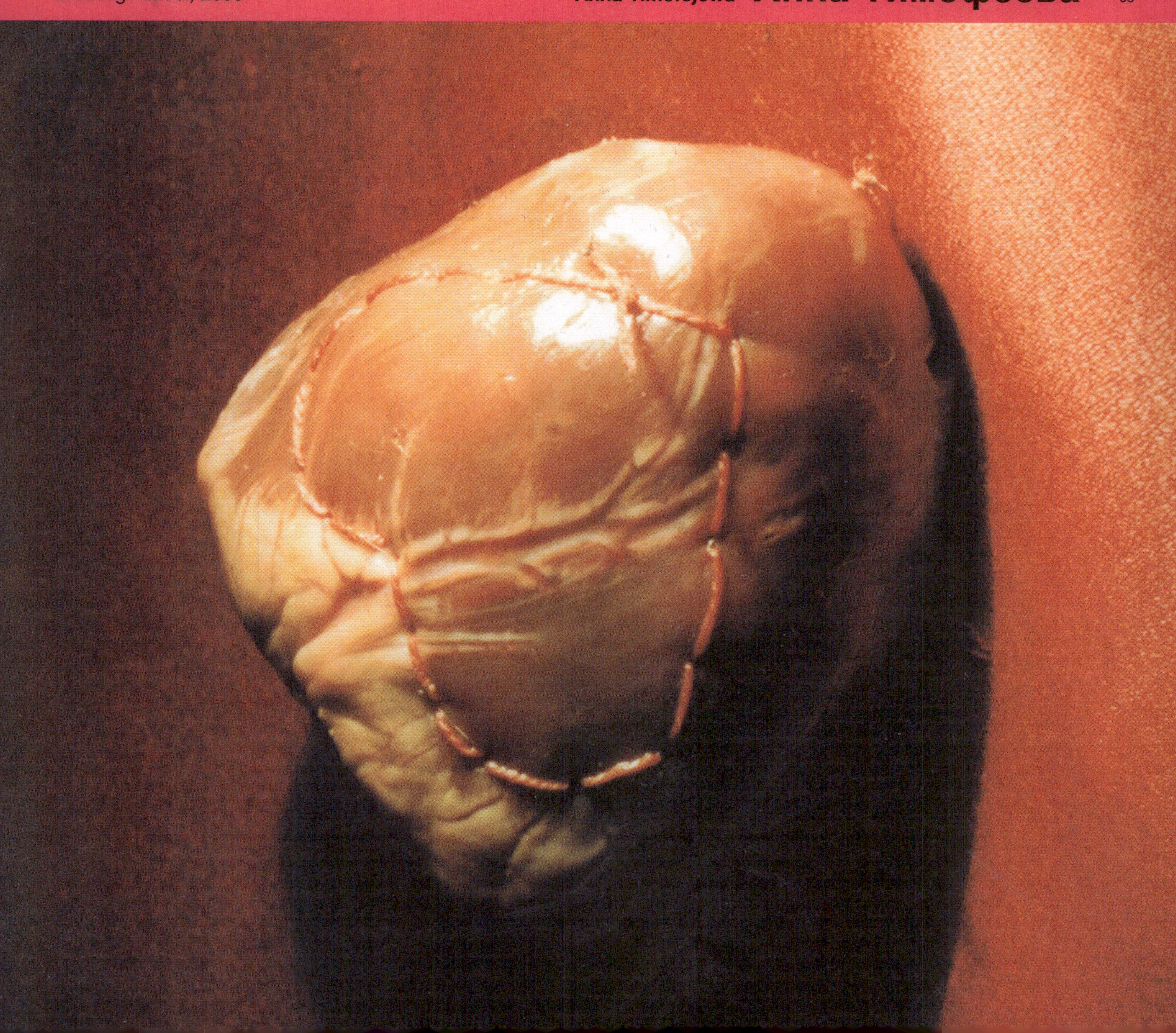

Growing Harder, 2000

Anna Timofejewa

Анна Тимофеева

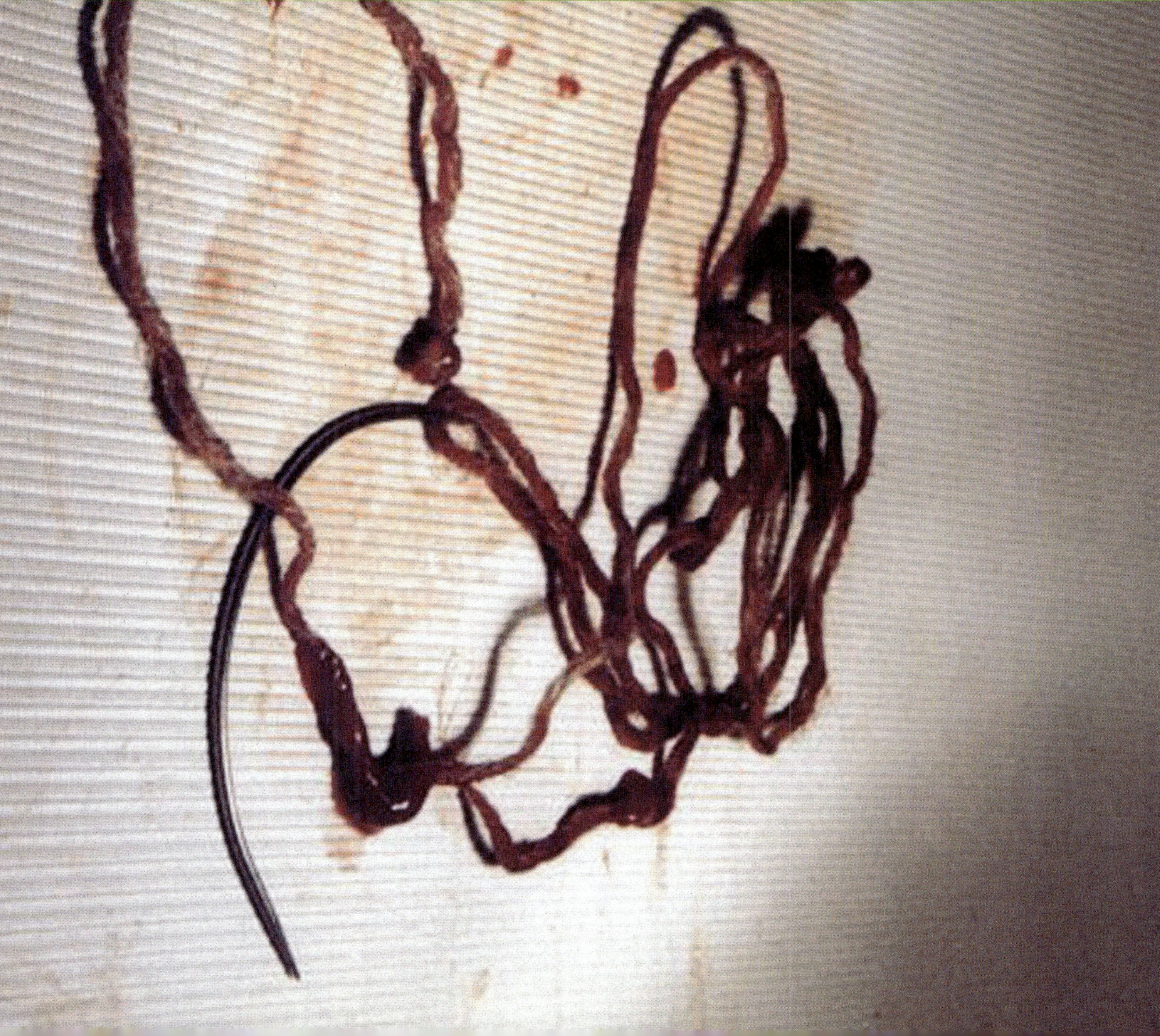

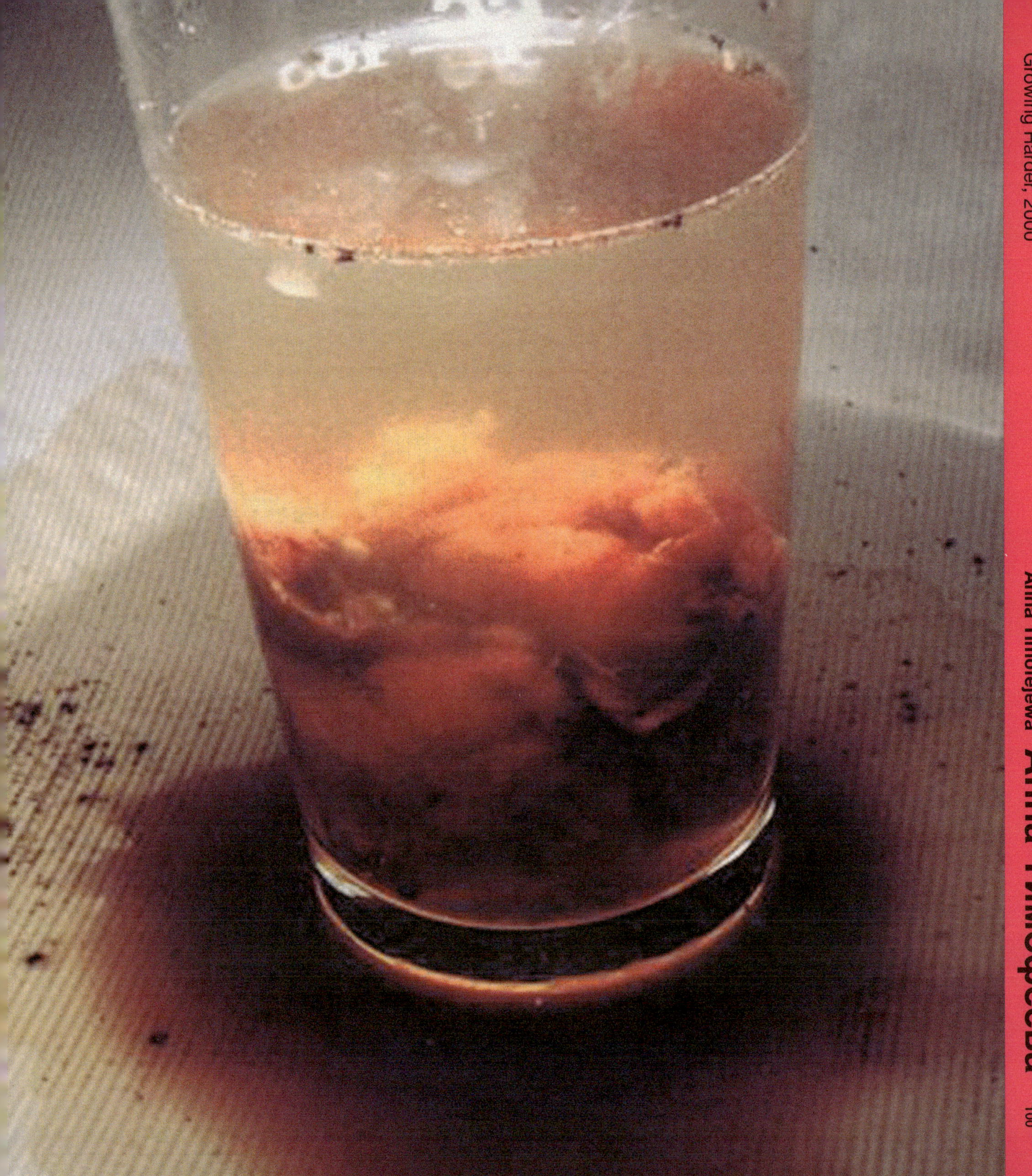

Growing Harder, 2000

Anna Timofejewa

Анна Тимофеева

 Growing Harder, 2000

Anna Timofejewa **Анна Тимофеева**

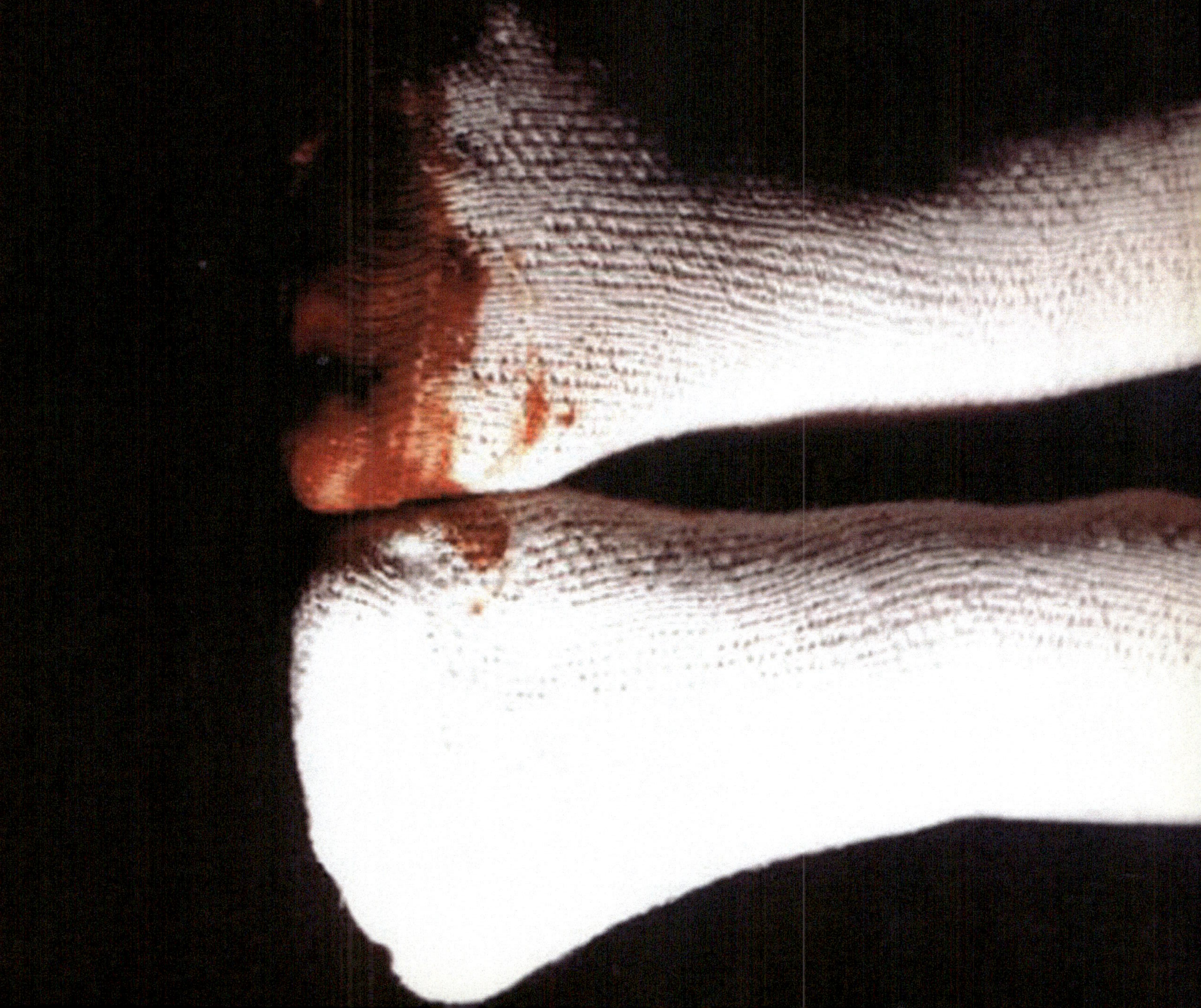

ISSUED BY / ВЫДАН AEROFLOT Russian Airlines

PASSENGER TICKET AND BAGGAGE CHECK
ПАССАЖИРСКИЙ БИЛЕТ И БАГАЖНАЯ КВИТАНЦИЯ
SUBJECT TO CONDITIONS CONTAINED IN THIS TICKET
ДЕЙСТВИТЕЛЕН НА УСЛОВИЯХ, УКАЗАННЫХ В БИЛЕТЕ

ENDORSEMENTS/RESTRICTIONS (CARBON)/ПЕРЕДАТОЧНАЯ НАДПИСЬ/ОГРАНИЧЕНИЯ
FARE RESTRICTIONS APPLY
1USD=29.950000RUB
SU ONLY

ORIGIN DESTINATION/ПУНКТ ОТПРАВЛЕНИЯ/НАЗНАЧЕНИЯ SITI
AIRLINE DATA/ДЛЯ ОТМЕТОК АВИАКОМПАНИИ NW34K
ISSUED IN EXCHANGE FOR/ВЫДАН В ОБМЕН НА

55502311 10DEC01
INTERLOUIS
PASSENGER COUPON
КУПОН ДЛЯ ПАССАЖИРА
MOSCOW IN
02855
DATE AND PLACE OF ISSUE / ДАТА И МЕСТО ВЫДАЧИ 2001

TOUR CODE / КОД ТУРА

NAME OF PASSENGER/ФАМИЛИЯ ПАССАЖИРА — NOT TRANSFERABLE/БЕЗ ПРАВА ПЕРЕДАЧИ ДРУГОМУ ЛИЦУ
KALLIMA/MMSTR/14/05/69

CONJUNCTION TICKETS/ДОПОЛНИТЕЛЬНЫЕ БИЛЕТЫ

X/O	NOT GOOD FOR PASSAGE НЕДЕЙСТВИТЕЛЕН ДЛЯ ПЕРЕВОЗКИ	CARRIER ПЕРЕВОЗЧИК	FLIGHT РЕЙС	CLASS КЛАСС	DATE ДАТА	TIME ВРЕМЯ ВЫЛЕТА	STATUS СТАТУС	FARE BASIS ВИД ТАРИФА	NOT VALID BEFORE НЕДЕЙСТВИТЕЛЕН ДО	NOT VALID AFTER НЕДЕЙСТВИТЕЛЕН ПОСЛЕ	ALLOW НОРМА ПР. БАГ.
	FROM/ОТ VOID		=	V	O I	D =					
	TO/ДО VOID		=	V	O I	D =					
	TO/ДО MOSCOW SVO	SU	113	Q	9JAN	1605	OK	QZZ	9JAN	9JAN	20K
	TO/ДО BERLIN SXF	SU	114	Q	12JAN	1755	OK	QZZ		9JUL	20K
	TO/ДО MOSCOW SVO										

BAGGAGE CK/UNCK БАГАЖ ЗАРЕГ./НЕЗАРЕГ. — PCS МЕСТ — WT ВЕС — UNCHECKED НЕЗАРЕГИСТР.

FARE/ИТОГО USD 325
FARE CALCULATION / РАСЧЕТ ТАРИФА: MOW SU BER162.50SU MOW162.50NUC325.00END ROE1.000000 XT RUB 30RU RUB 300YQ
EQUIV. FARE PD./УПЛАЧЕН ЭКВ.ТАРИФА RUB 9735
TAX/FEE/CHARGE/СБОР RA 187
TAX/FEE/CHARGE/СБОР DE 125
TAX/FEE/CHARGE/СБОР XT 330
TOTAL/ВСЕГО RUB 10377
24166822562

FORM OF PAYMENT/ФОРМА ОПЛАТЫ CASH
INTERLOUIS 100$
ORIGINAL ISSUE/ПЕРВОНАЧ. ВЫДАН

УТВ. МИНИСТЕРСТВОМ ФИНАНСОВ РФ В 1998 Г. КОД ФОРМЫ ПО ОКУД 0751305

CPN КУПОН — AIRLINE CODE КОД АВИАКОМП. — FORM AND SERIAL NUMBER ФОРМА И СЕРИЙНЫЙ НОМЕР — CK КР
⊙ 555 2416682256 2 ⊙

DO NOT MARK OR STAMP IN THE WHITE AREA ABOVE
НЕ ДЕЛАТЬ ОТМЕТОК ИЛИ ЗАПИСЕЙ НА БЕЛОМ ПОЛЕ

01.01 Printed by Bartsch International, Munich-Ottobrunn · Germany 1051

Scratch, 2001

Алексей Каллима

Alexej Kallima

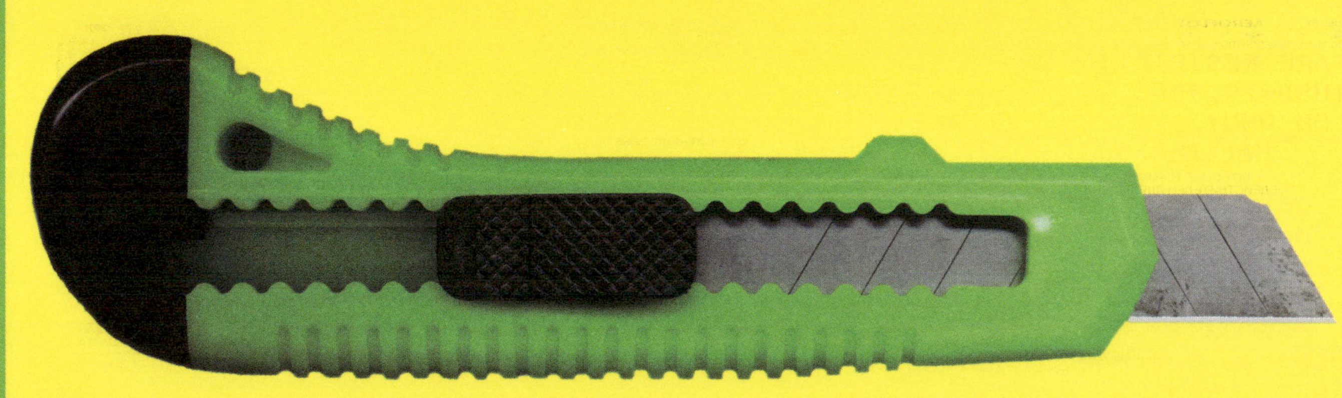

Vor einiger Zeit erstellte Aleksej Kallima ein interessantes Projekt. Neben einem Portrait von Rußlands Präsidenten Wladimir Putin gehörten zu seiner Installation auch menschliche Zungen. Aus verständlichen Gründen erschien der Einsatz von echten menschlichen Zungen ganz und gar problematisch zu sein, ebenso war ein Ersetzen durch zum Beispiel Kalbszungen ohne Einbuße bezüglich der Qualität der Gesamtarbeit ja undenkbar. Also entschied sich Kallima für Attrappen, die die herausgerissene Zunge eines Menschen äußerst genau nachbildeten.

Bei der Auswahl der Künstler zur Ausstellung „DAVAJ!“ bestand der Kurator darauf, daß Kallima unbedingt dieses Projekt präsentiert: „Du kommst doch hier wie ein echter Nationalterrorist rüber!“ Alexej Kallima erwiderte, daß er seine Arbeit nach den Ereignissen in New York für inkorrekt hielte. „Wieso? Willst du etwa Putin entfernen?“ „Nein, die Zungen müssen jetzt echt sein.“

Der Kurator beharrte darauf, daß Aleksej die Arbeit mit den Zungen nach Berlin bringe und keine andere sonst. Die Möglichkeit, echte menschliche Zungen zu finden, ergab sich immer noch nicht. Die anderen Arbeiten des Künstlers wollte man sich erst gar nicht anschauen. „Der vollbrachte Terroranschlag kann mich nicht kalt lassen. Mit Entsetzten stelle ich fest, daß ich von ihm fasziniert bin. Wenn nur die Kunst es genauso vermochte, mit einem einzigen Treffer den ganzen Geschichtsverlauf zu ändern! Das Neue ist heutzutage ganz woanders. Die Realität ist unberechenbarer geworden als die von den Machthabern in Einflußzonen unterteilte Kunst!“

Auch wenn der Glaube an die Kunst erschüttert ist, bleibt der Wille zur Utopie, meint Aleksej Kallima. Er kauft sich ein Flugticket und fliegt nach Berlin. Er nimmt keine Attrappen mehr mit, sondern ein Tapetenmesser, keine Kunstdrucke, sondern den Heiligen Koran.

Scratch, 2001

Предвосхищенное заверение

Wenn man von der heutigen Moskauer Kunstszene spricht, ist der prägende Einfluß des sogenannten „Moskauer Konzeptualismus" noch immer überall stark zu spüren. Man betrachtet noch vieles im Zeichen seiner Traditionen und wundert sich darüber, daß der großartige internationale Durchbruch, den im letzten Jahrzehnt Ilya Kabakov geschafft hatte, anderen russischen Künstlern nicht gelingen will. Nun haben zwar die Konzeptualisten den Zusammenhang der russischen Kunstlandschaft zur Jahrtausendwende hergestellt, waren aber nicht in der Lage, ihre Ideen dem Kontext einer sich rasant ändernden internationalen Szene anzupassen und blieben daher ein lokales Phänomen. Sie haben seinerzeit wirklich viel bewirkt, bringen aber nun kaum noch etwas Wesentliches hervor. Ihre raffinierte Ideologie, die sie an ihre Jünger wie z.B. FENSO weitergegeben hatten, wurde zu einer intellektuellen Zutat jugendlicher Kultur, die neuerdings von Psychedelic, Rave und Fantasy besessen ist.

Einen wahren Willen zum internationalen Durchbruch äußerten die Moskauer Radikalen, die Gegenspieler des Konzeptualismus. Die Konzeptualisten versuchten, sich mit dem *Know How* der Dekonstruktion einer totalitären Ideologie auf dem westlichen Markt zu behaupten, aber zu jener Zeit waren totalitäre Gesellschaftsordnungen keine Gefahr mehr, also auch nicht mehr von Interesse. Die Radikalen sind ein Produkt des werdenden Kapitalismus in Rußland, ihr Pathos besteht im militanten Individualismus, dem hemmungslosen Existenzkampf. **Радикализм а продукт становления капитализма в России, и его пафос а воинственный индивидуализм, борьба за существование любыми средствами и несмотря ни на что.** Obwohl diese Kunst von reifen Künstlern gemacht wird, ist es eine Kunst mit einem jungen Gesicht, man verbindet sie mit einer jugendlichen Energie. Ihre bekanntesten Vertreter sind Alexander Brener, Oleg Kulik und Anatolij Osmolowskij. So will und will A. Brener zum Beispiel nicht erwachsen werden, und sein Stil ist immer noch als pubertär einzuordnen. O. Kulik ist mit all seinem Anarchismus mehr pragmatisch und im internationalen Kontext äußerst gefragt. In der heutigen Moskauer Kunstszene ist er wohl der international populärste Künstler.

Zugleich gibt es in der Moskauer Szene Künstler, die schon immer einen konstanten Erfolg vorweisen konnten. Sie lösten zwar keine Sensationen aus, waren aber immer in den internationalen Kunstkontext einbezogen. Ihre formale Begabung erlaubte ihnen, mit Modellen der Gegenwart glaubwürdig umzugehen: mittels eines Systems von provokativen

Querverweisen und Anmerkungen wie bei Wladimir Dubossarskij und Alexander Winogradow oder unmittelbar geradeheraus wie bei Igor Muchin.

Das wichtigste Diskussionsthema in den 90er Jahren war das Fehlen eines Systems normal funktionierender Institutionen in Moskau. Mit dem neuen Jahrtausend hat die Entwicklung der Institutionen die der Kunst eingeholt. Der Kunstbetrieb in Rußland ist etwas konvertierbarer und dem der anderen Entwicklungsländer ähnlich geworden. Die Moskauer Kunstszene paßte sich einander und den Umständen an. Die Galeriebesitzer, Kuratoren und Kritiker sind im Moment dadurch beunruhigt, daß sich in den letzten 10 Jahren die Moskauer Künstlergemeinde nicht erneuerte. Die Gemeinschaft nahm Fremde nur zurückhaltend auf, die Eigenressourcen der Moskauer Kunstszene waren sehr begrenzt, die Konkurrenz unter den Teilnehmern schien gänzlich einzuschlafen.

Anderseits versuchte die Moskauer Kunstszene als eine selbstbewußte Gemeinschaft, die Situation zu ändern und neue Kräfte an Land zu ziehen. Die NOMA und die Medhermeneutiker ließen sich neue Rituale zur Lösung dieser Aufgabe einfallen. Organisatorisch unternahm man solche Versuche bereits im Moskauer Zentrum für Zeitgenössische Kunst: dort hat man die Meisterklassen von den Künstlern Albert, Gutow, Ter-Oganjan eingerichtet. Diese Tätigkeit wurde im Programm „Neue Kunststrategien" fortgesetzt, das von Bakstejn und Alpatowa initiiert worden war.

Die Gemeinschaft mußte die Schüler von Iosif Bakstejn aber ernst nehmen: Erstens hatten die jungen Künstler, die an seinem Programm teilnahmen, bereits einen professionellen Hintergrund. Zweitens wurde ihnen der theoretische Ansatz mit auf den Weg gegeben, wie ein zeitgenössischer Künstler positioniert ist und welchen Kriterien sein Produkt zu entsprechen hat. Ihre Kunst weist einige gemeinsame Merkmale auf: Sie ist auf Technologien ausgerichtet und hat aktuelle Zeitzeichen wie Biotechnologie, Medialisierung des Bewusstseins und die virtuelle Realität zum Thema. Diese loyalen Künstler bilden schon neue Kreise und sind bei den Galeristen immer willkommen.

Eine andere Tendenz besteht darin, daß auch die neuen Ungemütlichen zum Vorschein kommen. Es sind Künstler, die der Krise der zeitgenössischen Kunst und der bürgerlichen Philosophie kritisch gegenüberstehen. **Такие художники, во-первых, пытаются не скомпрометировать себя системой и образуют свои собственные группы и места, во-вторых, тяготеют к протестным формам искусства а социальным акциям, графити, рок-концертам. Система относится к ним с настороженностью, но уважает их альтернативный потенциал.** Sie lassen sich durch den bestehenden Kulturbetrieb nicht korrumpieren, gründen unabhängige Gruppen und neue Orte und neigen zu den Protestformen der Kunst wie öffentlichen Aktionen, Graffitis, Rockkonzerten. Das Kunstestablishment ist durch sie zwar verunsichert, respektiert aber ihre alternative Kraft.

In diesem Zusammenhang muß man die Gruppe Escape nennen. Diese Künstler haben ihren Stützpunkt in der Werkstatt von V. Ajsenberg und bilden den sogenannten *artists run space.* Von ihrem Status her sind sie Ausgestoßene, die sich an keine anderen Gruppen und Stilrichtungen anpassen konnten. Selbst der Name „Escape" drückt die Position der Künstler aus: provokativ unauffällig sein, ins Soziale flüchten, ohne sich auf die entsprechenden Konventionen einzulassen.

Ein anderes Beispiel ist die Gruppe Radek. Diese Gruppe vereint sehr junge, links orientierte Aktivisten, die unter dem Einfluß von A. Osmolowskij stehen und Kunstgriffe der Radikalen beherrschen, die sie aus der „Schule zeitgenössischer Kunst" von A. Ter-Oganjan mitgenommen haben. Die Künstler dieser Gruppe sind gegenüber den Ideen älterer Kameraden offen und auch bereit, kollektive Aktionen anläßlich heißester politischer Auseinandersetzungen mitzumachen. Das spezifische Radek-Problem besteht darin, daß die Künstler dieser Gruppe einem viel zu breiten Spektrum politischer Tendenzen entsprechen wollen – von den linken Ideen Osmolowskijs bis zum National-Terrorismus eines Kallima, der im Moment aktiv das tschetschenische Thema in der Kunst umsetzt. Da aber zur Zeit keine Ideologie Konjunktur hat, haben sie es schwer, etwas Bestimmtes zu artikulieren, und man schätzt sie eher als potentielle Linke und nicht als eine reelle Kraft ein.

Last but not least gibt es in der zeitgenössischen Kunst auch eine feminine Richtung. Sie wird von Tatjana Hengstler, Irina Gorlowa, Jelena Kowylina vertreten. Die weibliche Milde hebt Ausfälle männlicher Radikalität auf, ist aber gleichzeitig weise genug, den Hang zum Formalen der zeitgenössischen Kunst mit lebendigen Inhalten zu füllen.

Insgesamt kann man sagen, daß die Moskauer Kunstszene gemessen am ganzen Land und sogar der Stadt selbst verschwindend klein ist. Ihre Entwicklung verläuft außerhalb öffentlicher Unterstützung. Man kann diese Szene als experimentell bezeichnen, weil sie das Experiment zur Popularisierung zeitgenössischer Methoden und Praktiken in der Kunst austrägt, und zwar in einem Entwicklungsland mit einem starken Hang zu traditionellen Werten. **Московскую художественную сцену можно охарактеризовать как экспериментальную, в том смысле что на ней осуществляется эксперимент по популяризации модернистских методов и практик искусства в развивающейся стране с сильной тягой к традиционным ценностям.** Damit läßt sich ferner die Tatsache erklären, daß hier gewaltige kostenintensive Projekte unter Einsatz hoher Technologien nicht stattfinden. Natürlich trägt es nicht dazu bei, die Moskauer Situation repräsentativ und attraktiv darzustellen, und sie so den aktuellen Tendenzen in der westlichen zeitgenössischen Kunst anzupassen. Die ärmliche, aber formal den aktuellen Tendenzen der Kunst entsprechende Präsentation ist typisch für den Moskauer Konzeptualismus, der, wie ich denke, immer noch die Moskauer Kunstszene prägend beeinflußt.

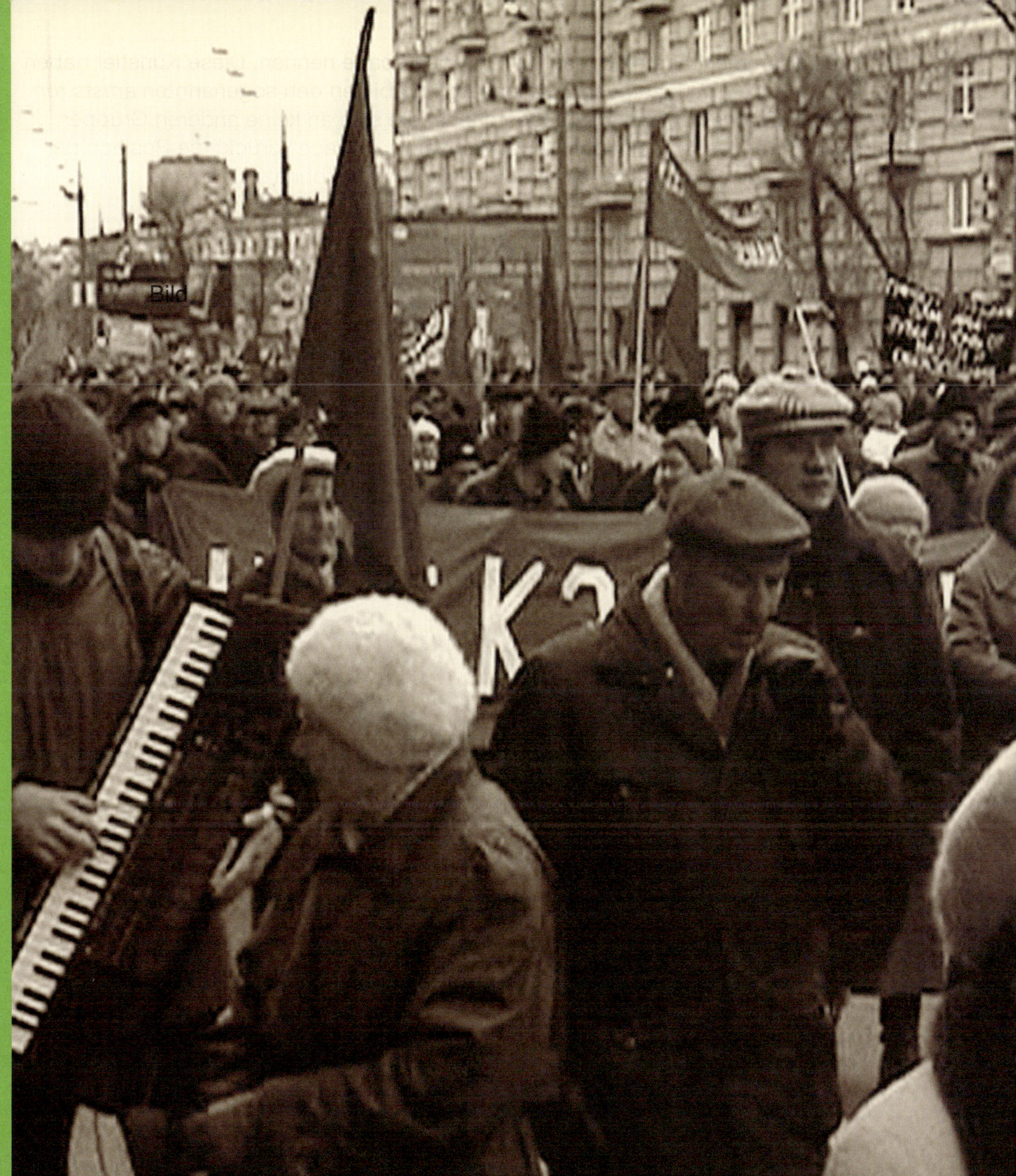

Sechs Namen, die St. Petersburg in dieser Ausstellung vorstellt, nehmen eine Sonderstellung innerhalb der zeitgenössischen Kunstlandschaft St. Petersburgs und Rußlands ein. Dies sind Menschen, die immer schon aus dem Rahmen fielen. Sie gehören keiner künstlerischen Strömung, keiner Bewegung oder Ideologie an. Ihrer Kunst ist der intensive Geschmack der Individualität zu eigen. Sie sind einsame Cowboys, jeder steht allein für sich und seine künstlerische Authentizität. **Они не входят ни в какие художественные течения, движения и идеологии. Их творчеству присущ стойкий вкус персональности. Это одинокие ковбои, каждый сам за себя и за свою собственную художественную правду.**

Deswegen stehen sie heute hoch im Kurs. Sie haben es geschafft, die temporäre Lücke zu füllen, die nach der mehr oder weniger gleichzeitigen Auflösung aller Gruppen und Strömungen in der aktuellen Szene entstand. Überhaupt war jede Kunstströmung aufgrund einer gemeinsamen Idee nunmehr wertlos. Gefragter denn je war jetzt die Glaubwürdigkeit einer künstlerischen Aussage, die es so nur in der Ich-Form geben kann. Die individuelle Glaubwürdigkeit bedeutet in letzter Konsequenz Einsamkeit.

Anna Timofejewa fotografiert allerlei Zeug: Wischlappen, Glühbirnen, Seifenreste. Die Dinge auf ihren Fotos erleben ein persönliches, für Menschen abstoßendes Drama. Dmitrij Wilenskij, der Lehrer von Timofejewa, sagte einmal über sie: „Sie nimmt einen alten Telefonhörer, schmiert Erdbeermarmelade und Sauerrahm drauf, legt ihn auf eine Fläche und fotografiert ihn. Auf dem Bild sehen wir einen Telefonhörer voll von Blut und Sperma." In unserer Ausstellung wird die Bilderfolge „Growing Harder" gezeigt. Hier werden die Eingeweide eines Huhns zu den Protagonisten eines verblüffenden Dramas gemacht. Sie werden auch noch für menschliche Organe gehalten.

Kerim Ragimow ist Autor von aufwendigen fotorealistischen Bildern. In seinem „Mercedes-Projekt" stellt er zunächst ein Doppelporträt vor, auf dem er und sein Freund sich auf einen Mercedes stützen, ihren unerreichbaren Traum. Der Mercedes ist in Rußland ein Symbol des Wohlstands, aber auch das unbedingte Accessoire einer bestimmten Gesellschaftsschicht – der Neureichen, also der Ganoven. Die Fotos verbogener Mercedes-Sterne spiegeln dazu ein verzerrtes Bild des Reichtums im heutigen Rußland wider: Das Resultat eines großen Engagements ist zu einem Synonym für Verbrechen und Kriminellenkarriere geworden.

Одинокие ковбои

Marina Koldobskaja arbeitet mit einem Genre, das ich postpolitisches Plakat nennen möchte: Es vereint Lenin-Darstellungen, Kreuze, Hakenkreuze und die Zeichen Ying und Yang. Die Künstlerin erklärt ihren Standpunkt: „In Rußland erleben wir heute eine seltsame Situation: Wie die Wilden, die in einem schiffbrüchigen Wrack herumwühlen, kramen wir Symbole vergangener Epochen aus dem riesigen Trümmerhaufen hervor. Daraus bauen wir uns ein Haus. Oder wir fädeln sie auf und tragen sie dann als Halsband."

Der bereits erwähnte Dmitrij Wilenskij ging von der Fotografie zum Video über. Seine Arbeit „Petersburg außer/unter Kontrolle" besteht aus den Selbstdarstellungen der Schlüsselfiguren der Petersburger Szene: Hier geht ein Museumsdirektor an den dicht mit Bildern behängten Museumswänden entlang und läßt Seifenblasen aufsteigen. Dort gibt ein unabhängiger Kurator einem Künstler die Brust. Wilenskij kreiert eine Wahnszenerie, bei deren Betrachtung die Eingeweihten den Wiedererkennungseffekt euphorisch erleben und alle anderen sich vom karnevalesken Alltag „verrückter Künstler im verrückten Rußland" begeistern lassen.

Дмитрий Виленский

Dmitrij Wilenskij

Petersburg außer/unter Kontrolle, 2000

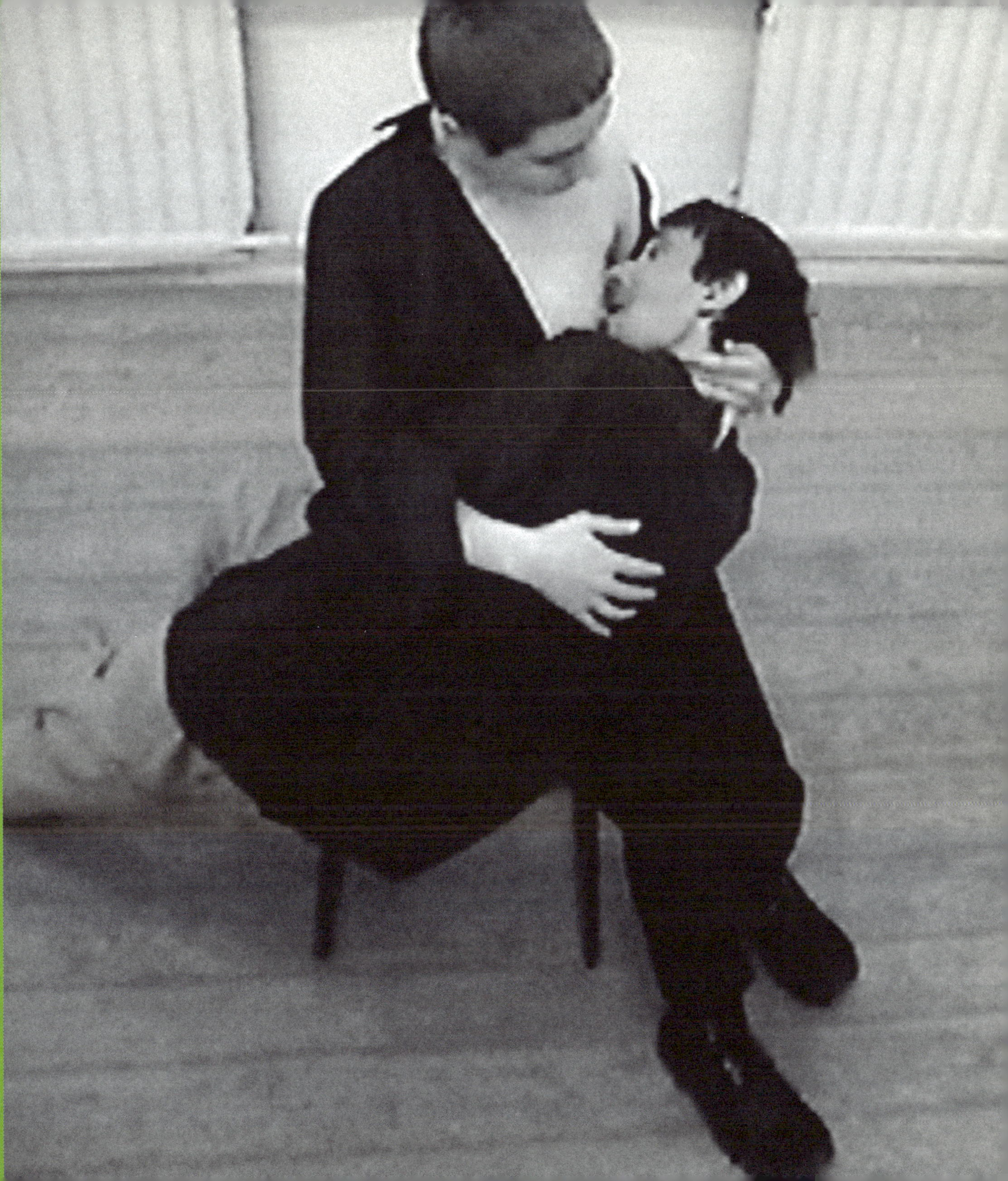

Oleg Chwostow ist ein Typus Künstler, der „nicht von dieser Welt" ist, ein Asket, ein Klausner. Seit einigen Jahren malt er jeden Tag wie besessen seine neuen Selbstporträts. Heute existieren bereits über tausend Bilder dieses Sujets. Ein kleiner Teil davon wird in der DAVAJ!-Ausstellung präsentiert.

Und schließlich – die „Fabrik Gefundener Kleider", ein Zusammenschluß von zwei Künstlerinnen, Natalja Perschina-Jakimanskaja und Olga Jegorowa. Sie reflektieren ein Thema, das heute wohl am schwierigsten zu behandeln ist: Außerhalb des Politikverständnisses und nationalen Selbstverständnisses ist die Kunst für sie ein Vorwand, über Verantwortung, Liebe und Tod zu sprechen.

Wie es scheint, geht es allen einsamen Cowboys auf dieser Ausstellung mehr um Gefühle als um Gedanken, und mit ihrer Kunst sprechen sie über die Liebe.

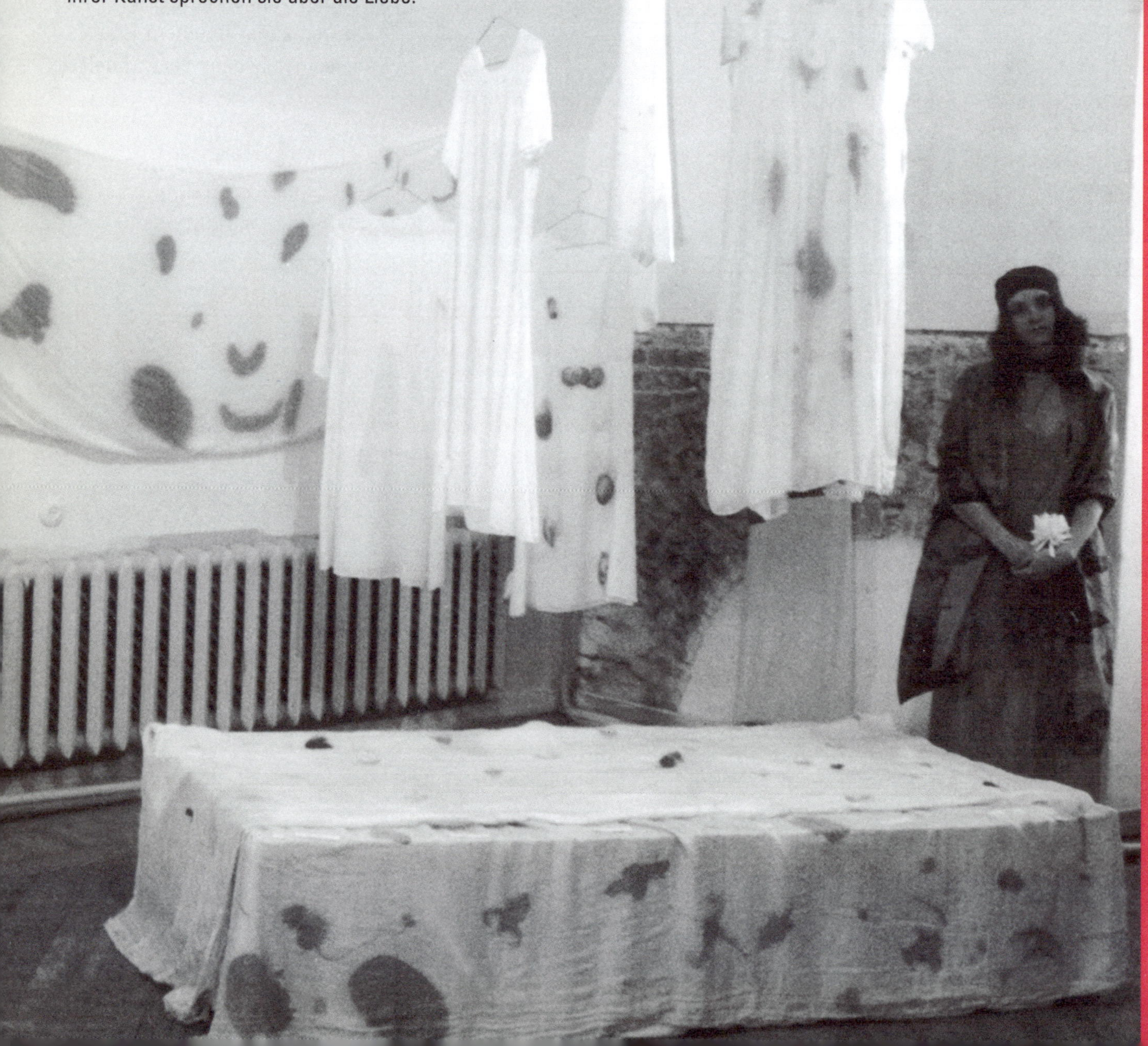

Katja Kandyba arbeitete über lange Zeit in den Theatern von Wladiwostok als Bühnenbildnerin, daher rührt ihre Liebe zu den Installationen. Die Werke von Katja Kandyba sind immer narrativ: sie erzählen Geschichten oder Märchen. **Работы Кати Кандыба всегда нарративны - всякий раз она рассказывает истории, сказки.**

Sehr wichtig ist für die Künstlerin eine intime persönliche Intonation, als wären dieses Märchen oder diese Geschichte vor ihren Augen passiert. So ist die Arbeit „Gewisser Gorjuscha Gussew" eine fiktive Geschichte, die in Form einer Installation aus Gegenständen, die ihr selbst und ihren Verwandten gehören, sowie Fotos aus dem Familienarchiv erzählt wird. Diese Arbeit berichtet über einen Jungen namens Gorjuscha, der tatsächlich Anfang des 20. Jahrhunderts gelebt hat. Die Installation endet in einem Raum mit einem Gänserich, in den sich laut Kandybas Geschichte Gorjuscha am Ende seines Lebens verwandelt hat.

„Russisches Nirwana" ist die bekannteste Installation von Katja Kandyba. Sie spielt mit urtypischem Material: das Knacken von Sonnenblumenkernen als russische Meditation schlechthin. Während der Kunstmesse Art Moscow saß die Künstlerin auf einer Bank, erzählte Geschichten und knackte stoisch Sonnenblumenkerne. Am Ende bildete sich um ihre Bank ein halbrunder Haufen ausgespuckter schwarzer Hüllen von den Sonnenblumenkernen.

сказки, мифы,

In einer anderen Installation erzählt Katja Kandyba Märchen über die Großen und Mächtigen dieser Welt: Sie schneidet lustige Grimassen für Bush, Putin, Bin Laden usw.

Maxim Werjowkin gehört zur Kunstgruppe „Archäopteryx" aus Ischewsk, deren Kunst sich oft nicht in individuelle Projekte einteilen läßt. Eine Idee, die einem der Künstler in den Sinn gekommen ist, wird kollektiv entwickelt und umgesetzt. **Группа Археоптерикс невольно испытывает в своем творчестве влияние местной удмуртской мифологии, важные составляющие которой традиционное пьянство удмуртов и их склонность к суициду. Так в основе эксгибиционистских перформансов Максима Веревкина легко угадываются колдовские практики удмуртских шаманов.** Naturgemäß ist die Gruppe in ihrem Werk vor allem dem Einfluß der udmurtischen Mythologie ausgesetzt, der traditionellen Trunksucht der Udmurden und ihrer Neigung zum Suizid (die grausamste Art der Rache an einem Nachbar ist, sich an seinem Torpfosten aufzuhängen). Deswegen entstehen alle Ideen der Gruppe „Archäopteryx" während schamanistischer Trinkgelage, ihre Arbeiten erinnern an unklare heidnische Rituale und Beschwörungstechniken. Auch den exhibitionistischen Performances von Maxim Werjowkin liegen magische Praktiken udmurtischer Schamanen zugrunde.

Die Strategie von Maxim Werjowkin ist der körperliche Aktionismus. In seinen Arbeiten allerdings

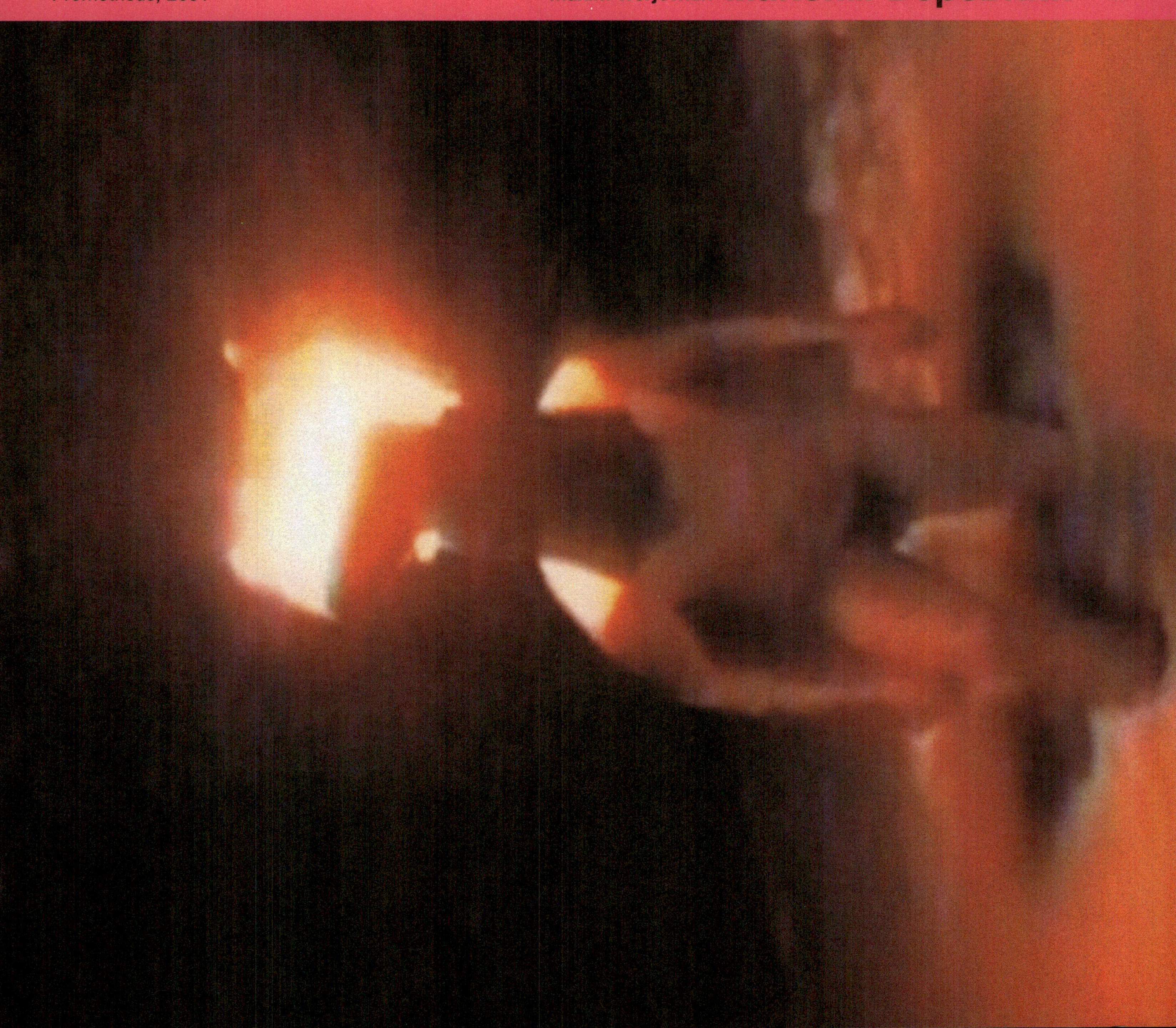

polemisiert er ironisch mit der Verteidigung des Animalischen durch die Moskauer Aktionisten. Er ist zwar selbst immer nackt während seiner Aktionen, nimmt aber niemals seine Brille ab. Der Mensch, sagt Werjowkin, bleibt immer ein Mensch, wie stark auch immer seine Lust wäre, ein Tier zu sein.

Eine der letzten Arbeiten von Werjowkin ist eine Video-Performance mit einem Filzstiefel auf dem Kopf: Das avantgardistische Pathos eines Prometheus aus der Provinz (brennender Filzstiefelkopf bringt Licht und Wärme) korrespondiert in seinem komplizierten konzeptualistischen Spiel mit dem Werk eines Joseph Beuys (Filzstiefel werden bekanntlich aus seinem Lieblingsstoff hergestellt, dem Filz). Der Beuys'sche Sinn für das Material verschmilzt hierbei mit der spontanen Visualisierung des englischen Sprichwortes „The roof is on fire" und der russischen Wendung „doof wie ein Filzstiefel". Außerdem läßt uns eine solche Gestalt an Horus denken, die ägyptische Gottheit mit dem Kopf eines Falken.

Der Wille und die Ironie des Künstlers sagen etwas über die Verwandtschaft und Universalität der Mythologien sowie ihre natürliche Grenze aus – den zerbrechlichen Körper zwischen der Erfrierungs- und Verbrennungsgefahr.

мультимедиа

Alexander Schaburow aus Beresowsk bei Jekaterinburg entwickelt das von Boltanskij eingeführte und von Kabakov aufgegriffene Thema des „kleinen Mannes" weiter. Aber Schaburow interessiert sich nicht für Ängste und Komplexe eines gewöhnlichen Mitbürgers, sondern für seine Wünsche und Ambitionen, die unerfüllt bleiben und gewaltige Ausmaße annehmen. In seiner programmatischen Arbeit „Wandermuseum des Superman Iwan Frosch" kombiniert und führt der Künstler Hunderte von Gegenständen vor, die er in den Wohnungen seiner Freunde und Bekannten aufgestöbert hat, und läßt ein „episches Panorama" der Geburt, des Lebens und des Todes eines russischen Superhelden entstehen. **В своей программной работе Передвижной музей супермена Ивана Александр Шабуров создает „эпическую картину" рождения, жизни и смерти русского „супер героя".** Ohne edle Herkunft, ohne Charisma oder Talent ist der „kleine Mann" von Alexander Schaburow gezwungen, alle ihm zur Verfügung stehenden Manipulationstechniken – Demagogie, Hintergehung, Mystifikation – zur Erreichung seines Ziels einzusetzen. So behauptet der Künstler auf Plakaten mit Eigenwerbung, während er sich mal des Werbeslogans der Firma Xerox, mal des Namen des Führers der berühmt-berüchtigten Sekte „Weiße Bruderschaft" oder der geflügelten Worte von Dostojewski und Flaubert bemächtigt: „Ich habe der Welt das Kopieren beigebracht", „Sascha Devi Christus", „Meine Schönheit rettet die Welt", „Madame Bovary – das bin ich".

Das Hauptmotiv von Alexander Schaburow ist er selbst. Sein Gesicht ist die Trademark seiner Kunstwerke. Unermüdlich ist er dabei, sich und sein Leben möglichst vollständig in Kunst zu transformieren. Seine Egozentrik ist eine künstlerische Strategie geworden: Alle, die mit dem Künstler in Berührung kommen, werden zur Figur seiner Geschichte und seiner Kunst. Zum Beispiel zeigt der Künstler in seiner Installation „Über die Liebe" Fotos, auf welchen er alle Menschen küßt, die er kennt, und zwar ungeachtet des Geschlechts und der Prominenz. Im Projekt „Wer wird wie sterben" schuf er eine Situation, daß alle Besucher der Vernissage, darunter auch seine Verwandten, die „Live"-Performance seiner Totenfeier zwangsläufig mitmachen mußten. In der Fotoserie „Der russische Buddha" liegt Schaburow als schlafender Buddha vor dem Hintergrund verschiedener touristischer Sehenswürdigkeiten Nepals. Die Totalität seines Anspruchs zeichnet sich langsam ab. **Инсталляции, живопись, видео и перформансы Арсения Сергеева выявляют связи и взаимовлияния личного, социального и реального пространств.**

Arsenij Sergejews Installationen, Bilder, Videos und Performances weisen Verbindungen und Wechselwirkungen innerhalb der privaten, sozialen und objektiven Kontexte auf.

In den ersten Videoarbeiten des Jekaterinburger Künstlers dominierte eine kritische Stimmung, er interessierte sich für den Zusammenhang zwischen den objektiven und subjektiven Dimensionen. Die wichtigste Arbeit aus dieser Zeit ist eine Reihe von Videoperformances „Die schwarze Hand". Das sind exzentrische Parodien auf verschiedene Mediengenres: von den „Ballerspielen" am Computer über Interviews auf der Straße für die Nachrichten zu den Gruselfilmen à la „Freitag, der 13." Immer im Bild hilft die schwarz gefärbte Hand des Künstlers die Absurdität der Sujets und der Situationen aufzudecken, die von den meisten Menschen als normal, selbstverständlich, ja banal aufgefaßt werden.

In den letzten Arbeiten interessiert sich Sergejew für Zukunftsprojekte der Kunst und für den Einfluß künstlerischer Initiativen auf das Sozium und die Realität insgesamt. In der Aktion „Unwichtig" wurden Stickers mit eben dieser Aufschrift überall an öffentlichen Orten aufgeklebt und an alle Interessierten verteilt, zwecks Entspannung und Psychotherapie der Gesellschaft. Die kontagiöse Magie eines multimedialen Tagebuches „Lippen + Herzen" richtet sich seit einigen Jahren auf die Geliebte des Künstlers. Lippen und Herzen in Videos, Graphik, interaktiver Flash-Animation und Malerei werden zu Zeichen der Liebe, zu Bildern positiver Mythologie, die einen einzigartigen Kosmos ungeahnter Verbindungen entstehen lassen.

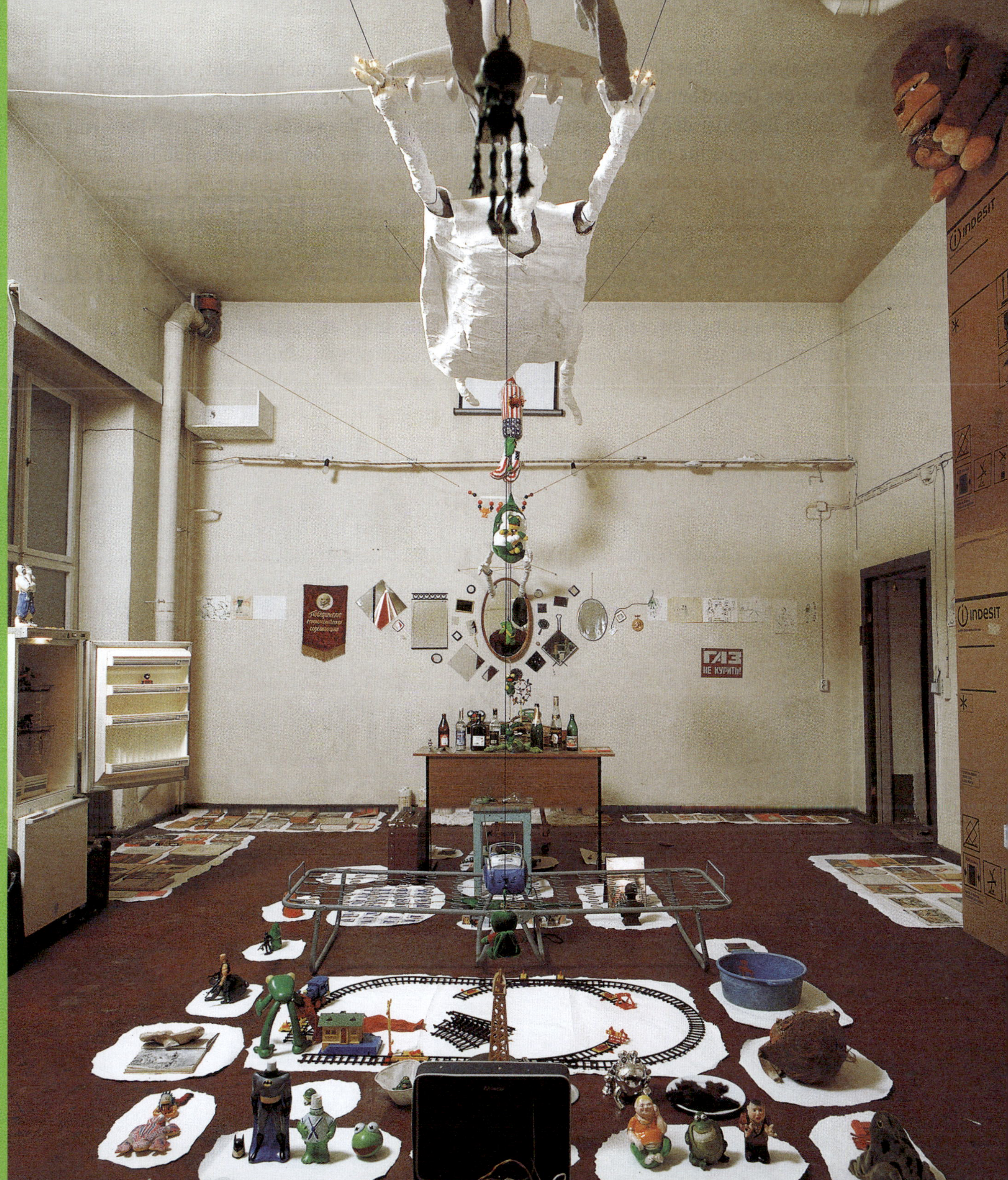

Александр Шабуров

Alexander Schaburow

Der russische Superman Iwan Frosch. Ein Wandermuseum, 1996–2001
Installation Postfuhramt Berlin, 2002

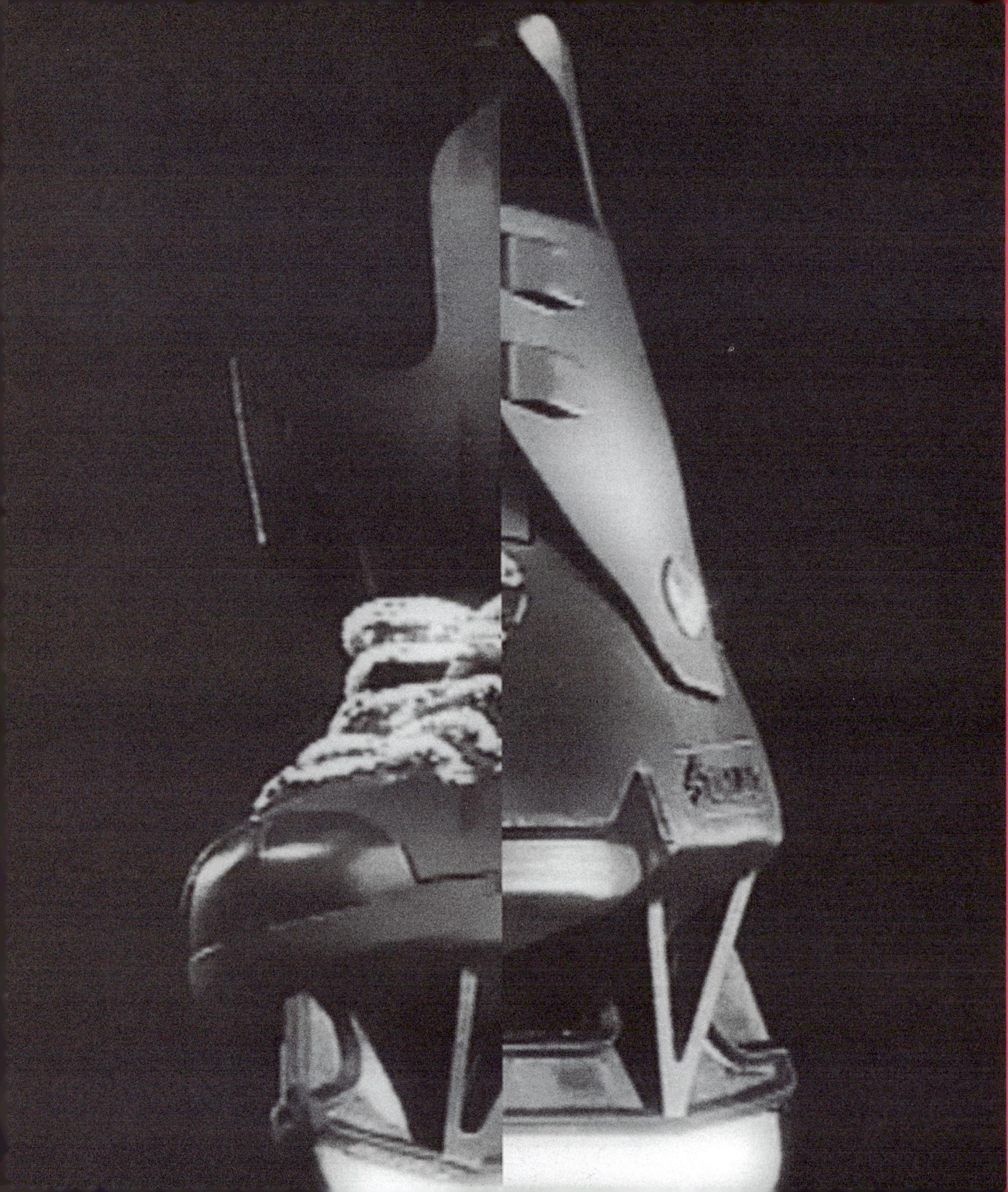

Galina Mysnikowa **Галина Мызникова**

Sergej Proworow **Сергей Проворов**

Davaj! Davaj! Ein Zuruf, der den Wettkampf anfeuert, 2001

Строгие и наивный

„ProvMyza“ ist die künstlerische Trademark von Sergej Proworow und Galina Mysnikowa, den Künstlern aus Nischnij Nowgorod. In Rußland ist dieses als streng stilisierte Ehepaar durch extravagante Sportbekleidung für Skiläuferinnen, Radfahrerinnen und Fußballspielerinnen sowie durch die minimalistischen Werbespots für exklusive Möbelgeschäfte bekannt geworden. Dabei nutzen sie Werbung und Modedesign nur als ein Mittel auf dem Weg zum Erfolg.

Ihre wahren Ambitionen gelten allerdings anderen Kunstrichtungen: Lautpoesie, *artist's books,* Thermographie, Klanginstallationen, Performance, Video, Film. Videos und experimentelle Filme führen dabei diese Liste an.

Im Tandem Proworow-Mysnikowa steht das Individuelle immer über dem Gemeinsamen, jeder Partner hält an seiner persönlichen Vision fest. So entstehen ihre gemeinsamen Werke als Resultat scharfer Auseinandersetzungen.

Sergej ist Revoluzzer und Dissident, Anhänger eines radikalen Aktionismus und der Provokation. Für Galina stehen vor allem Ästhetik und formale Aspekte der visuellen Darstellungsweise im Vordergrund. Er neigt zu aggressiven Gesten, die das Pathos „Hehrer Kunst“ bewußt herunterziehen. Sie beschäftigt sich mit der Logik des Diskurses. Die beiden verbindet eine geradezu fanatische Treue zu den Idealen der klassischen Moderne: Sie ist die Grundlage ihrer künstlerischen Interessen und der avantgardistischen Strategie ihrer gemeinsamen Projekte.

Als Videoregisseure setzen Proworow und Mysnikowa die Traditionen der russischen Filmavantgarde der 20er – 30er Jahre fort, insbesondere die von Dsiga Wertow und Sergej Eisenstein. Sie experimentieren mit Filmsprache und Schnittechniken und verwenden dabei zeitgenössische multimediale Technologien.

Die aktuelle Videoinstallation „Davaj! Davaj!“ führt die Dekonstruktion des Mythos Sport in den Massenmedien vor: Die aggressiven Rhythmen der Bilder und Töne sollen Zuschauer provozieren und erschrecken. **Видеоинсталляция, представленная на выставке, демонстрирует опыт деконструкции массмедийного мифа о спорте. Диаграмма воинствующих ритмов изображений и звуков рассчитана на то, чтобы шокировать и пугать зрителя.** Die schicken und trendigen

Attribute des Fußballs oder des Eishockeys werden trotz ihres Glorienscheins zu den Waffen eines Angriffes gemacht, und ihre Entweihung gebiert Aggression.

Ein wacher DJ vom JazzRadio: witzig und höflich. Er besitzt ein paar Dutzend coole Mützen, die er bei jedem Wetter aufsetzt. Er versendet seine eigenen Postkarten überall in die Welt. Er lebt in Nischnij Nowgorod und heißt Nikolaj Olejnikow. Nach der Schule hat er eine Ausbildung zum Bühnenbildner gemacht. Die Grundlagen der zeitgenössischen Kunst erlernt er nun im Alleingang. Die Handgriffe des Bühnenbildners, die er sich tief eingeprägt hat, sind manchmal äußerst wirkungsvoll. Wie zum Beispiel bei seinen Objekten und seiner Installation für die Ausstellung „Körpergedächtnis. Unterwäsche aus der sowjetischen Zeit." Die Damenunterwäsche, die er an lebendigen Körpern aus handgeschöpftem Papier modelliert hatte, stimmte vortrefflich mit den echten Exponaten überein, die von der alltäglichen Mühsal im intimen Leben des Sowjetmenschen berichteten. Um das von ihm Gestaltete von den anderen Gegenständen und Tönen abzusondern, muß man seine Wahrnehmung zusätzlich sensibilisieren. Seine Objekte, Postkarten und Plakate, Klanginstallationen verschmelzen fast ganz mit der profanen Umwelt. Man kann den Unterschied fühlen, wenn man die Oberflächen ertastet, oder heraushören, wenn man auch nur beim leisesten Rauschen genau hinhorcht. Der Künstler weicht die Schärfe auf, verwischt die Kanten des Objekts, flaniert in den Grenzzonen. Manchmal hat man das Gefühl, daß er es ohne jedes Wissen über den Verlauf dieser Grenzen rein intuitiv macht.

Das Plaudern im Radioäther begünstigte Olejnikows Entwicklung als Geschichtenerzähler. Für alle Lebenslagen erfindet er eine Geschichte mit eigenem Sujet und eigenen Dialogen. Er schreibt sie natürlich nicht auf, sondern zeichnet sie auf die Seiten der handgemachten Bücher, Flyer, Poster, Postkarten oder zum Beispiel auf lange Stoffbahnen. Ungeachtet des Materials sind diese Zeichnungen immer sanft, etwas naiv, sogar lyrisch und manchmal albern. **На все случаи жизни у него найдется какая-нибудь история со своей драматургией и диалогами. Он, естественно, их не записывает, а рисует на страницах ручных книг, листовок, постеров, открыток или ещё на чем-нибудь, например, на длинных полотнищах ткани.**

Красный защитный:

Die Farbe Rot ist in der russischen Kultur hin und wieder charismatisch. Die höchst dramatische Spannung erreicht das Rot als Symbol für Leben und Tod im 20. Jahrhundert, als es einen Bedeutungswandel vollzieht von Rot als einem Synonym für „schön" (wie zum Beispiel im Toponym „Roter Platz") und als der Farbe des Lebens, der Selbstaufopferung und des Heldentums (in den altrussischen Ikonen) zum Omen tragischer Geschehnisse („Rotes Quadrat" von Malewitsch), zum Symbol revolutionärer Stimmungen und Umbrüche (russischer Konstruktivismus) und zum ideologischen Zeichen der 70-jährigen Phase des Kommunismus. Das Projekt „Russian Red" von Jurij Wasiljew, das der Künstler seit anderthalb Jahren in Aktionen, in Fotos und in Multimedia realisiert, arbeitet sowohl mit dem Rot, wie es die Tradition und Geschichte der Russen kennt, aber auch mit der repressiven Suggestion dieser Farbe, die mit Verfolgungen, den Großbauten des Sozialismus, den blutigen Kriegen, dem sowjetischen Alltag, dem wirtschaftlichen Verfall, der sozialen Ungerechtigkeit und Passivität zusammengehört. Das visuell sensibilisierte Sinnbild der Farbe Rot bleibt trotz des Millenniums, der Globalisierung, ökologischer und technogener Katastrophen wie ein Kindheitstrauma im kollektiven Gedächtnis der Russen haften und vertieft sich sogar am Ende des 20. Jahrhunderts durch das Weiterleben der roten Fahne als eines der unerschütterlichen Symbole des Landes. **Этот визуально-чувственный образ-цвет застрял детским комплексом в коллективной памяти русских людей, несмотря на протекающий миллениум, надвигающуюся глобализацию, экологические и техногенные катастрофы, и обострен реинкарнированным в конце 20 столетия красным флагом как одним из непоколебимых символов страны.** Künstlerische Reflexionen von Jurij Wasiljew entsprechen seinen persönlichen existentiellen Erfahrungen und werden in seinem Projekt „Russian Red" in einer äußerst facettenreichen visuellen Aufstellung präsentiert; in der Ausstellung „Davaj!" wird aber nur die Direktprojektion „Rotes Vogelhäuschen" gezeigt: ein Videobild mit vielen Vogelkästen als Symbol für Zuhause, Einöde und Erwartung erfüllt den Zuschauer mit dem Gefühl der Aussichtslosigkeit – in einem wackeligen Haus kann man nicht leben. Wie wohlmeinend auch immer die guten Vorsätze sein mögen, die sublimierte Erinnerung an das Rot bleibt für immer ein Brandmal. Der lose, seiner Funktionalität nicht gewachsene rote Vogelkasten läßt an Vieles aus der vergangenen und an Einiges aus der aktuellen Realität denken.

Die Idee des temporalen Installationsprojektes „Open Dialogue" von Dmitrij Bulatow beruht auf den programmatischen Erkenntnissen am Ende des 20.Jahrhunderts, die die Aufhebung enger Wechselbeziehungen zwischen der Kunst, der Philosophie und den anderen Geisteswissenschaften verkünden. Diese Dreieinheit, die für das vergangene Jahrhundert typisch war, rührte vom allgemeinen Interesse für die Probleme der Sprache und für ihre Anwendung bei der Weltbeschreibung her. Aber das Finale eines langen semiotischen Projektes, das mit dem Verschwinden der Kategorien des Informationsfeldes Hand in Hand ging, zeugt noch nicht von der jeweiligen Krise der Kunst, der Philosophie und der Wissenschaft, soweit sie mit Sprache zu tun haben. Vielmehr ist es eine Bestätigung einer Krise der Sprache als der Grundlage der Kommunikation, und diese Krise bedeutet einen Übergang zu einer prinzipiell neuen Kommunikations-

деноминация символов

ebene. Im Zuge dieser Entwicklung distanziert sich der Kulturkonsument entschieden vom Anspruch auf den „großen semantischen Diskurs“ und von den Interpretationsübungen zugunsten des unmittelbaren Agierens, bei dem Technik und Physiologie mit all ihren Gesetzmäßigkeiten und den individuellen Erscheinungsformen ineinander direkt übergehen. Und so enthüllt die Sprache auf einmal ihre extrem aggressive, ja faschistoide Natur: Das Wesen des Faschismus liegt nicht im Verbieten, sondern im Zwingen, etwas Bestimmtes zu sagen. Das Projekt „Open Dialogue“ vereint formale Zeichen der politischen Aggression (hier in reduzierter Form militaristischer Fahrzeuge – ein Panzer oder ein Propagandajeep mit Tarnfarbe angestrichen) mit formalen Zeichen der sprachlichen Aggression (die Nonstop-Übertragung der sound poetry von Autoren aus 22 Ländern). Auf diese Weise will der Autor der Installation jede Teilnahme des Zuhörers bzw. des Zuschauers an einem „offenen“ Dialog blockieren sowie alle Versuche unterbinden, die akustischen Botschaften zu interpretieren, damit die Essenz des semiotischen Zwangs um so sichtbarer wird. **В этом случае язык начинает являть собой предельно агрессивную а фашистскую а сущность, ибо суть фашизма заключается не в том, чтобы запрещать, а в том, чтобы понуждать говорить нечто. Реализация проекта сводит воедино формальные знаки социальной агрессии (в виде редукционно милитаристского имажинария а танка, боевой машины пехоты или военно-агитационного автомобиля) и формальные знаки языковой агрессии.** Ins kollektive Gedächtnis der sowjetischen und jetzt auch der Menschen in der Russischen Föderation haben sich wohl für länger oder vielleicht sogar für immer die tragischen Ereignisse des Krieges 1941–45 eingeprägt. Die historische Gegnerschaft von Rußland und Deutschland, die sich sogar in der Folklore niedergeschlagen hatte, und das Feindbild des Deutschen, das bis zur Perestrojka in der Literatur und in Filmen ideologisch gepflegt worden war, nährten nach dem Mauerfall verstärkt das Unverständnis dafür, daß das vom letzten Weltkrieg am schlimmsten getroffene Volk der Sieger immer noch nicht viel besser als nach der Beendigung eben dieses Krieges lebt. Sie formten ferner im Massenbewußtsein das Bild der neuen Deutschen, die herrlich und in Freuden leben, aber eigentlich jemandem noch was schuldig sind.

Gebrannt, zerbombt, jüngst umgebaut und rekonstruiert, mit neuem architektonischen Antlitz versehen, behielt der Reichstag die Signaturen russischer Soldaten aus dem Jahr 1945 an den Wänden und bleibt nach wie vor eine Metapher vergangener Epochen: ein Symbol für die Stärke der deutschen Nation und gleichzeitig für Konfrontation, menschliche Tragödien und den Sieg. Die Arbeit von Jewgenij Umanskij „Jeder Russe soll seinen Reichstag erobern“ besteht aus einem Video und einer Reihe Fotos und stellt vorerst banale alltägliche Situationen dar, deren Duktus mit dem Pathos im Titel nichts zu tun zu haben scheint. Auch die technologisch reduzierte Ästhetik eines Homevideos zielt auf die Herabsetzung der chauvinistischen großrussischen Problematik auf das Niveau halbbetrunkenen Geschwafels. **Даже сама низкотехнологическая подача материала в эстетике home редуцируют заданную избранно-великорусскую шовинистическую проблематику до уровня кухонного полупьяного трепа.** Die Personen des Videos stehen mitten in Berlin und unterhalten sich über lauter belanglose Dinge: über Frauen und ihre Boyfriends, über den Vodka und die Wurst. Ein Russe verrichtet daselbst seine Notdurft, streckt daraufhin die rechte Hand im Hitlergruß hoch und sagt das Stichwort „Reichstag!“. Ist es ein Effekt des kulturellen Gedächtnisses oder hat dieser Mensch in eigener Sache etwas an dieser Immobilie auszusetzen? Man weiß es nicht, aber es sieht aus wie eine unmotivierte Handlung aus den Tiefen seines Unterbewußtseins.

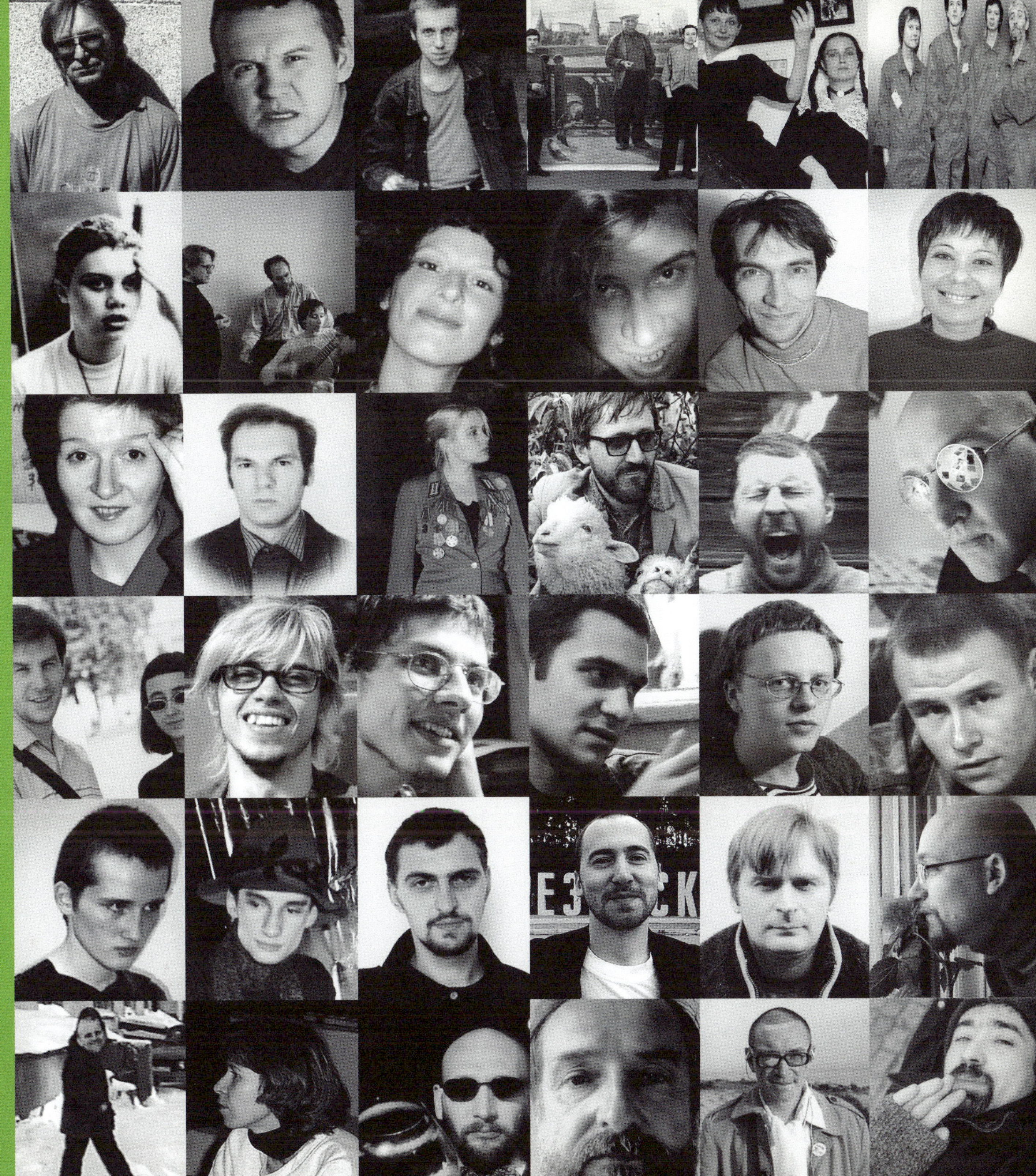

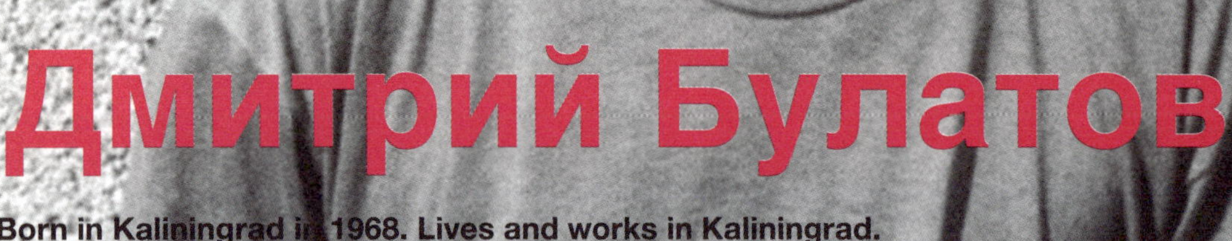

Дмитрий Булатов

Born in Kaliningrad in 1968. Lives and works in Kaliningrad.

Selected exhibitions: **Visual Poetry, Schloss Rheinsberg, 1997; International Art Fair "Art Menagerie '99 Eurasian Zone", Moscow, 1999; Polipoesia, Maastricht, 2001.**

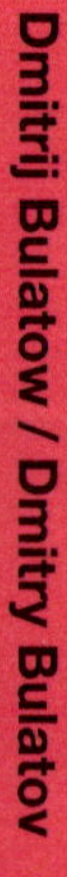

Дмитрий Булныгин

Born in 1965. Lives and works in Novosibirsk.

Selected exhibitions: Art Menagerie, Moscow, 1999; Art Moscow, Moscow, 2001; 1. International Biennale, Valencia, 2001; No Sex, No Drugs, No R&R, Novosibirsk, 2001.

And you did hurt, you hurt

Олег Хвостов

Born in Leningrad in 1972. Lives and works in Saint Petersburg.

Selected exhibitions: International Festival of Experimental Art and Performance, Central Exhibition Hall, Moscow, 1998; Self Portraits: 200+1, Navicula Artis Gallery, 1999.

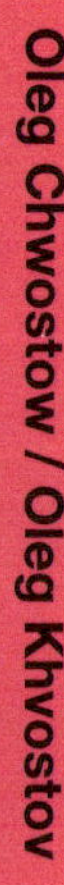

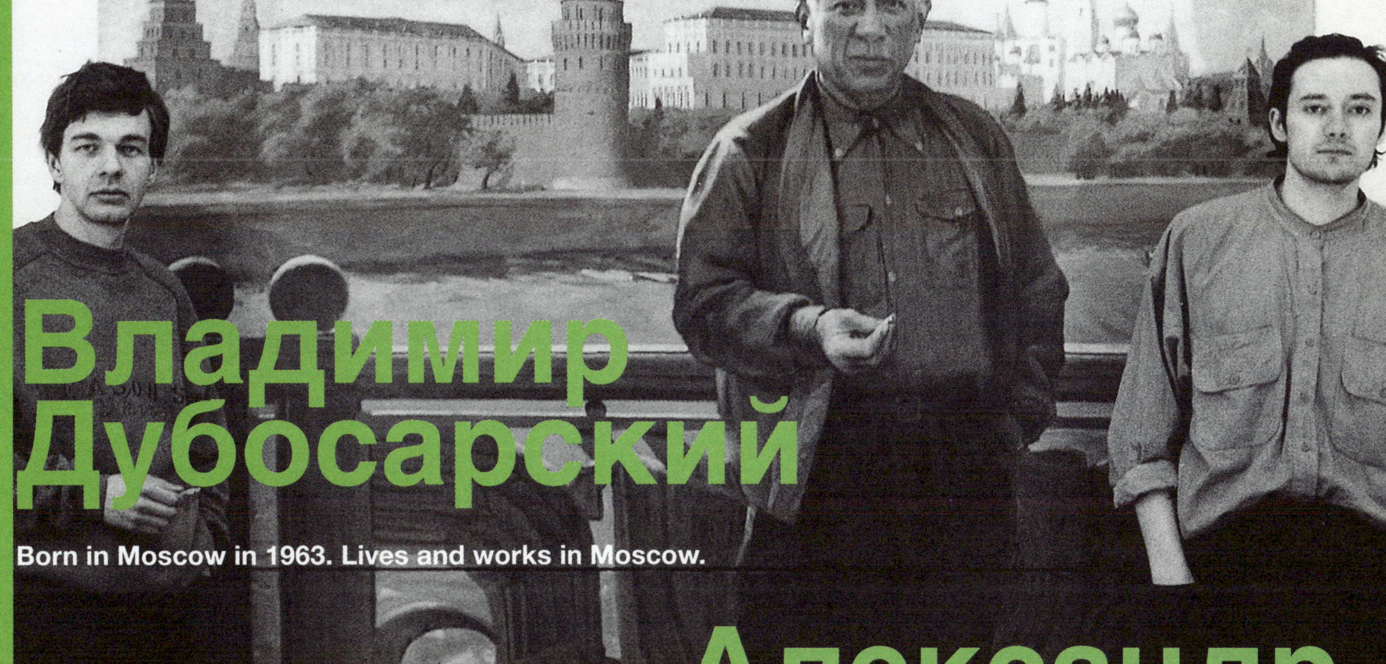

Владимир Дубосарский

Born in Moscow in 1963. Lives and works in Moscow.

Александр Виноградов

Born in Moscow in 1964. Lives and works in Moscow.

Work together since 1994.

Selected exhibitions: The Party, Marat Guelman Gallery, Moscow, 1996; Russian Madness, Valencia Biennale, Valencia, 2001; Escape, 2nd Tirana Biennale, Tirana, 2001; Moscow: Paradise 2001, Galerie Krinzinger, Salzburg, 2001.

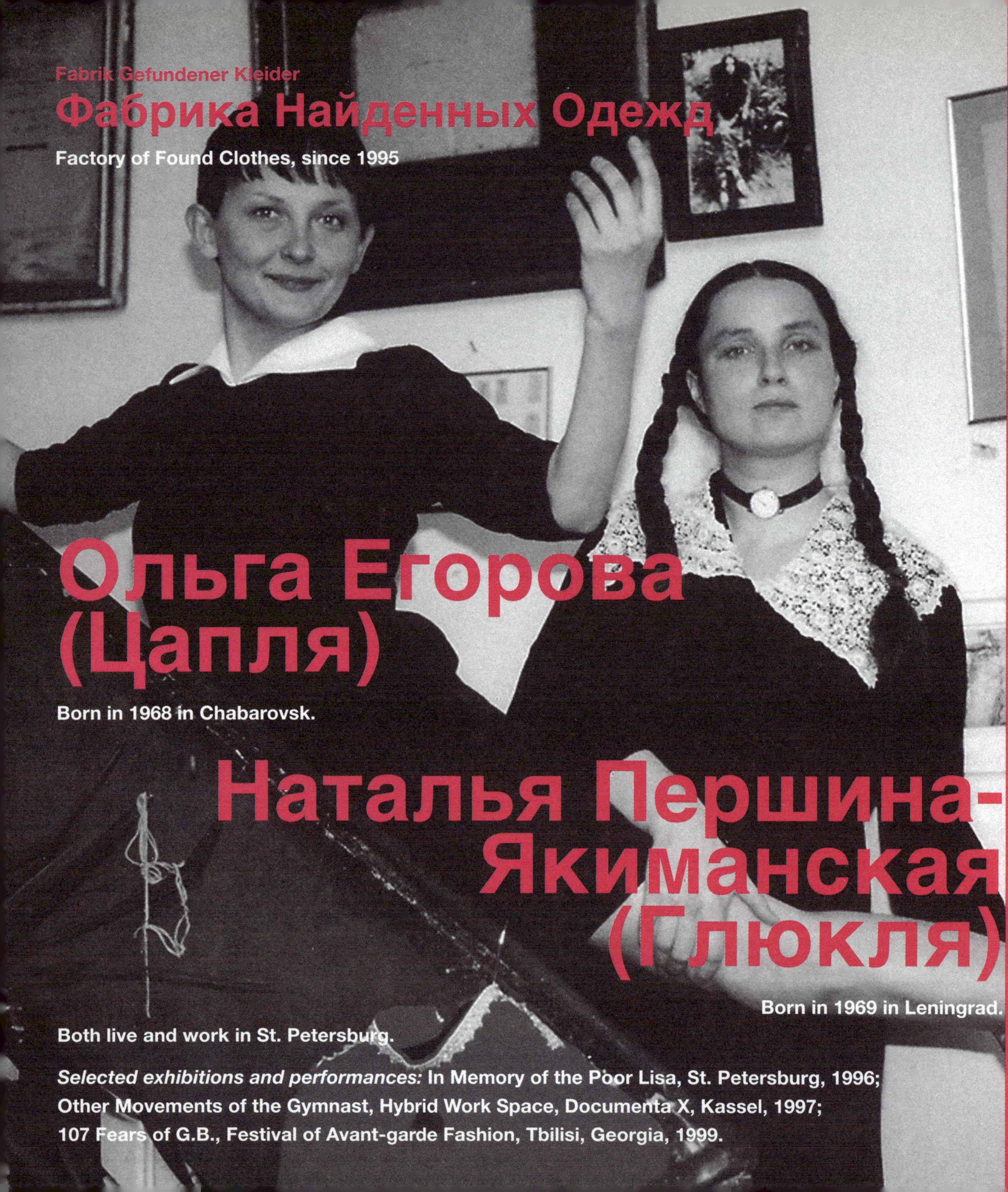

Fabrik Gefundener Kleider

Фабрика Найденных Одежд

Factory of Found Clothes, since 1995

Ольга Егорова (Цапля)

Born in 1968 in Chabarovsk.

Наталья Першина-Якиманская (Глюкля)

Born in 1969 in Leningrad.

Both live and work in St. Petersburg.

Selected exhibitions and performances: **In Memory of the Poor Lisa, St. Petersburg, 1996; Other Movements of the Gymnast, Hybrid Work Space, Documenta X, Kassel, 1997; 107 Fears of G.B., Festival of Avant-garde Fashion, Tbilisi, Georgia, 1999.**

Programme ESCAPE

Founded in 1999

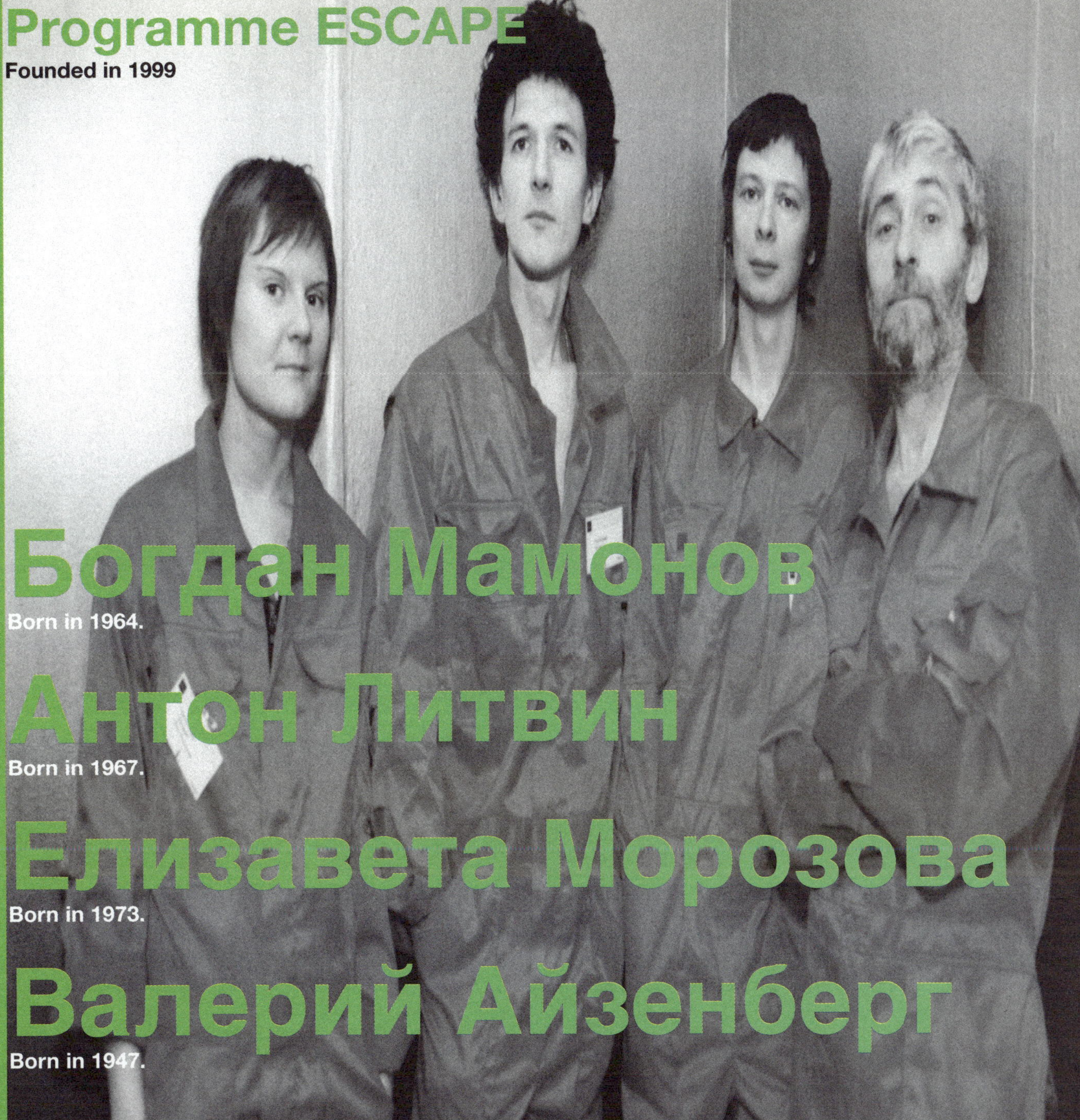

Богдан Мамонов

Born in 1964.

Антон Литвин

Born in 1967.

Елизавета Морозова

Born in 1973.

Валерий Айзенберг

Born in 1947.

All live and work in Moscow.

Selected exhibitions: The Living and the Dead, Gallery ESCAPE, Moscow, 1999; Escape Travel Agency, Small Menagerie, Moscow, 2001.

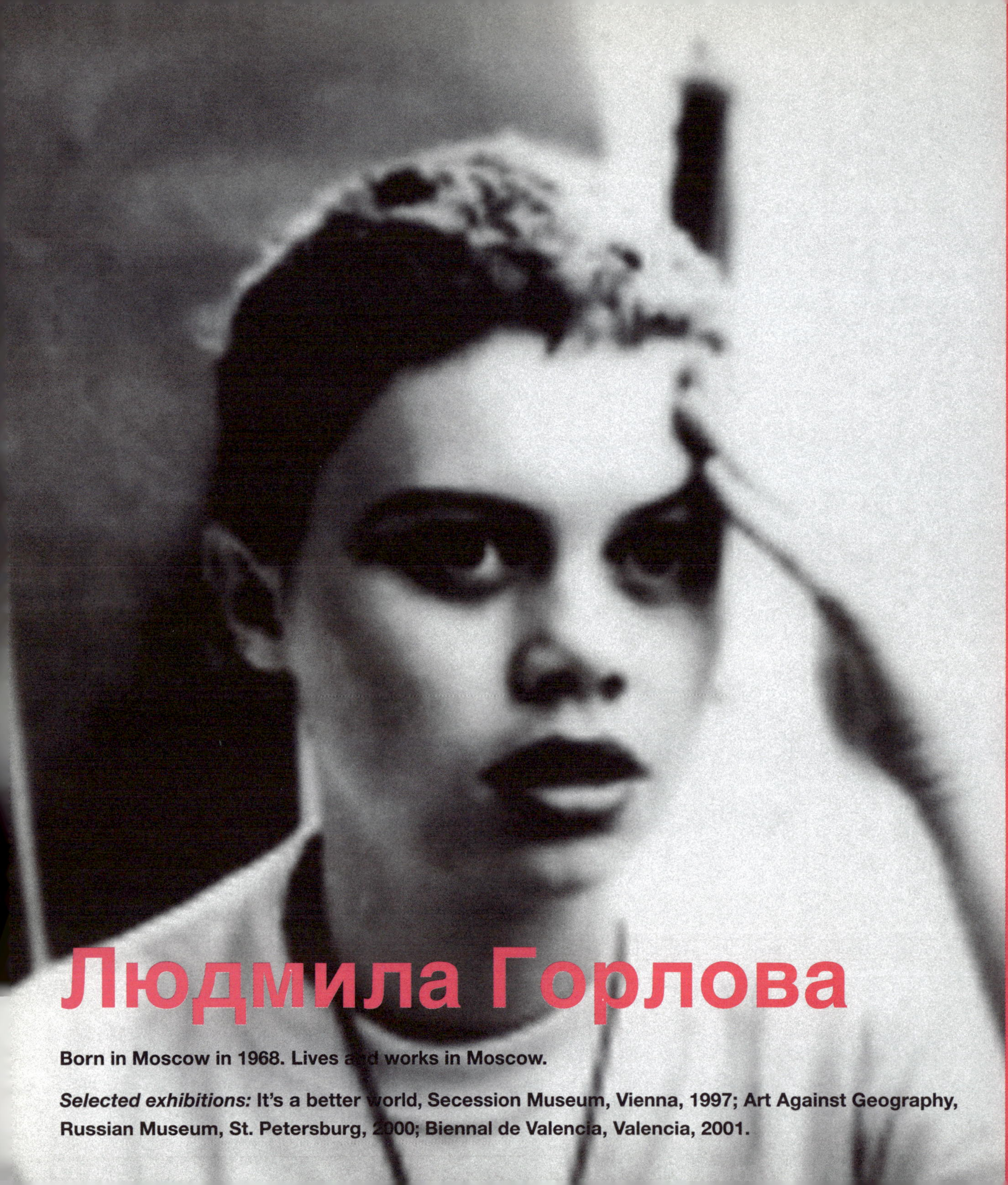

Людмила Горлова

Born in Moscow in 1968. Lives and works in Moscow.

Selected exhibitions: **It's a better world, Secession Museum, Vienna, 1997; Art Against Geography, Russian Museum, St. Petersburg, 2000; Biennal de Valencia, Valencia, 2001.**

Константин Бохоров

Born in Leningrad in 1961. Lives and works in Moscow.

Selected exhibitions: Nobody's Earth, Centre of Contemporary Art "Nikolai", Copenhagen, 1995; Mich. Liffschiz 90th Birthday, Centre of Contemporary Art, Moscow, 1995; Art historian/Artist, Central House of Artists, 2000.

Дмитрий Гутов

Born in 1960 in Moscow. Lives and works in Moscow.

Selected exhibitions: Russian Madness, 2nd Biennale Valencia, Las Atarazanas, Valencia, 2001; Kunst 2000: New Art from Moscow, St. Petersburg, Kiev, Art Association Rosenheim, 2001.

Инна Прилежаева

Born in Kamensk-Uralsk in 1977. Lives and works in Moscow.

Selected exhibitions: Who dies how (with A. Shaburov), Ekaterinburg, 1998; Award of the Festival of Cultural Heroes of the XXIst Century, Moscow, 1999.

Анатолий Осмоловский

Born in Moscow in 1969. Lives and works in Moscow.

Selected exhibitions: Leopards storm the Temple, Gallery Regina, Moscow, 1992; Aperto '93, 45. Biennale, Venice, 1993; The Russian Madness, 1st Valencia Biennale, Las Atarazanas, Valencia, 2001.

Татьяна Хенгстлер

Born in Moscow in 1962. Lives and works in Moscow.

Selected exhibitions: Where Are You from? International Studio Programme, New York, 1998; Am I Not Tasteful?, Gallery XL, Moscow, 2001; Procession in the Cloakroom, L Gallery, Moscow, 2001.

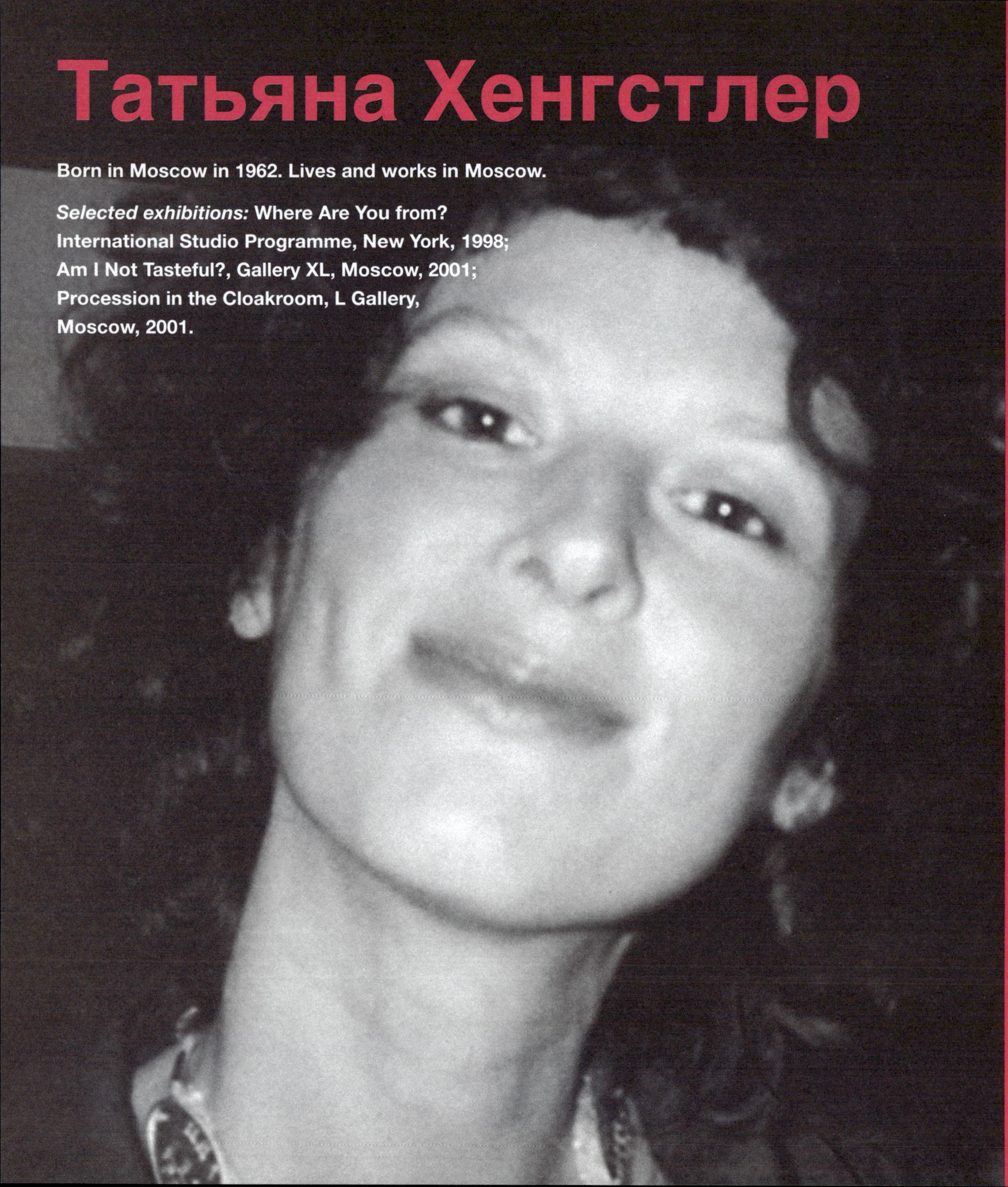

Максим Илюхин

Born in 1975 in Moscow. Lives and works in Moscow.

Selected exhibitions: The Last Generation, Spider & Mouse Gallery, Moscow, 1999; Morocco. Do not lean on this (with N. Vavilov), Project OGI, Moscow, 2000; Kasimir, K. Malevich-Festival, Moscow, 2001.

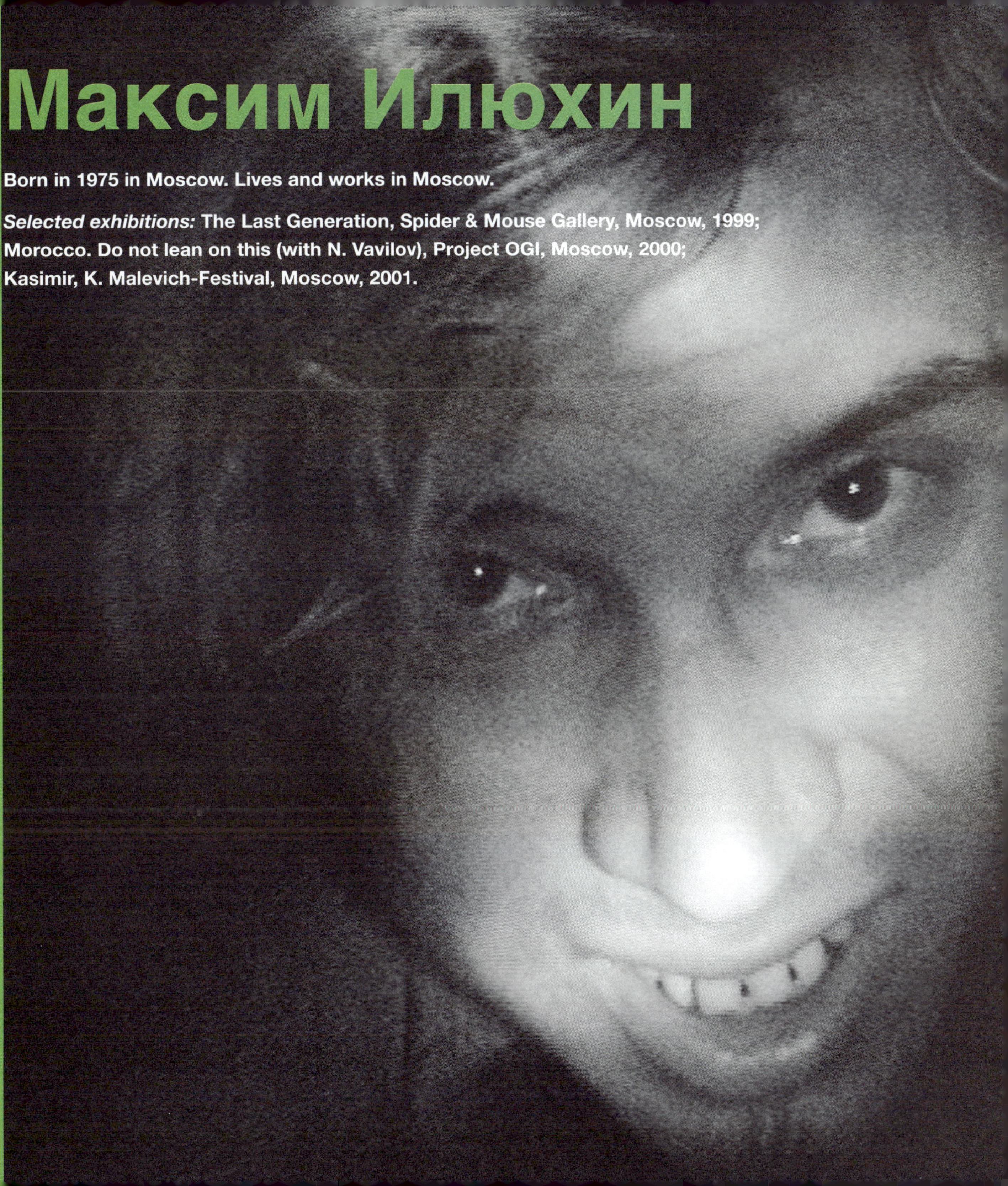

Алексей Каллима

Born in Grozny in 1969. Lives and works in Moscow.

Selected exhibitions and performances: Struggle for the tundra, Kola Peninsula, 1998; The Chechens, Action, Art Moscow, Moscow, 2000 ; Personal / Impersonal, Baumanskaja 13, Moscow, 2001.

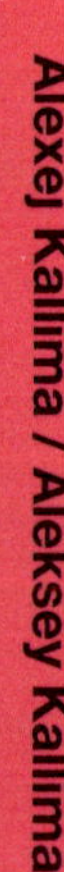

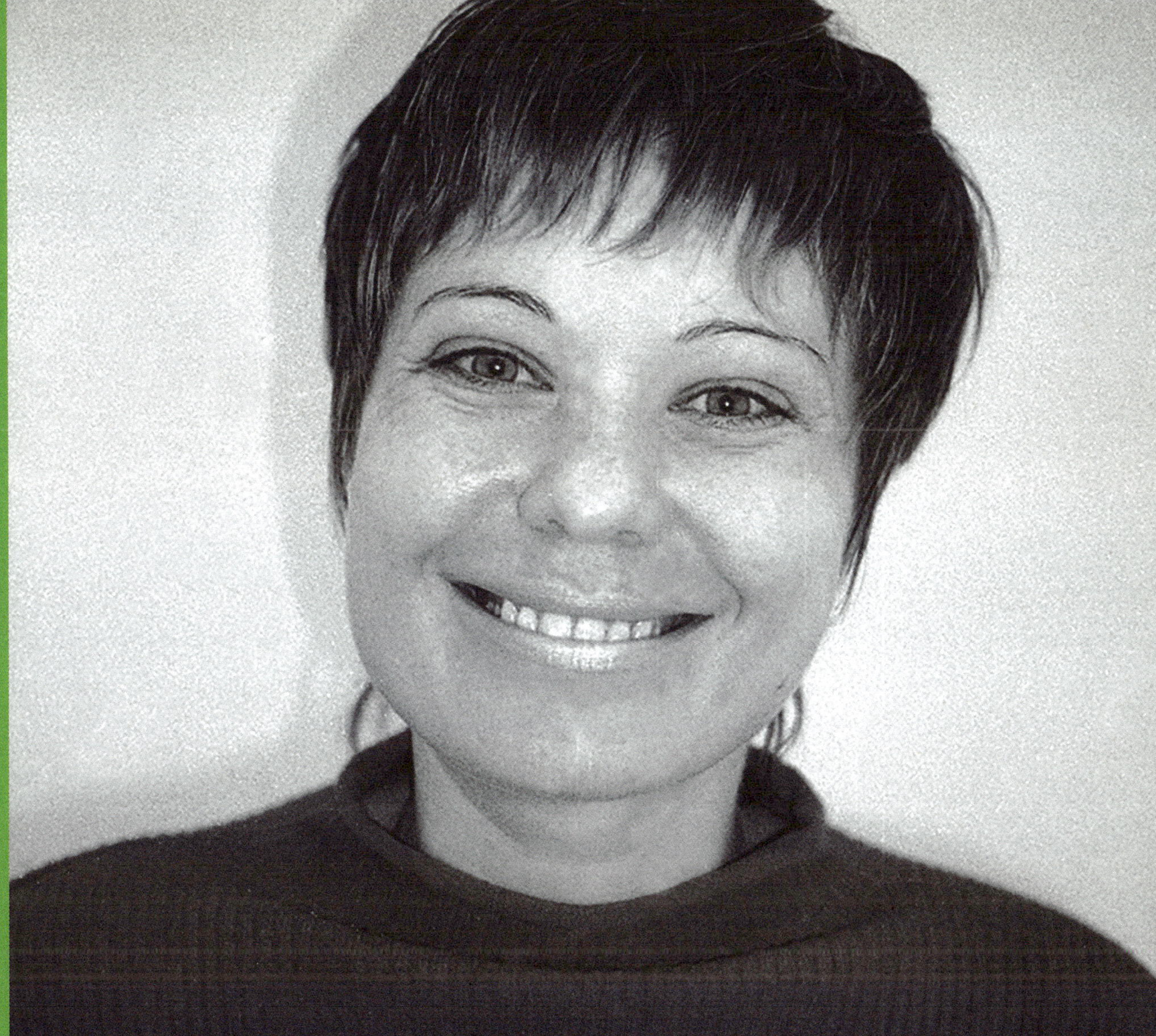

Екатерина Кандыба

Born in Vladivostok in 1968. Lives and works in Vladivostok.

Selected exhibitions: The Hole, Art Moscow, Moscow, 2000; Russian Nirvana, Gallery of Contemporary Art Arka, Vladivostok, 2001.

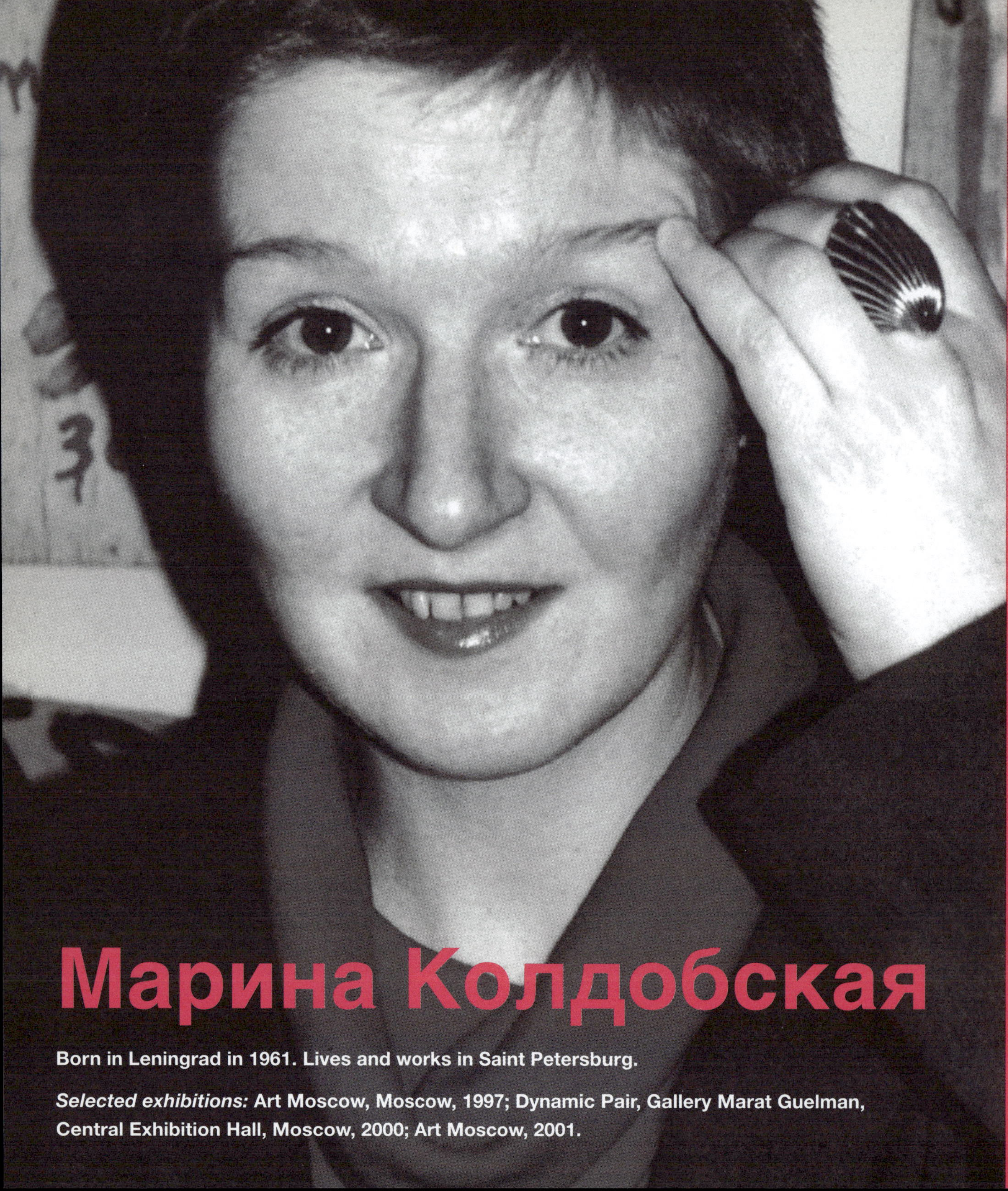

Марина Колдобская

Born in Leningrad in 1961. Lives and works in Saint Petersburg.

Selected exhibitions: **Art Moscow, Moscow, 1997; Dynamic Pair, Gallery Marat Guelman, Central Exhibition Hall, Moscow, 2000; Art Moscow, 2001.**

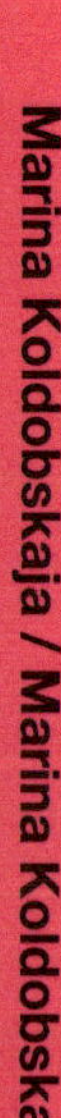

Валерий Кошляков

Born in Salsk in 1962. Lives and works in Moscow and Berlin.

Selected exhibitions: **Polyhymnia, Stuttgart, 1996; The South Russian Wave, Russian Museum, St. Petersburg, 2000.**

Елена Ковылина

Born in 1971 in Moscow. Lives and works in Moscow and Berlin.

Selected exhibitions and performances: Save my soul!; Parts 1 and 2, International Forum of Contemporary Art, at sea, Sotchi, 1999; Heroines from the East, Solo exhibition WMS, Marat Guelman Gallery, Moscow, 2000; Extreme right left Performance, HdK Berlin, 2001.

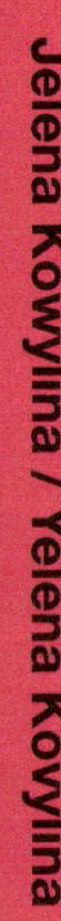

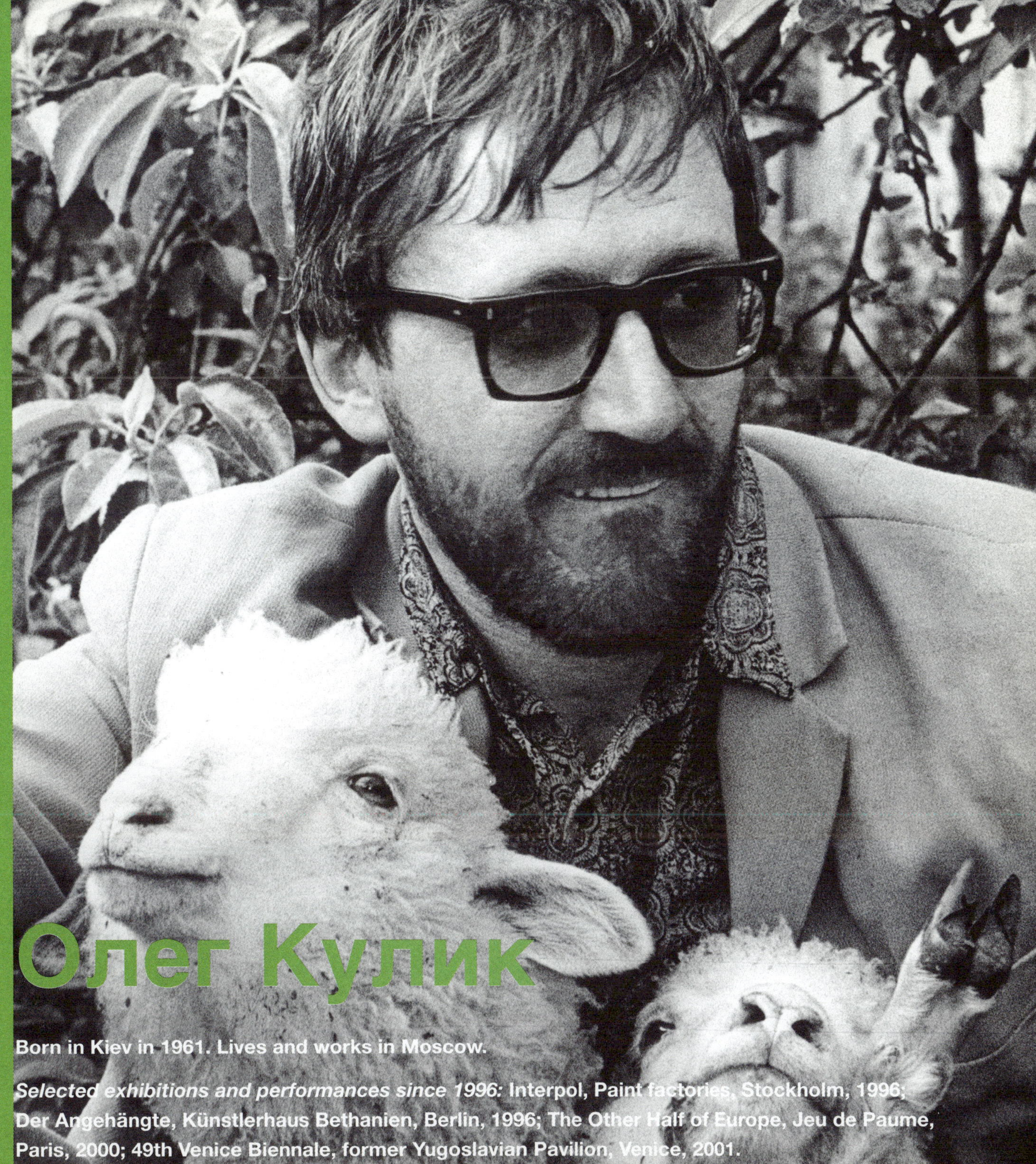

Олег Кулик

Born in Kiev in 1961. Lives and works in Moscow.

Selected exhibitions and performances since 1996: Interpol, Paint factories, Stockholm, 1996; Der Angehängte, Künstlerhaus Bethanien, Berlin, 1996; The Other Half of Europe, Jeu de Paume, Paris, 2000; 49th Venice Biennale, former Yugoslavian Pavilion, Venice, 2001.

Вячеслав Мизин

Born in Novosibirsk in 1962. Works and lives in Novosibirsk.

Selected exhibitions:
Fate, Marat Guelman Gallery, Moscow, 1999;
Art Moscow, Moscow, 2001;
1st International Biennale, Valencia, 2001;
No Sex, No Drugs, No R&R, Novosibirsk, 2001.

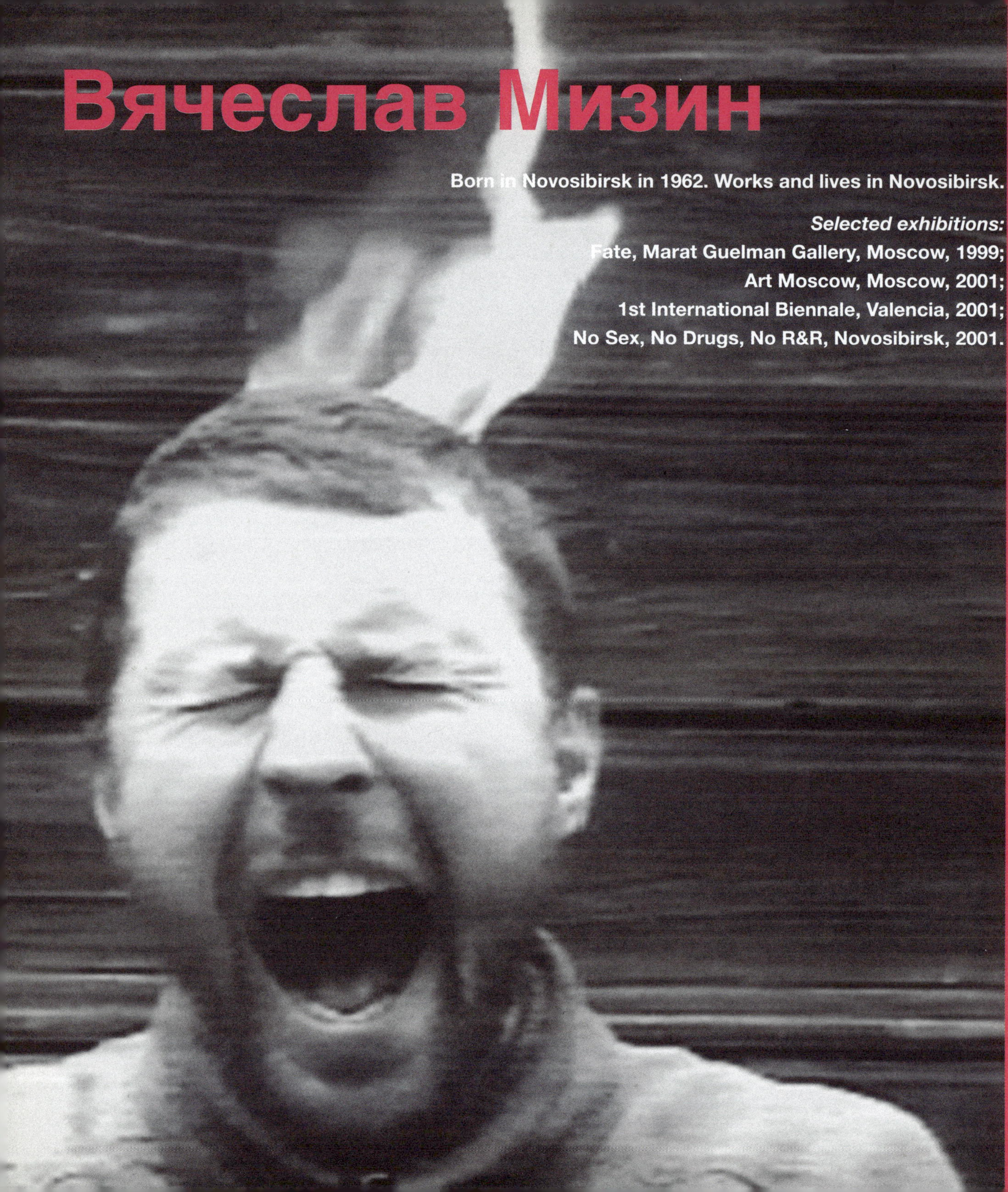

Игорь Мухин

Born in Moscow in 1961. Lives and works in Moscow.

Selected exhibitions: Moscow Today, Photo Biennale '96, Moscow; Moscow: Paradise 2001, Galerie Krinzinger, Salzburg, 2001; Moscow's Lights, State Museum of Art, Moscow, 2001.

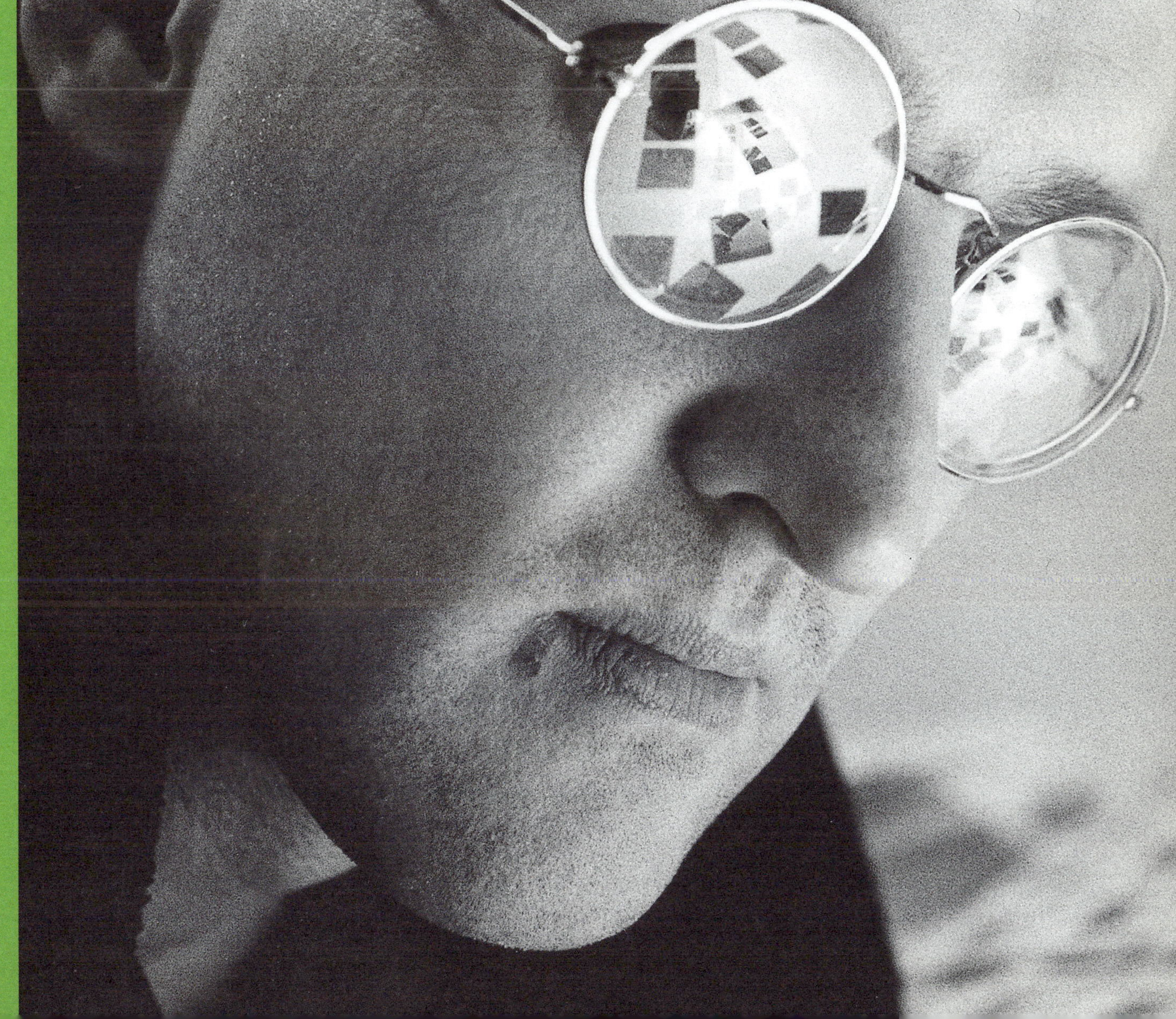

Галина Мызникова

Born in Nizhny Novgorod in 1968.

Сергей Проворов

Born in Nizhny Novgorod in 1970.
Both live and work in Nizhny Novgorod.

Selected film festivals:
Festival Transmediale 2000, Berlin, 2000;
Festival New Cinema, Montreal, 2000.

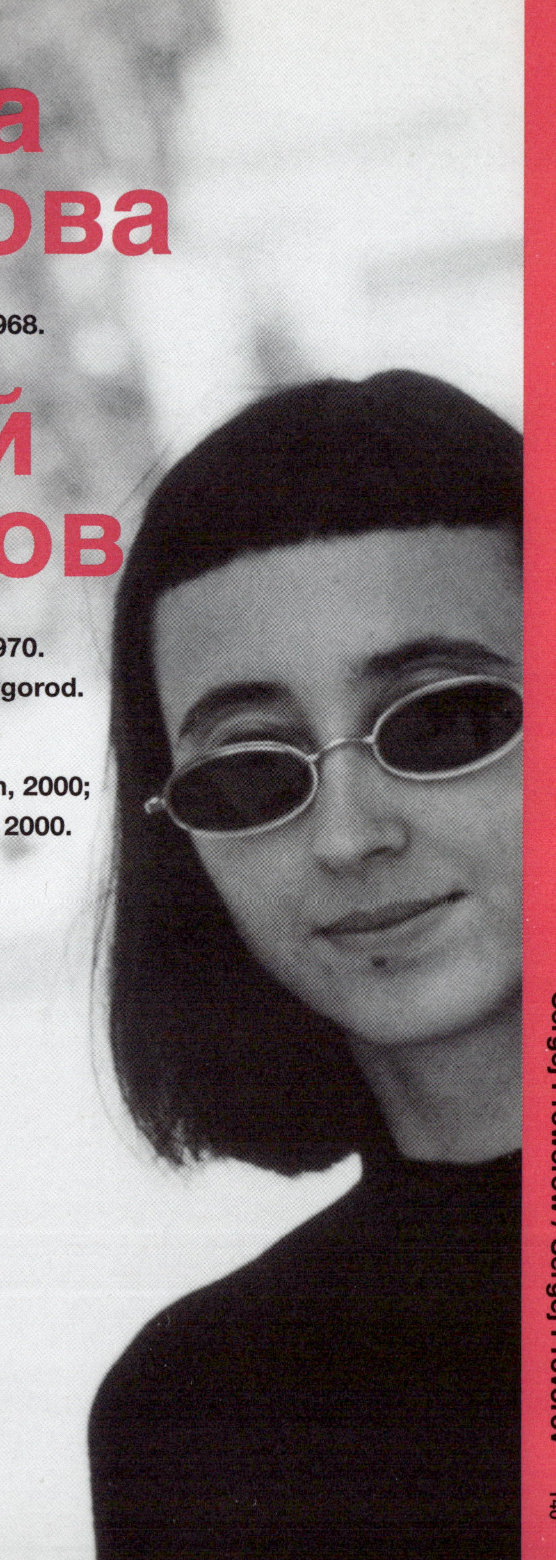

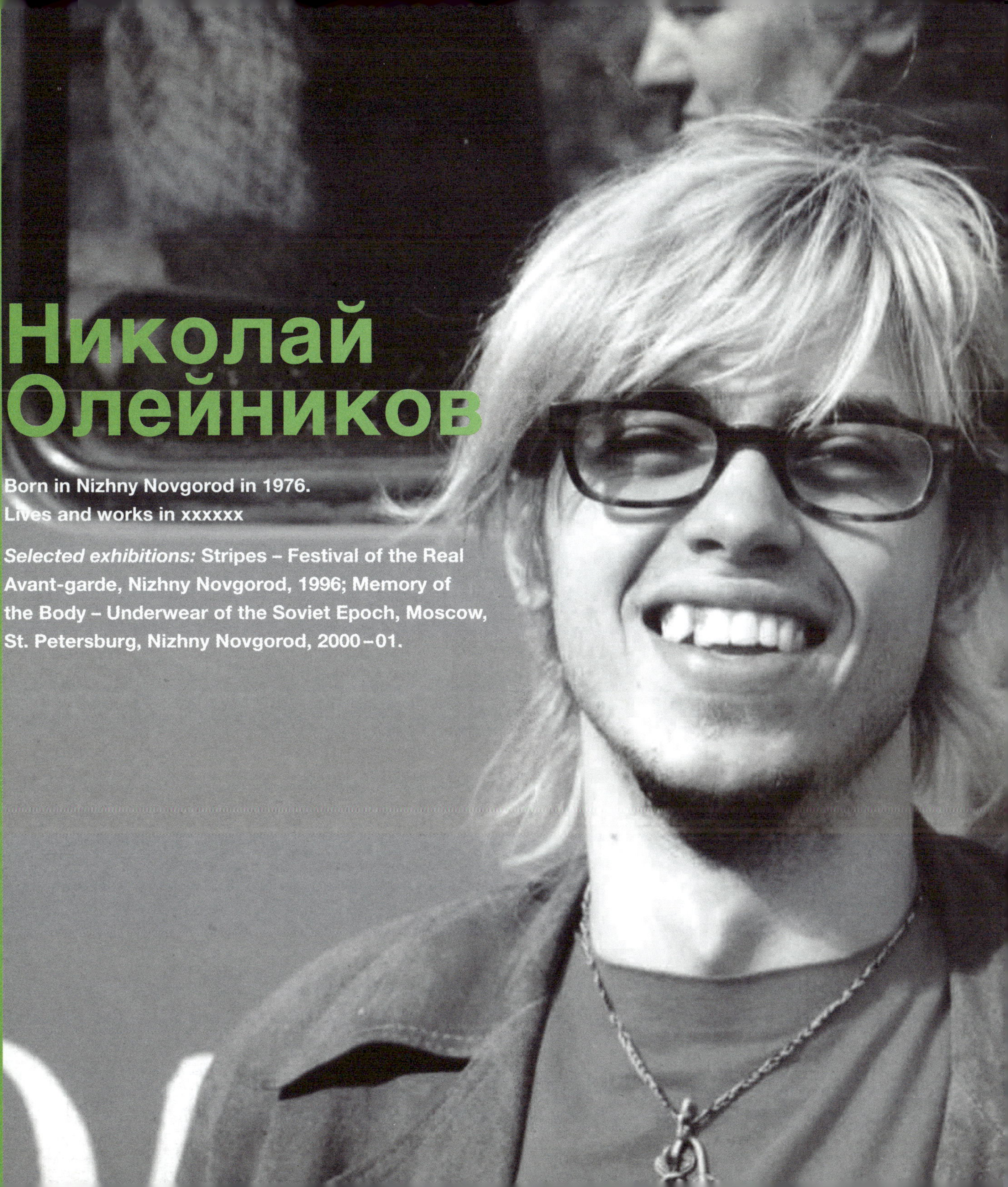

Николай Олейников

Born in Nizhny Novgorod in 1976.
Lives and works in xxxxxx

Selected exhibitions: Stripes – Festival of the Real Avant-garde, Nizhny Novgorod, 1996; Memory of the Body – Underwear of the Soviet Epoch, Moscow, St. Petersburg, Nizhny Novgorod, 2000–01.

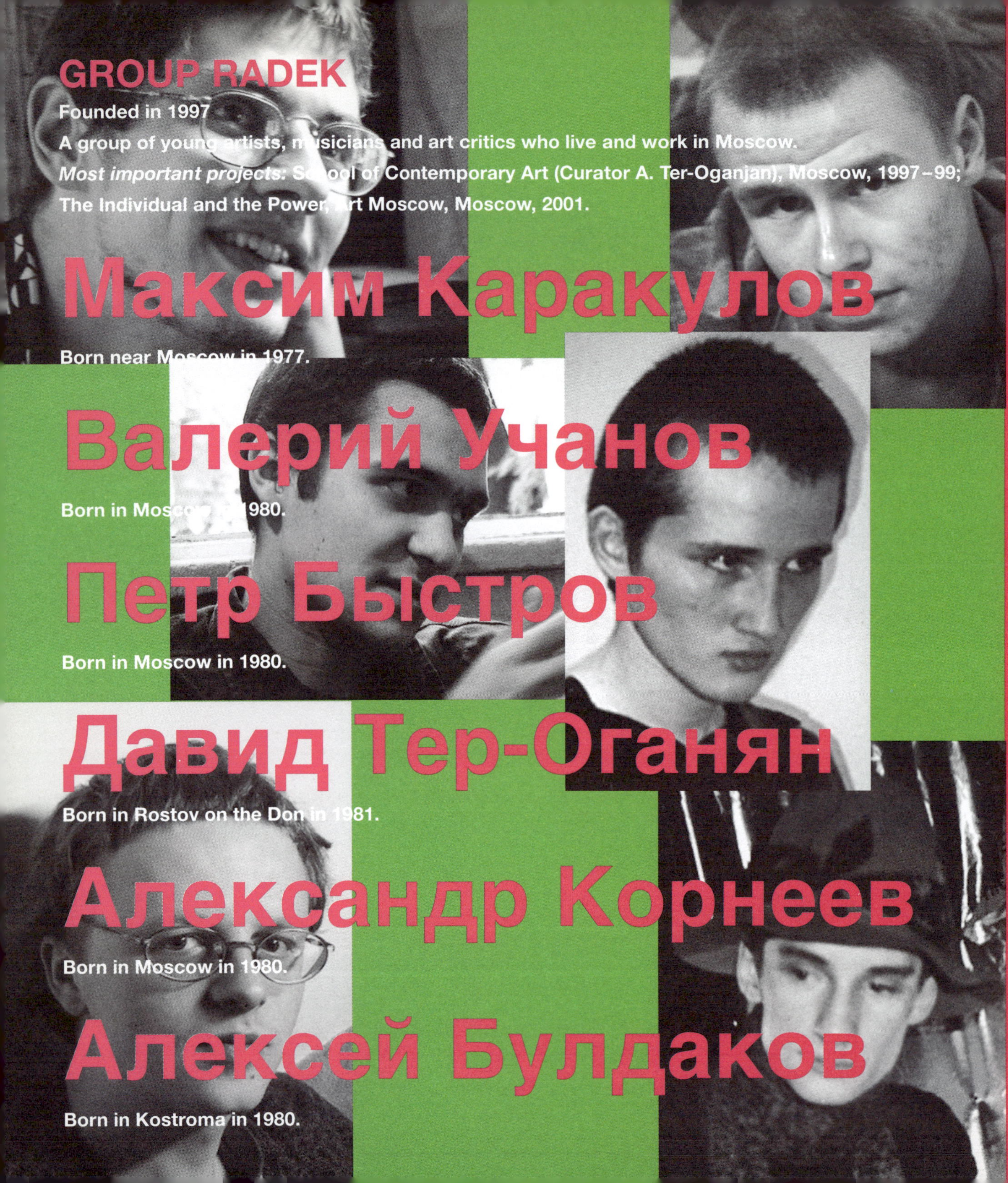

GROUP RADEK

Founded in 1997

A group of young artists, musicians and art critics who live and work in Moscow.

Most important projects: School of Contemporary Art (Curator A. Ter-Oganjan), Moscow, 1997–99; The Individual and the Power, Art Moscow, Moscow, 2001.

Максим Каракулов

Born near Moscow in 1977.

Валерий Учанов

Born in Moscow in 1980.

Петр Быстров

Born in Moscow in 1980.

Давид Тер-Оганян

Born in Rostov on the Don in 1981.

Александр Корнеев

Born in Moscow in 1980.

Алексей Булдаков

Born in Kostroma in 1980.

Керим Рагимов

Born in Leningrad in 1970.
Lives and works in St. Petersburg.

Selected exhibitions:
Project Auto-Portrait (with D. Shorin), St. Petersburg, 1997; Tirana Biennale of Contemporary Art, Tirana, 2001.

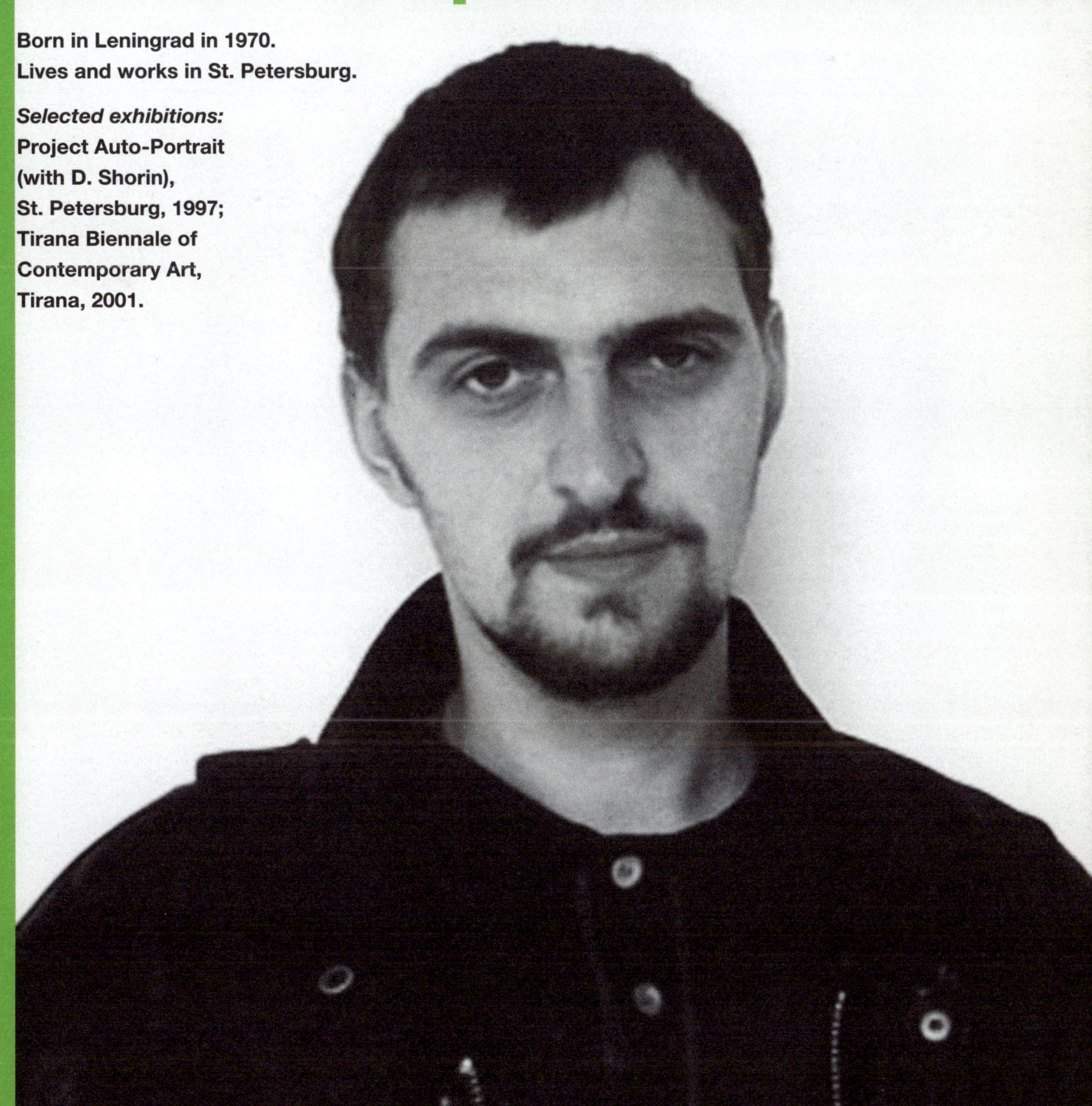

Александр Шабуров

Born in Berezovsk in 1965.
Lives and works in Moscow, Ekaterinburg and in Kiev.

Selected exhibitions: PostWDNCh (with D. Bulnygin, A. Golisdrin, O. Jelov, W. Misin), 1997; Dentistry and prosthetics, 1998; The Russian Buddha, 2000.

Сергей Шеховцов

Born in Krasnodar in 1969. Lives and works in Moscow.

Selected exhibitions: **Young Art, Kuznecky Most, Moscow, 1997; Art exhibition, Central House of Artists, Moscow, 1998; Abramzevo 2000, Abramzevo Museum, 2000.**

Арсений Сергеев

Born in Sverdlovsk in 1966. Lives and works in Ekaterinburg.

Selected exhibitions and videos: Black Hand, Video performance, Festival Izhevsk Territory, Izhevsk, 2000; Eye fixer, Festival of Super Short Films, Novosibirsk, 2001.

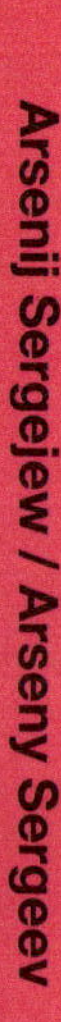

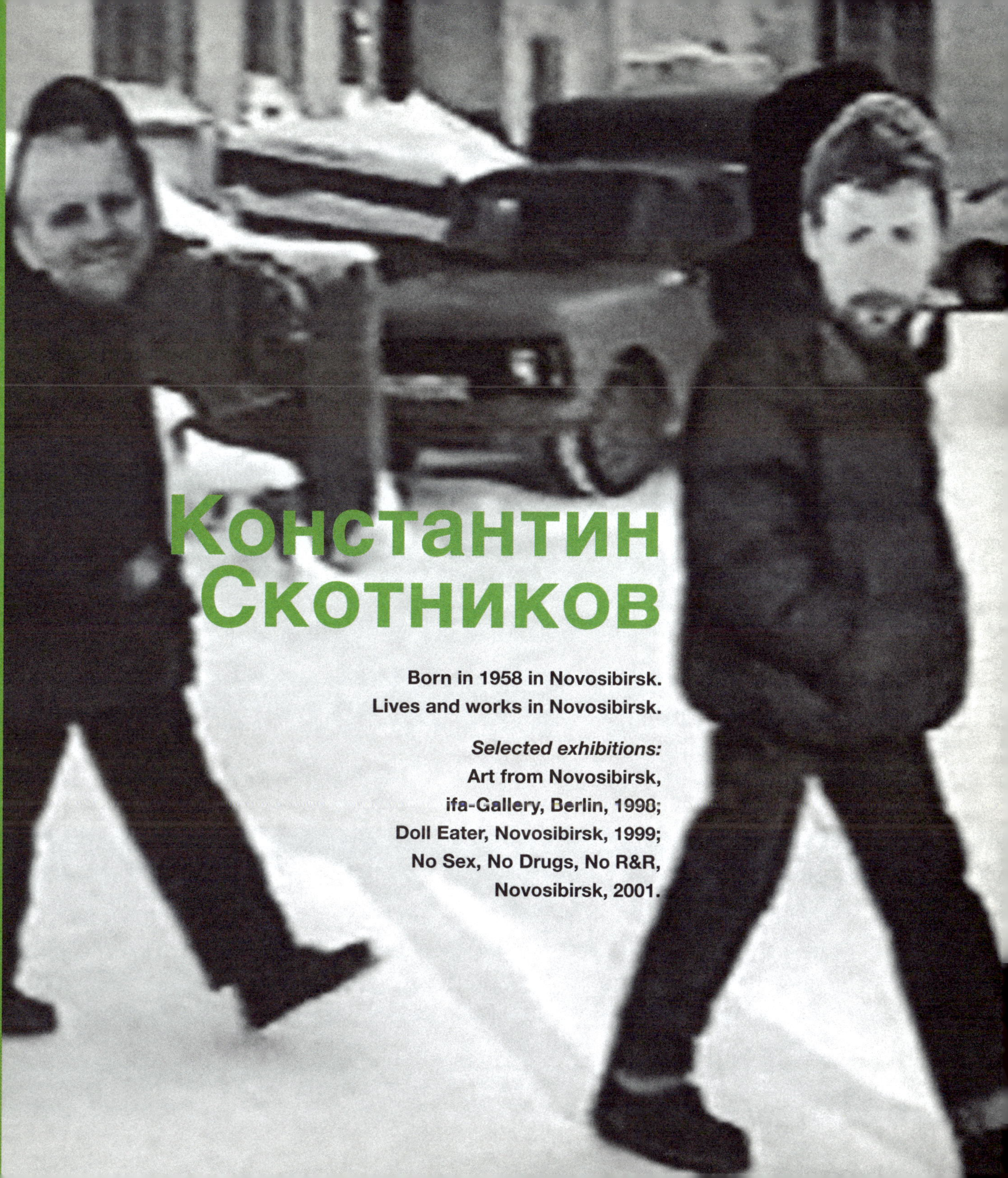

Константин Скотников

Born in 1958 in Novosibirsk.
Lives and works in Novosibirsk.

Selected exhibitions:
Art from Novosibirsk,
ifa-Gallery, Berlin, 1998;
Doll Eater, Novosibirsk, 1999;
No Sex, No Drugs, No R&R,
Novosibirsk, 2001.

Анна Тимофеева

Born in 1970 in Leningrad. Lives and works in St. Petersburg.

Selected exhibitions: No matter where, Frankfurt am Main, 1999; Everything we wanted. Young Petersburg Photography, Navicula Artis Gallery, St. Petersburg, 2000; 1. Tirana Biennale of Contemporary Art, 2001.

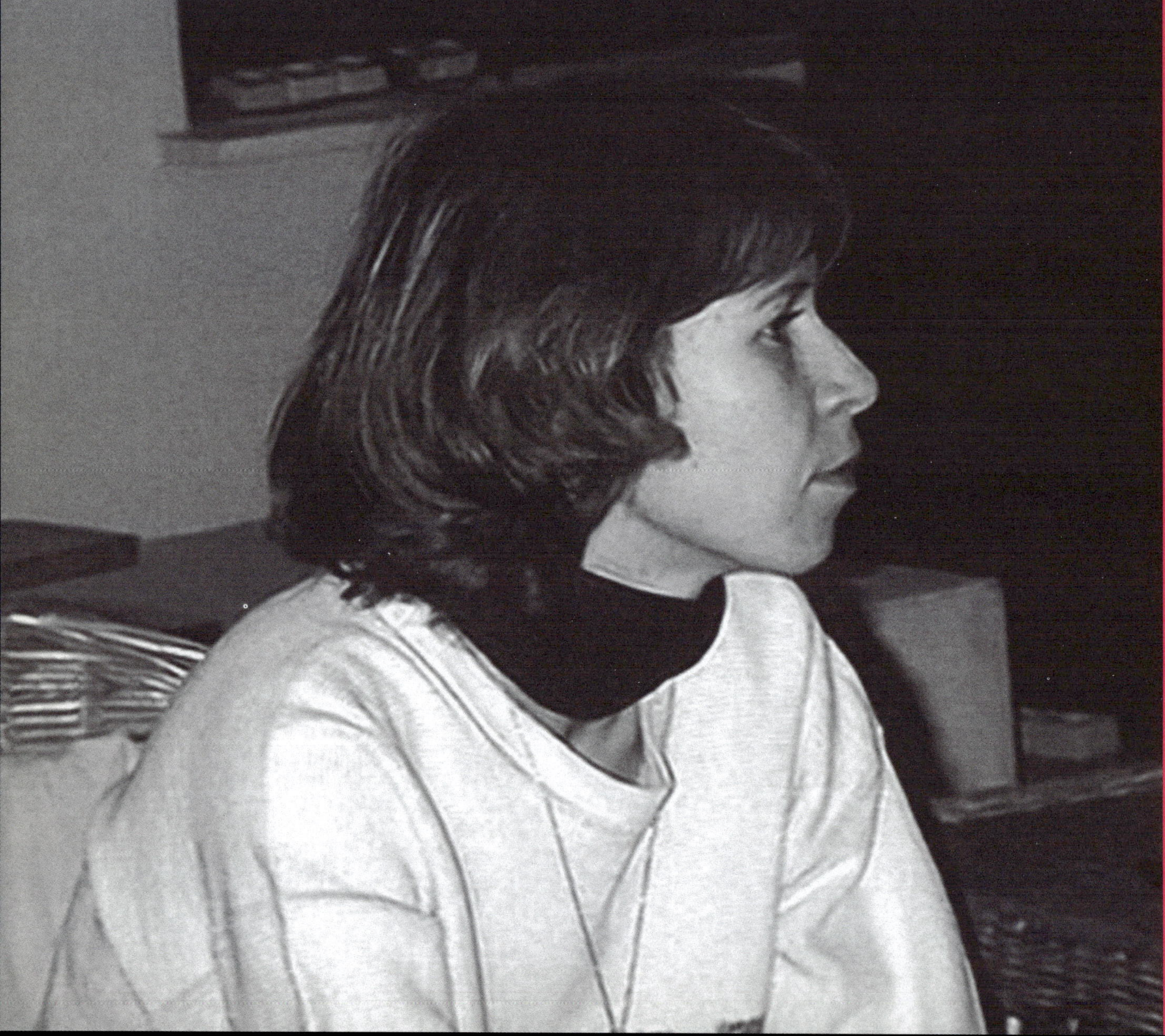

Евгений Уманский

Born in Nizhni Tagil in 1961. Lives and works in Kaliningrad.

Selected exhibitions:

1. International Graphics Biennale, Pisa, 1999; Prussian Blue, Cultural Land Brandenburg, Potsdam, 2001; Life is a trap (with J. Zvetajeva), Stockholm, 2001.

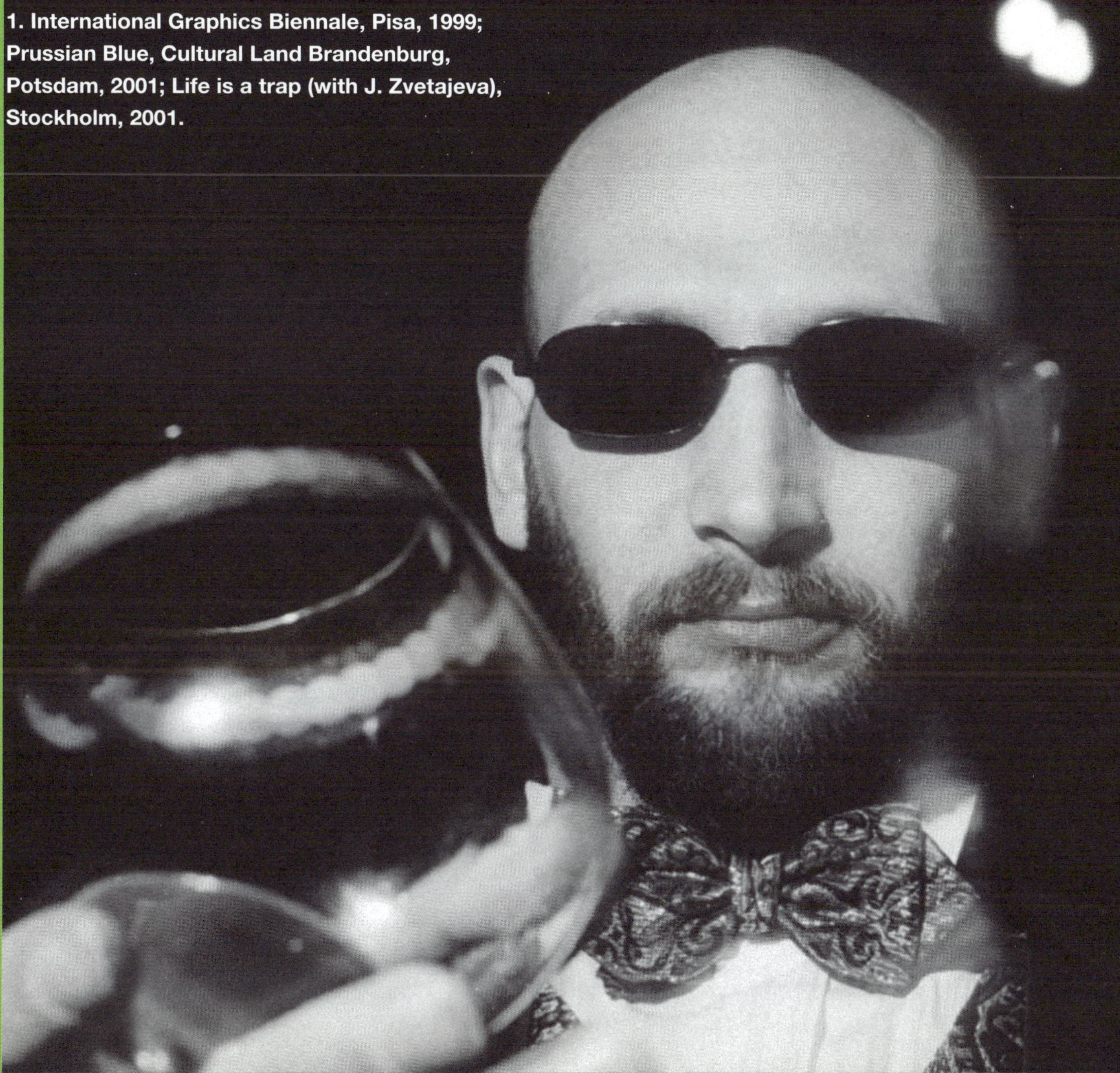

Юрий Василев

Born in Kingisepp in 1950. Lives and works in Kalininingrad

Selected exhibitions: **Three K (with A. Klemeniovas in Lithuania and B. Salto in Sweden), International Art Festival of the Baltic States, Kaliningrad Art Gallery, 1994–96; solo exhibition, Kaliningrad Art Gallery, 1998.**

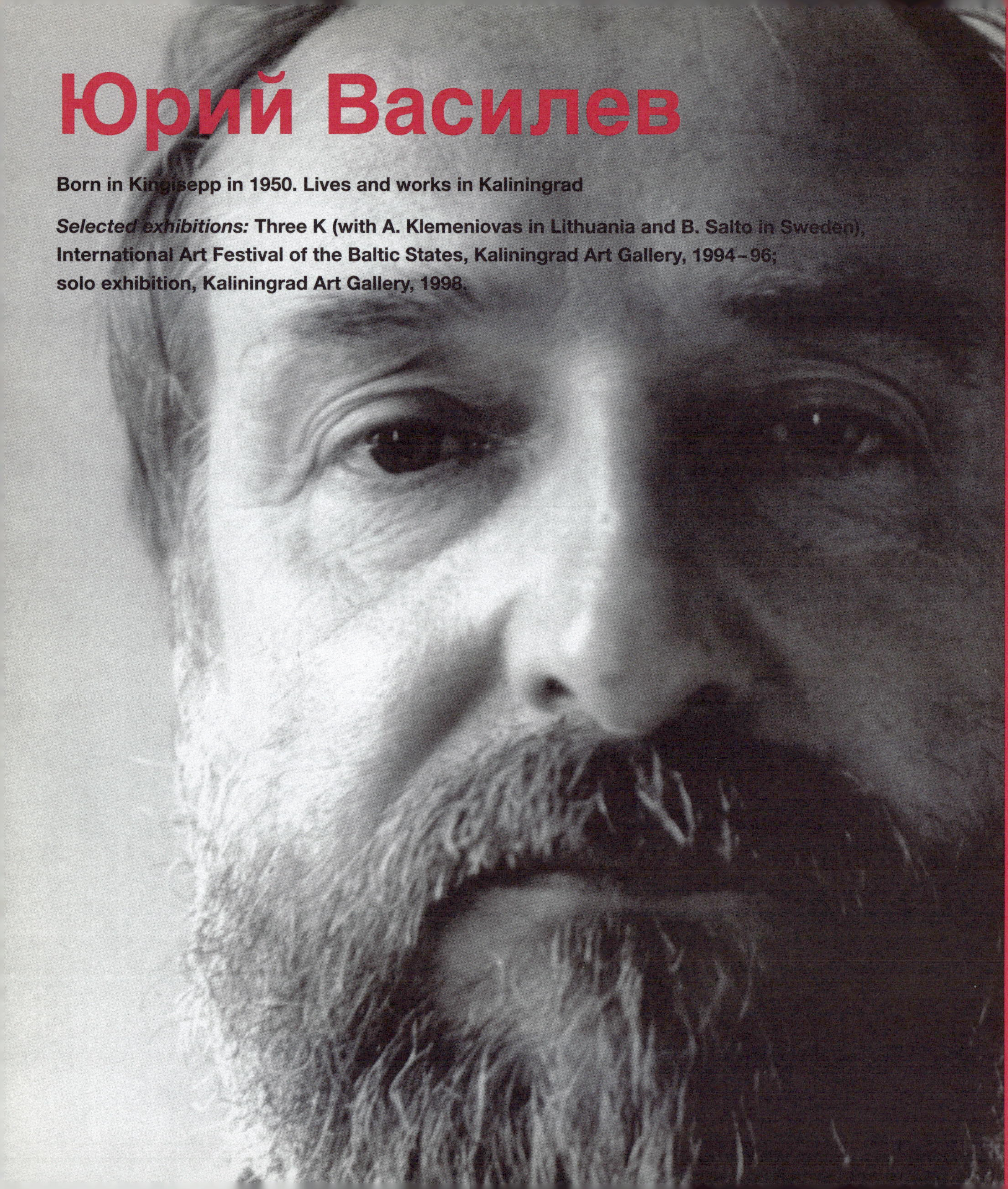

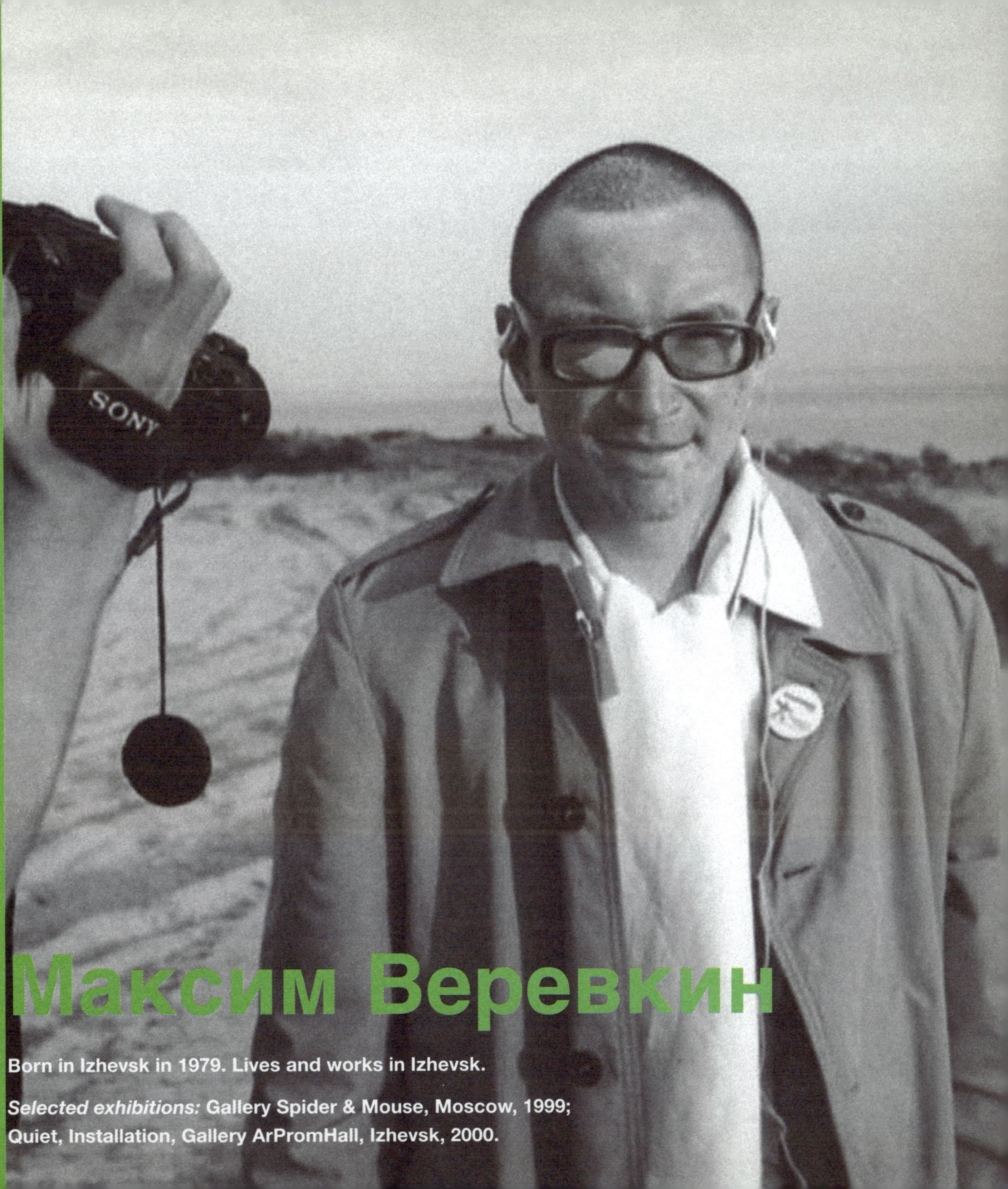

Максим Веревкин

Born in Izhevsk in 1979. Lives and works in Izhevsk.

Selected exhibitions: Gallery Spider & Mouse, Moscow, 1999; Quiet, Installation, Gallery ArPromHall, Izhevsk, 2000.

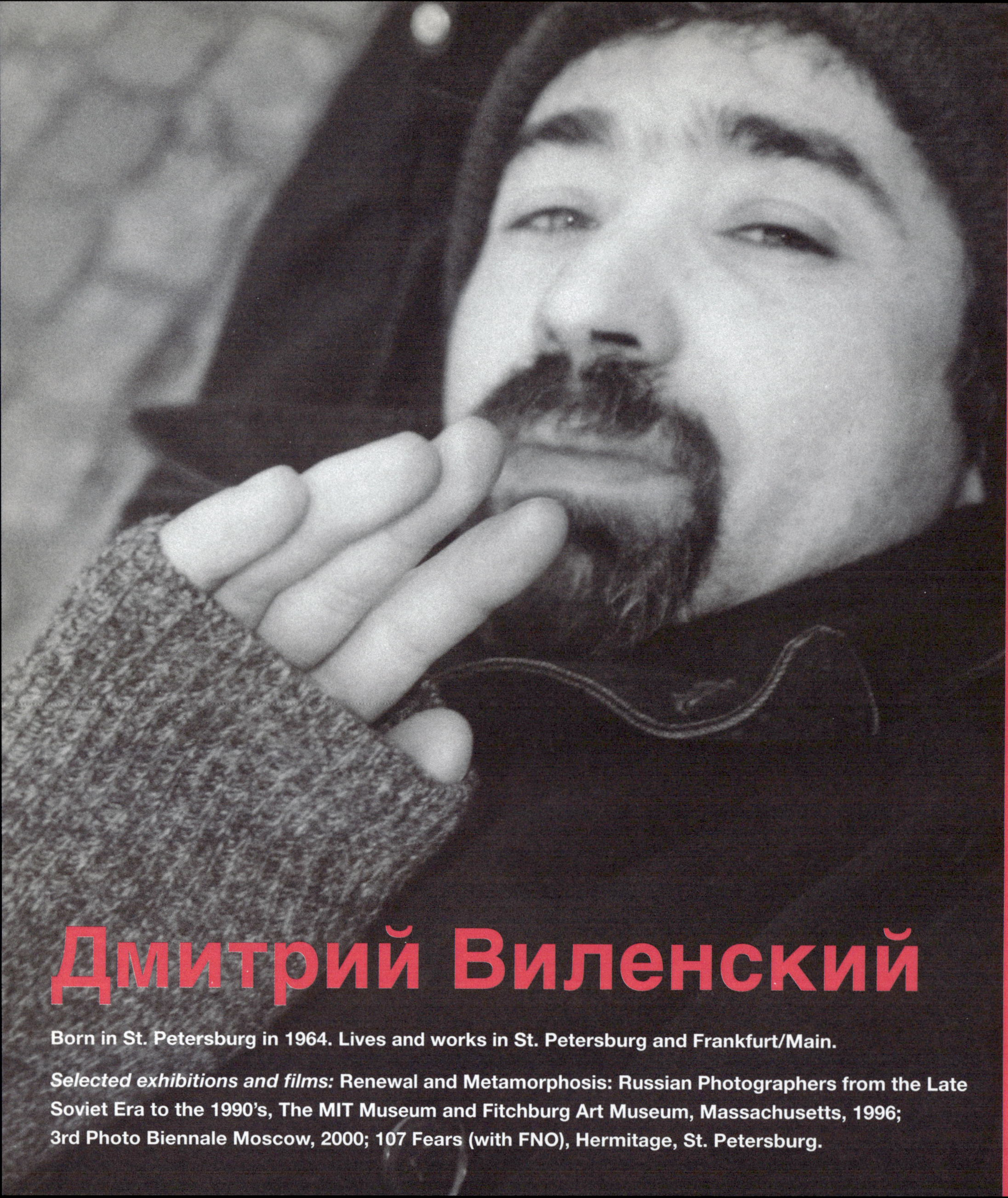

Дмитрий Виленский

Born in St. Petersburg in 1964. Lives and works in St. Petersburg and Frankfurt/Main.

Selected exhibitions and films: Renewal and Metamorphosis: Russian Photographers from the Late Soviet Era to the 1990's, The MIT Museum and Fitchburg Art Museum, Massachusetts, 1996; 3rd Photo Biennale Moscow, 2000; 107 Fears (with FNO), Hermitage, St. Petersburg.

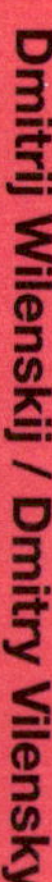

ANNA MATVEEVA, St. Petersburg
Born in 1975 in Leningrad. Lives and works in St. Petersburg
Journalist, Art critic. Studied Philosophy and art history at the University in Leningrad.

KONSTANTIN BOKHOROV, Moscow
Born in Moscow in 1961. Lives and works in Moscow. Curator, director of the "Art Projects Foundation". Studied at the Leningrad Repin-Institute for Fine Arts.

YELENA TSVETAEVA, Kaliningrad
Artist, Director of the Centre for contemporary art in Kaliningrad. Born in Kaliningrad in 1965. Lives and works in Kaliningrad. Studied at the Pedagogical Institute in Leningrad and the University of Economics in Moscow

VIACHESLAV KURITSYN, Moscow, Sverdlovsk
Writer, Journalist. Born in Novosibirsk in 1965. Lives and works in Moscow. Studied journalism at the University in Sverdlovsk.

NAILIA ALLAKHVERDIEVA, Ekaterinburg / Izhevsk / Vladivostok
Art critic, director of the Centre of Contemporary Art in Ekaterinburg. Born in Sverdlovsk / Ekaterinburg in 1972. Studied art history at the Ural-University in Sverdlovsk.

LIUDMILA IVASHINA, Novosibirsk
Cultural manager. Born in Novosibirsk in1952. Studied at the Foreign Languages Institute of the Pedagogic College Novosibirsk.

LIUBOV SAPRYKINA, Nizhny Novgorod
Journalist, art critic. Born in Nizhny Novgorod in 1957. Studied at the Leningrad Repin-Institute of Fine Arts.

Die Blauen Nasen (Dmitrij Bulnygin, Wjatscheslaw Misin, Konstantin Skotnikow)
Kino NOWOSIBIRSK, 1998–2001, Video, 57 min.
Zeitgenössische sibirische Künstler, 2001, 27-teilige Fotoserie, je 65 x 100 cm

Dmitrij Bulatow
Open Dialogue, 2002, Installation

Oleg Chwostow
Selbstportraits, 1998-2001, Poliptychon, Tempera auf Karton, je 25 x 25 cm

Alexander Winogradow, Wladimir Dubossarskij
Weihnachten. Ein Bild für die Armee, 1995, Öl auf Leinwand, 320 x 400 cm
Big Paradise, 1994, Öl auf Leinwand, 300 x 400 cm, Courtesy Privatsammlung Michael Karminsky, Offenbach

Fabrika Najdennych Odeschd (F.N.O.) / Fabrik Gefundener Kleider
Olga „Zaplja" Jegorowa, Natalja „Gljuklja" Perschina-Jakimanskaja
Vera, 2001, Installation
Liebe und Krieg, 1998, Installation

Escape (Bogdan Mamonow, Anton Litwin, Jelisaweta Morosowa, Valerij Ajsenberg)
Reisebüro Escape, 2002, Installation

Ljudmila Gorlowa
Happy End, 1999, Video

Anatolij Osmolowskij, Dmitrij Gutow, Inna Prilischajewa, Konstantin Bochorow
Revolutionsoper, 2001, Installation

Tatjana Hengstler
Buried Treasures, 2001, 4-teilige Fotoserie, Farbfotos auf Aluminium, doppelseitig mit Chromason überzogen
Blaue Serie, Teil 1: 23 x 110 cm, Teil 2: 23 x 89,5 cm
Schwarze Serie, Teil 1: 23 x 128,5 cm, Teil 2: 23 x 89,5 cm

Maxim Iljuchin
Tunnel, 2000, Video

Alexej Kallima
Scratch, 2001, Installation

Jekaterina Kandyba
Katja Kandyba erzählt Märchen, 2001, Fotoserie aus 20 Farbfotos, je 21 x 15 cm

Marina Koldobskaja
Paradiesgarten, 1998, Tempera auf Karton, 253 x 144 cm
Oh Tannenbaum, 1999, Tempera auf Karton, 193 x 72 cm
In God We Trust, 1998/2001, Klebeband auf Wand, 140 x 200 cm

Walerij Koschljakow
Eikonos. Orte der persönlichen Errettung, 2002, Installation

Jelena Kowylina
Walzer, 2001, Performancevideo

Oleg Kulik
Dead Monkeys, 1998, 12 s/w Fotos auf Aluminium, je 125 x 100cm

Igor Muchin
Nischnij Nowgorod. Sommer, 2001, Fotoserie aus 21 Fotos, ein Stück 100 x 150 cm, vier Stück 60 x 90 cm, zehn Stück 30 x 40 cm

Galina Mysnikowa, Sergej Proworow
Davaj! Davaj! Ein Zuruf, der den Wettkampf anfeuert, 2001, Videoinstallation

Nikolaj Olejnikow
Wings of Love, 2001, Plotterdruck auf Stoff (Banner), 91 x 410 cm

Radek (Alexej Buldakow, Alexander Kornejew, Walerij Utschanow, Pjotr Bystrow, Maxim Karakulow, David Ter-Oganjan)
Well, it's ... ACCORD!, 2001, Installation

Kerim Ragimow
Roadoff, 2001, Installation
Roadoff/Mercedes, 2001, Öl auf Leinwand, 200 x 150 cm
Roadoff/Destroyed Label, 2001, sechs Farbfotos, je 70 x 100 cm
Lumumba, 1994, Öl auf Leinwand, 100 x 120 cm
Brigade, 1994, Öl auf Leinwand, 155 x 126 cm
Veteranen, 2000, Öl auf Leinwand, 170 x 121 cm

Alexander Schaburow
Der russische Superman Iwan Frosch. Ein Wandermuseum, 1996–2001/02, Installation

Sergej Schechowzow
Sachen, 2001, Bildserie bestehend aus acht Arbeiten unterschiedlicher Größe, Schaumstoff, Spray
Das Fernsehgerät, 2001, 100 x 90 cm
Der Fußball, 2001, 175 x 150 cm

Arsenij Sergejew
Davaj, 2001, Video

Anna Timofejewa
Growing Harder, 2000, 5 Farbfotos, je 70 x 100 cm

Jewgenij Umanskij
Jeder Russe soll seinen Reichstag erobern, 2001, Video

Jurij Wassiljew
Russian Red, 2001, Videoinstallation

Maxim Werjowkin (Archaeopteryx)
Prometheus, 2001, Videoinstallation

Dmitrij Wilenskij
Petersburg außer/unter Kontrolle, 2000, Video

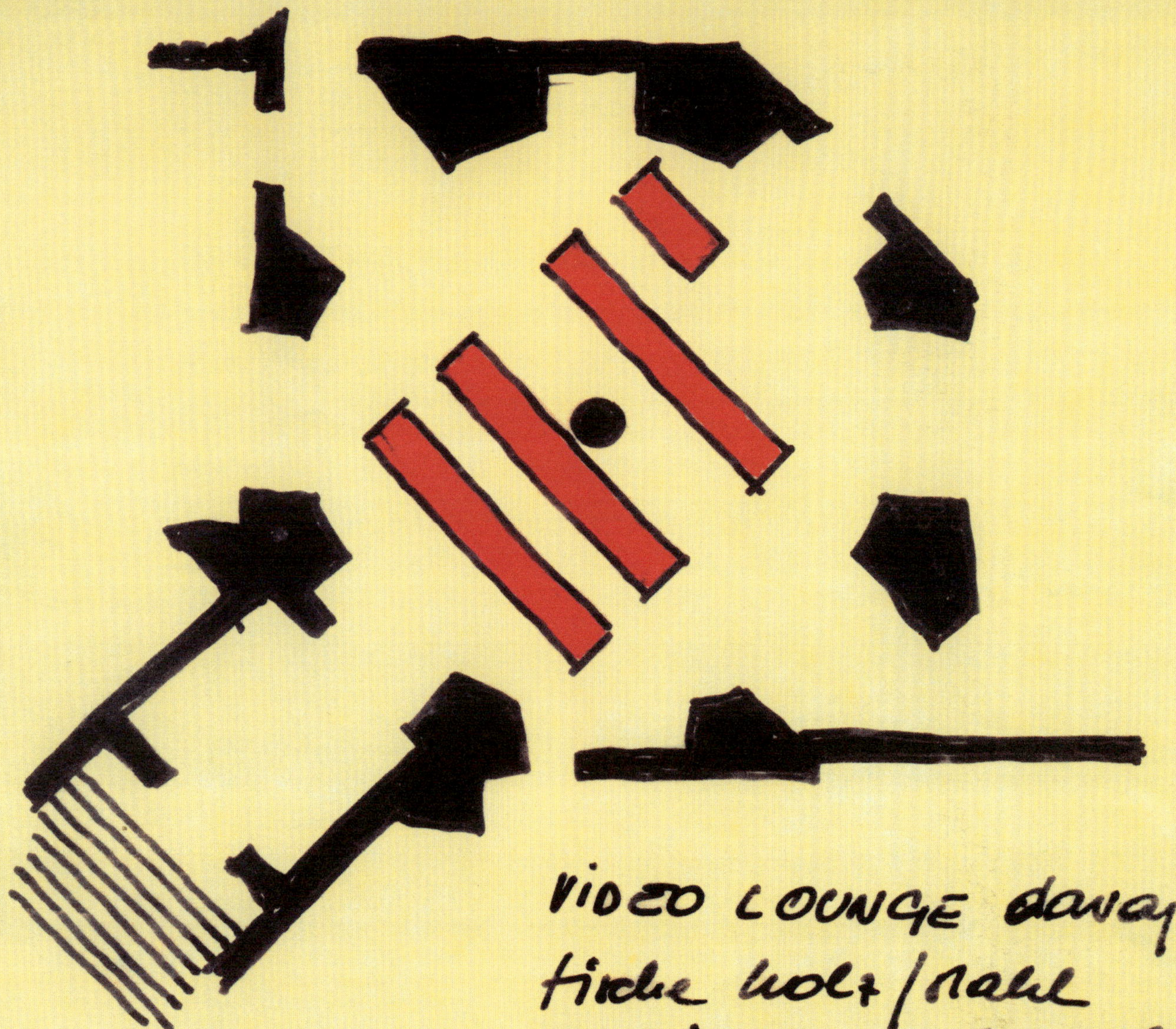

Peter Noever, Skizze zur Videolounge im Postfuhramt Berlin, 2001

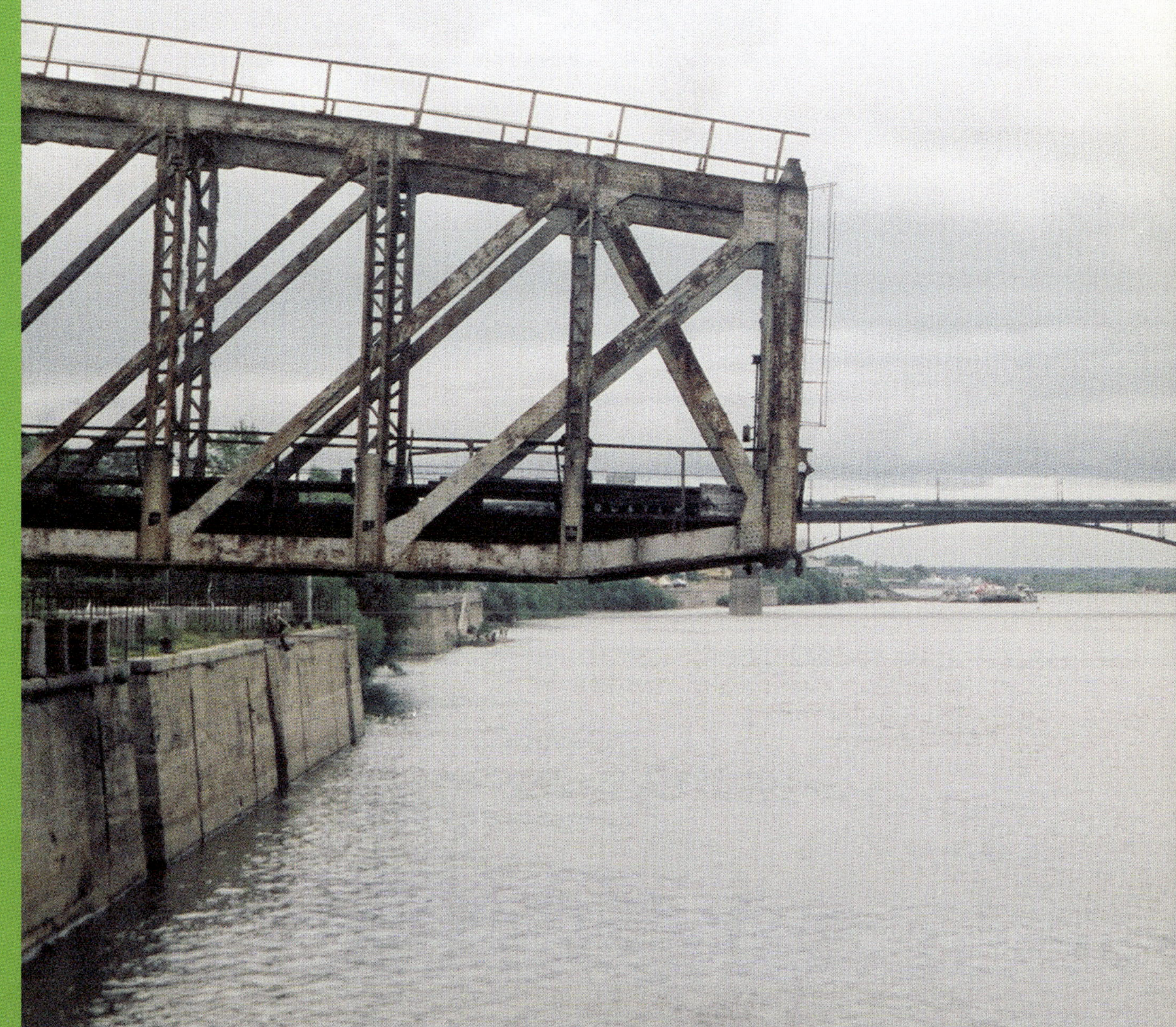

River Ob in Novosibirsk

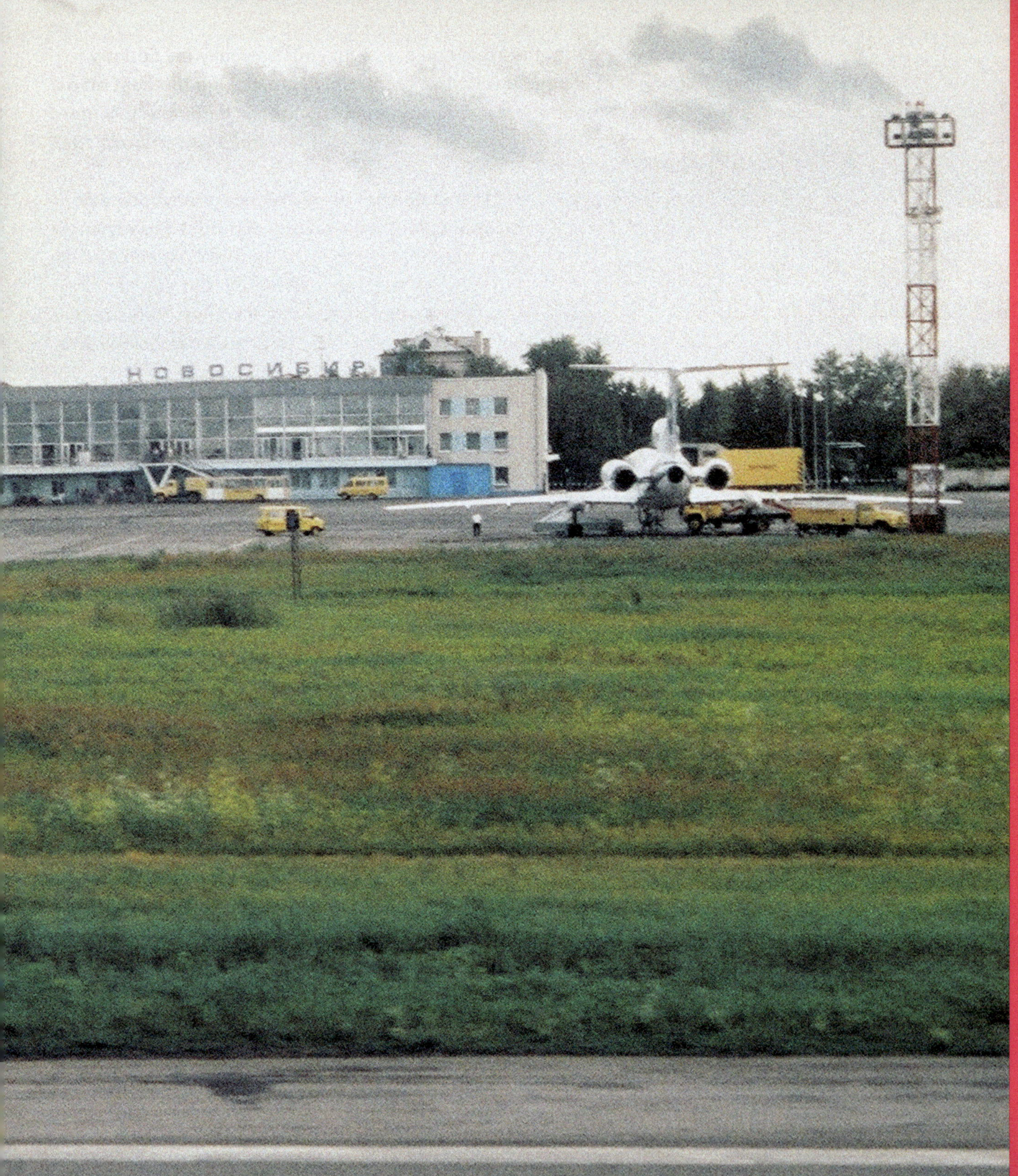

Novosibirsk Airport

"I have studied everything that the West could give me, but basically my country has produced everything that is now flowing back to it. Now I am kicking the dust off my feet and leaving the West behind me. The art of my country is incomparably more profound than everything that I know in the West." ***Natalja Goncharova 1913***

"This statement has meaning for anybody who is searching for their own identity. But I already know who I am. Neither the West nor the East can be fully exploited. Nor can my country. But you can draw inspiration from everywhere if you are independent from it all." ***Marina Koldobskaja 2001***

Поски по-русски

In his anthology "Preparation for the orgy", Viktor Jerofejew describes the new generation of Russian artists: "The game of life until the longed for rebirth – more is not yet to be seen. This is what has given rise to the free Russian art, free from the burdens of ideology or metaphysical obsessions: the group portrait of a generation in flight against the background of a longing to settle down." "Free Russian art": that is what we were curious about, after all the projects that had reflected the various decades of the Twentieth Century.

"Davaj!" – you hear the cry all the time in Russia – energetic, spontaneous, and usually impatient. The perfect title for our exhibition about the "generation in flight". The exhibition should be fast. A snap-shot of Russian art today. And not only Moscow and St. Petersburg, but also the Russian provinces, which are so often neglected. Young Russian art curators should present the artists. We went on our travels, at first with the aim of tracking down Russian curators from Vladivostok to Kaliningrad.

Novosibirsk Airport – Summer 2001

To our left is the skeleton of the new arrivals hall shines in the morning sun. Just ordinary architecture, and not yet in use. To the right – an opening in the fencing, the way to the city.

Novosibirsk – Lunacharsky called it the Siberian Chicago, with the usual Lenin monuments, an important railway junction. A Spanish restaurant above a bunker, the young proprietor, a friend and patron of new art. In his restaurant the artist friends can eat and drink as much as they need. He financed the "Bunker 2000".

Twelve artists, include a European, in this case a Polish guest, were locked in the bunker for a week and lived a monk's life. "No sex, no liquor" says the graffiti on the plain concrete wall. It will have its place in the history as an example of "Siberian performance art".

Skotnikov said to us: "For us Russians to be inspired, for something to have an effect on us, apart from a burst of machine-gun fire, it has to be really strong stuff. Nothing can impress us. You can lean with your backside against the television, or deliver a girl from it", and shows us his excruciating, hour-long, performance.

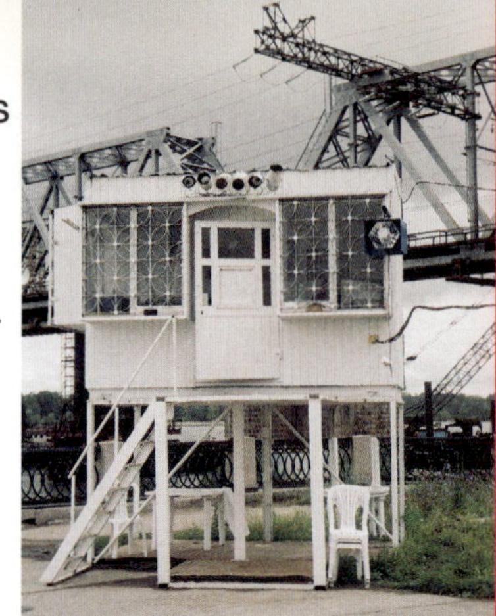
Open Air Disco in Novosibirsk

From his rectum a small doll's hand emerges, smeared in excrement, and then finally after many convulsions, an arm. Skotnikov is lying on the floor, totally exhausted. He is crying. "I show you this pain, that my neighbour in his miserable apartment experiences just the same as I do, except that he cannot express it. I take it on myself, with my performance, with my art, to express his pain."

Viennese actionism of the early 1960s? Dostoyevsky's Idiot at the beginning of the 21st century? The ability of the Russian people to withstand suffering? Or sheer exaggeration? Maiakovsky 1923 in Café Horcher in Berlin: "I would like 5 portions of melon, please. I am a Russian poet – I can't help it. I must exaggerate!" Unending Siberia?

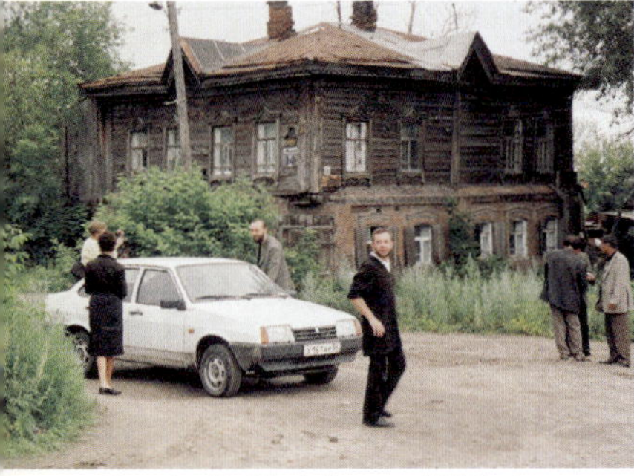
Constantin Skotnikov and *Oldest Merchand Houses* (1899) in Novosibirsk

Novosibirsk, in the Spanish restaurant, (l. to r.) Peter Noever, Constantin Skotnikov, Liudmila Ivashina, Proprietor Alexei Golivanov, Irina Golivanova, Tina Bauermeister

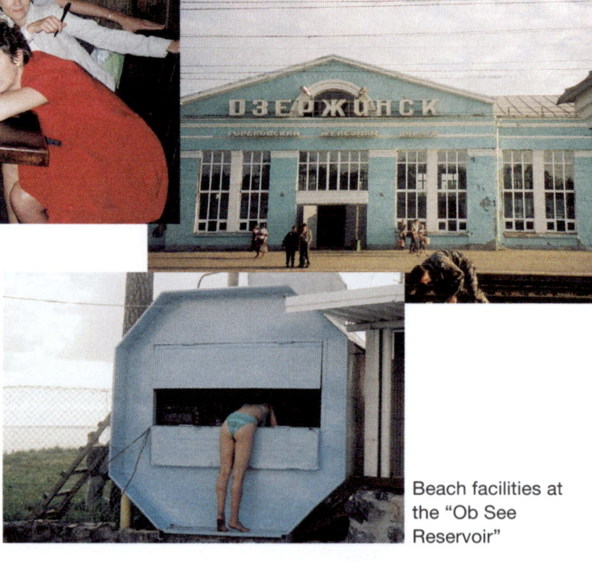
Central Station in Akademgorog near Novosibirsk

Beach facilities at the "Ob See Reservoir"

Ekaterinburg in the Urals

Industrial city, until recently completely inaccessible. A modest monument to the murder of the Tsar. But no flowers. In the post office still the old telegram forms with hammer and sickle. At the counter opposite you can send e-mails.

A centre for contemporary art will be organised, in a floor of a new building. The declared aim: "Agitation for the new art". Everybody should see that there is art, including the normal "homo sovieticus".

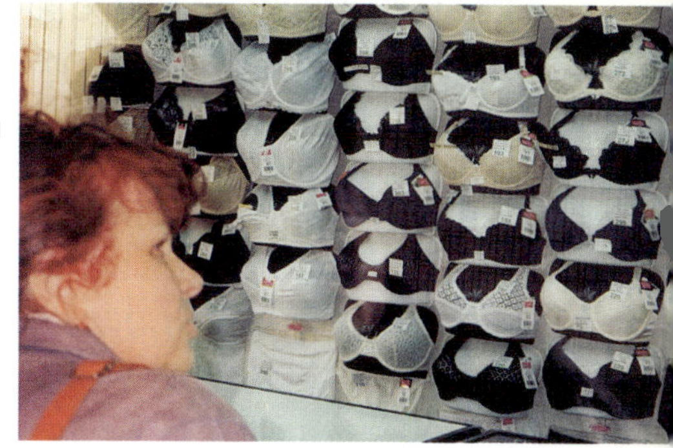

"Agitation for art" is the name of the exhibition of posters that were just stuck on trees and buildings overnight. The posters – designed by young art friends from all over Russia.

There is growing interest in the "small man", his life, his dreams. And so we discover Shaburov, the artist who once wanted to fly away to America as Superman to become a millionaire there. His installations, as he says himself, are mini-museums. Stills of Russian history, the history of the man on the street. A new Kabakov? More original, more familiar, more gentle?

Nishni Novgorod on the Volga

Gorky's town. Where Sacharov was banished. With a famous trade fair, where the German and Russian merchants of the 19th century met regularly in the finest restaurants and shared "Chansonette with sauce", a naked beauty decorated with herbs and cold meats on a huge serving dish (Meret Oppenheimer). At least that is the story they tell in the "Komersant" restaurant, where the "new Russians" meet. This was a campaign centre during the elections for the governor of Novgorod, for which our friend Marat Guelman, an influential gallerist and collector in Moscow, tirelessly produced PR strategies. Without success. The final vote in September saw the communists do better.

Alexander Shaburov and Peter Noever in Nizhni Novgorod

Our artists, Sergei Provorov and Galina Mysnikova, the couple with the Warwara Stepanova – Alexander Rodshenko look, want advertising to be art. They bravely struggle to win commissions from a clientele, mostly manufacturers of sports goods and furniture, who grew up without the need for advertisements, and who think it just involves some folklore with Russian bears.

Kaliningrad. Königsberg

SAS is the only airline that flies to the "International Airport". Passports are checked on a green East-Prussian field in front of the custom's building. Everything is over very quickly.

As a sort of revenge on Kant and the Germans, criminals were brought from all over Russia and settled here, and cultural parks were erected over the German cemeteries.

Surrounded by "Europe", Kaliningrad dreams of a future as a "cosmopolitan" city. And in art the goal is "Free trade area".

Our curator complains about the lack of interest in contemporary art in the city and the

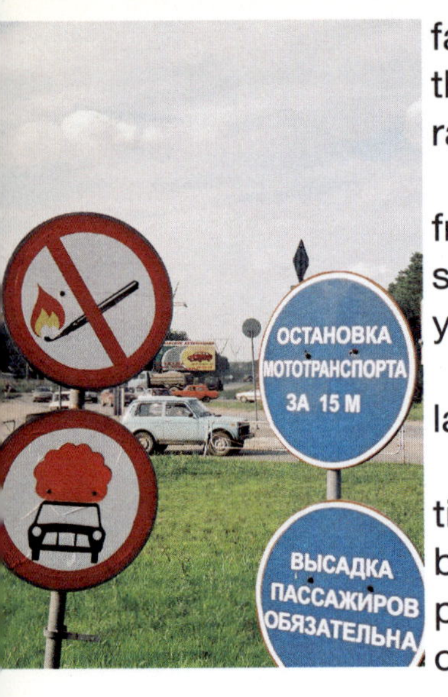

fact that the local museum matadors are not willing to take any risks, they prefer the "nice family projects for friendly leisure activities" rather than contemporary "communicative" art …

She would like to bang a few doors – with some young artist friends she has set up an "Art Centre", an office improvisation with a samovar on the parquet floor and the latest computers, on which the young artists play the latest computer games.

Only gradually are they finding their way to a strong, independent language in art. Perhaps too much Internet, too many digital cameras.

With the exception perhaps of the poet-artist, editor of an international anthology of contemporary "sound poetry". Dmitri Bulatov blasts out his sound poetry from the loudspeaker of an armoured personnel carrier – a message about the impossibility of any communication at all.

Izhevsk – Capital of the shamanist Udmurts

A small town on the Ural River – the young artistic group Archaeopteryx works here, and they explain the situation of contemporary art in the town with the example of Udmur Telecom. They issued a telephone card with folklore motifs in a conventional academic style and the text "Modern Art in Udmurtiya". They react with performances in their own style: eggs fried secretly at night over the eternal flame at the monument to the unknown soldier, and huge puddings in the shape of a woman's body, that were fed to people on the street. Happenings on the river banks of Izhevsk – reminiscent of the scene in Tarkovsky's "Andrei Rublev".

Izhevsk, by the way is not included in our "Lonely Planets Guide 2000". Our "Guide to the Soviet Union" from 1929 mentions under Izhevsk the "Multan sacrifices", assassinations carried out in 1892 as sacrifices to their God Kurbon …

Vladivostok – Rule the East

Concrete deserts, miserable harbours – unloading a ship's cargo costs more here than anywhere else in the world. A gallery whose artists do not even look West, but in the opposite direction – East across the sea to Japan and Korea.

Our gallerist, the only one in the city, can make a living because she sells to Japan, so that she can also afford to take part in international art fairs in Berlin and Moscow.

St. Petersburg – Leningrad

We cannot find "Afrika", our old friend and artist, it seems he is out on his motor-bike for the Guggenheim.

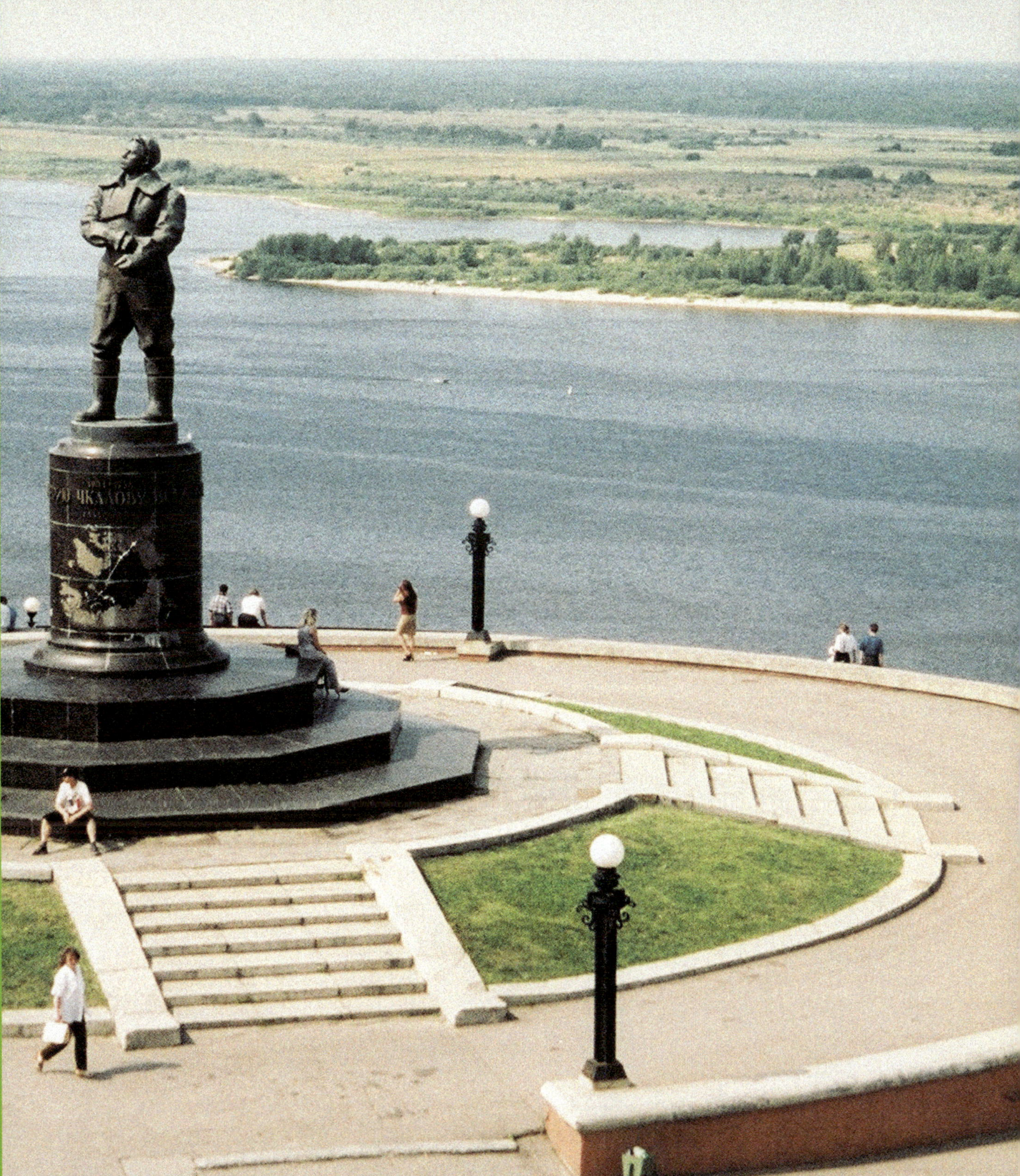

Monument of pilot V. P. Chkalov in Nizhny Novgorod/Volga

In the "Chudoshestvennyj Journal", the artistic periodical issued by Victor Misiano, we had come across an article in 2000 by Anna Matvejeva: "Russia's tortuous path to the West". We meet her in Pushkinskaya 10, a building that had been squatted by underground artists and now houses ateliers, galleries, lounges, and clubs. The new generation seek to make life more aesthetic with clubs and media lounges. Art and life, many parallels with the efforts of the Russian Constructivists, and, working with elements of the absurd, the Oberiuts, who aim to unite art and life in the 1920s.

Tina Bauermeister with Zaplya and Glulya in St. Petersburg

Anna Matveeva in the atelier of Zaplya and Glyuklya in St. Petersburg

The large and famous museums are opening up the new art, and we experience the very first performance in the Hermitage with our artists Gliukia and Tsaplia. At present the Russian Museum is the only buyer for our young artists, but there is already talk of new galleries who want to take them under contract.

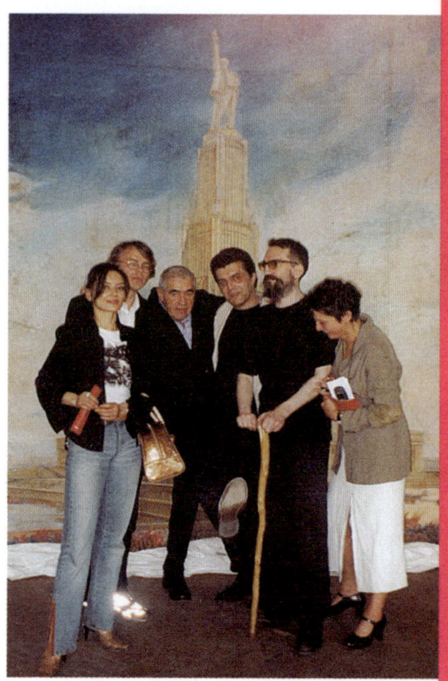

(l. to r.) Irina Doskina, Afrika, Peter Noever, David Sarkysian, Timur Novikov, Tina Bauermeister at Shussev-Museum Moscow

To Moscow!

Vernissage at the "in" galleries on the Tverskaya – Tout Moscou.

Then discussions into the night with the artists, with the writer and Internet critic Slava Kurizyn. About the re-kindled interest in emotions, about the social message in art and literature. The new young artists respond to the strict reduction of the Moscow Conceptualists with sensuality. You can write with sperm, as the media star Mogutin puts it.

To be continued ...

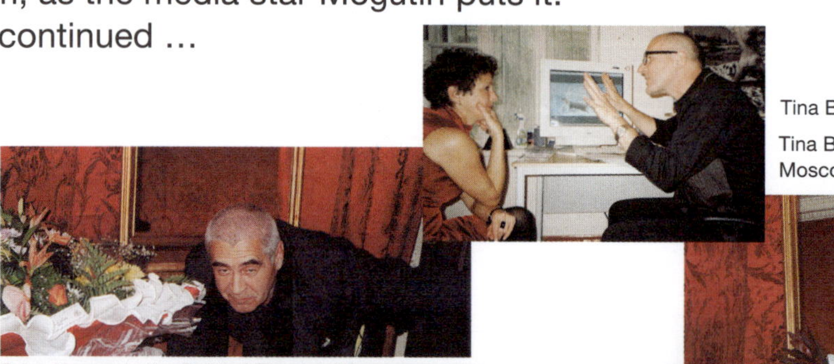

Tina Bauermeister and Oleg Kulik, Moscow

Tina Bauermeister in the Bolshoi Theatre, Moscow

Peter Noever in the Bolshoi Theatre, Moscow

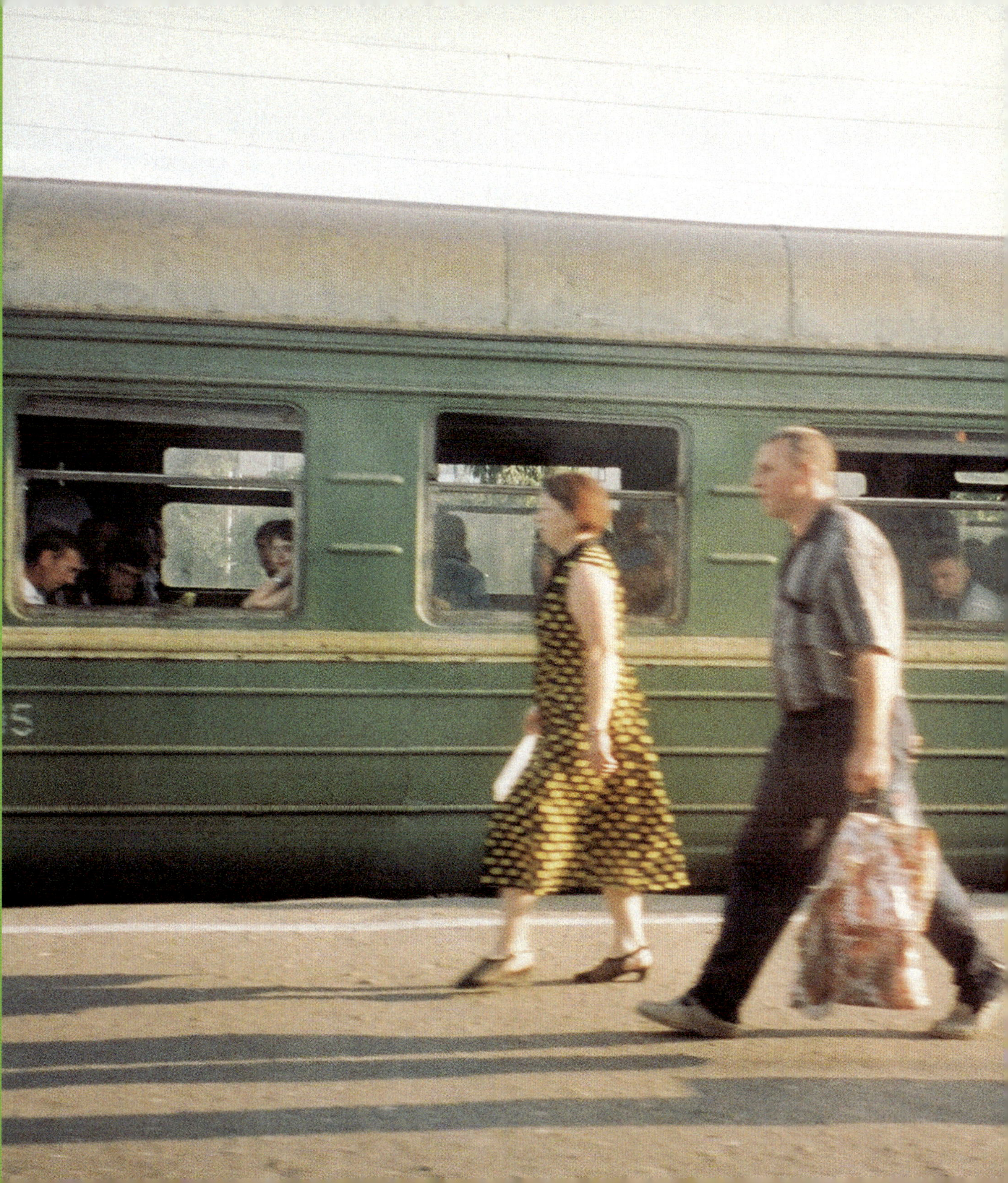

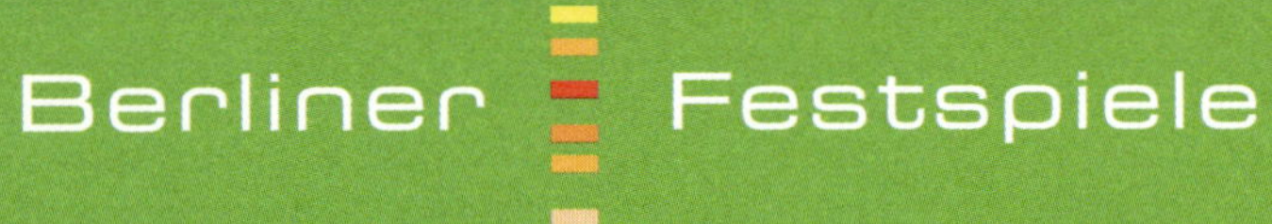

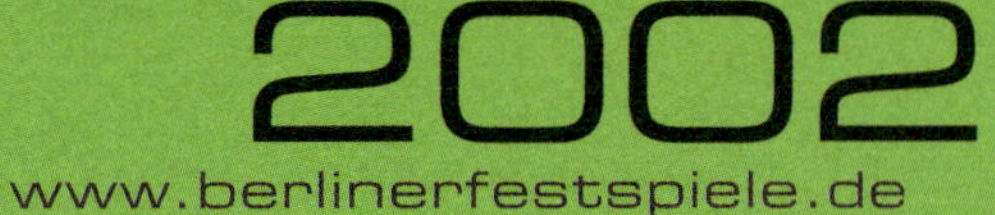

10. Januar - 27. Februar
Davaj! Russian Art Now

6. - 17. Februar
Internationale Filmfestspiele Berlin

7. - 17. März
MaerzMusik – Festival für aktuelle Musik

1. - 24. Mai
Theatertreffen

5. - 19. Mai
Internationales Forum Junger Bühnenangehöriger

24. Mai - 1. Juni
Theatertreffen der Jugend

30. August - 24. November
Festwochen

31. Oktober - 3. November
JazzFest

7. - 11. November
Treffen Junge Musik-Szene

21. - 25. November
Treffen Junger Autoren

MAK Wien

C.E.O. AND ARTISTIC DIRECTOR
Peter Noever

SUPERVISORY BOARD
Rudolf Wran Vorsitzender (Bundesministerium für Bildung, Wissenschaft und Kultur)
Rudolf Scholten Stellvertretender Vorsitzender (Mitglied des Vorstands der Österreichischen Kontrollbank)
Ingrid Gazzari Geschäftsführerin WIIW, Wien
Roman Koller Landesschulrat für die Steiermark
Georg Mayer MAK
Wolfgang Polzhuber Bundesministerium für Wirtschaft und Arbeit
August Ruhs Universität Wien
Andreas Treichl Generaldirektor Erste Bank, Wien
Robert Tummeltshammer Bundesministerium für Finanzen

MAK CENTER FOR ART AND ARCHITECTURE Los Angeles
Schindler House
835 North Kings Road
West Hollywood, CA 90069, USA
Tel. (+1-323) 651 1510
Fax (+1-323) 651 2340
E-Mail: MAKcenter@earthlink.net
www.MAKcenter.com

MAK GOVERNING COMMITTEE
Harriett F. Gold
Peter Noever
Joseph Secky
Robert L. Sweeney
Rudolf Wran
Barbara Redl

DIRECTOR
Cara Mullio

ADVISORY MEMBERS
John Caldwell
Peter Launsky-Tieffenthal

MAK АРТ СООБЩЕСТВО Вена / MAK ART SOCIETY Vienna

оказание поддержки музея MAK

РУКОВОДСТВО / BOARD OF DIRECTORS

Ингрид Гаццари президент
Петер Нёвер заместитель президента
Михаел Хохенег заместитель президента
Грегор Айхингер делопроизводитель
Манфред Ваколбингер кассир
Корнелиус Групп
Криста Хоман
Ханнес Пфлаум
Волфганг М. Розам
Эва Шлегел
Дезире Трейхл-Штюрк

ГЕНЕРАЛЬНЫЙ СЕКРЕТАРИАТ / EXECUTIVE OFFICE

Михаела Хартиг
Дезире Трейхл-Штюрк специальные проекты

MAK ХУДОЖНИКИ / MAK ARTIST BOARD

Вито Аконци Нью-Йорк
Кооп Химмелб(л)ау Вена
Бруно Джиронколи Вена
Эаха М. Хадид Лондон
Дженни Холцер Нью-Йорк
Деннис Хоппер Лос Анджелес
Ребекка Хорн Бад Кениг/Германия
Магдалена Йётелова Бергхейм Торр/Германия
Илья & Емилия Кабаков Нью-Йорк
Яннис Кунеллис Рим
Мария Лассниг Вена
Том Майн Лос Анджелес
Освалд Оберхубер Вена
Роланд Райнер Вена
Кики Смис Нью-Йорк
Франц Вест Вена
Леббеус Вудс Нью-Йорк
Хеймо Цоберниг Вена

MAK МЕЖДУНАРОДНЫЕ СОВЕТНИКИ / INTERNATIONAL MAK ADVISORY BOARD

Герти Гюртлер Вена
Ролф Фелбаум Базель
Эва Ферстл Вена
Эрнфрид Фукс Вена
Франческа фон Хабсбург Залцбург
Хейнц Ф. Хофер-Виттманн Этсдорф/Камп
Франц-Хессо цу Лайнинген Тегернзе/Германия
Роналд С. Лаудер Нью-Йорк
Лука Маренци Лондон
Тадеус Ропак Залцбург
Фредерик & Лаури Самитаур Смис Лос Анджелес
Пенелопе Зайдлер Киллара/Австралия
Хорге Вергара Цапопан/Мексика
Иван Вирт Цюрих